学ぶ人は、
変えて
ゆく人だ。

目の前にある問題はもちろん、

人生の問いや、

社会の課題を自ら見つけ、

挑み続けるために、人は学ぶ。

「学び」で、

少しずつ世界は変えてゆける。

いつでも、どこでも、誰でも、

学ぶことができる世の中へ。

旺文社

大学入試
出る順

英単語ターゲット
1900

6訂版

ターゲット編集部 編

Obunsha

はじめに

　大学入試を突破するためには，どのくらいの英単語をどのように覚えればよいのだろうか？──だれもが一度は疑問に思うことでしょう。もちろん，1つでも多くの単語をゆっくりと地道に覚えられればよいのですが，時間がいくらあっても足りない皆さんにとって，それはむずかしいことでしょう。結局のところ，大学入試によく出題される単語を効率よく覚えることが合格への近道になるのです。

　ターゲットシリーズは，刊行されてから実に数十年もの間，皆さんの先輩方にあたる多くの高校生や受験生に使われてきました。こんなにも長く愛されている理由は，ずばり入試問題に「でる順」と「一語一義」という一貫したコンセプトです。過去12年に及ぶ入試問題と，最新の入試傾向を反映すべく直近4年の入試問題をそれぞれコンピューターで徹底的に分析し，よく出題される見出し語を選び出し，それに対応する最も頻度の高い意味を掲載する，それがターゲットシリーズなのです。

　本書『英単語ターゲット1900』を使えば，入試に「でる順」に，最も覚えておくべき意味とセットで1900語を覚えることができます。見出し語の選定やその意味の確定にあたっては，コンピューター分析に頼るだけでなく，大学受験のプロである現場の先生方や入試問題に精通しているスタッフが一丸となって調査し，悩み抜いた末，最もふさわしいものに決めています。

　ぜひ繰り返し使って1900語すべてを自分のものにしてください。本書が皆さんの大学合格の一助になることを心より願っています。

　最後に，ターゲットシリーズの生みの親であり，英語教育に多大な貢献をされてきた故 宮川幸久先生に心からの敬意と謝意を表します。

ターゲット編集部

CONTENTS

※英検®は公益財団法人 日本英語検定協会の登録商標です。このコンテンツは，公益財団法人
日本英語検定協会の承認や推奨，その他の検討を受けたものではありません。

英単語ターゲットの3大特長

❶ 入試問題を徹底分析した「でる順」×「一語一義」で効率的に覚えられる！

❷ 「**TC**（ターゲットフレーズ）やコロケーションを含む例文」で単語の使い方がよくわかる！

❸ 単語を効果的に覚えるための工夫がある！

特長 ❶ 「でる順」×「一語一義」！

　単語は入試問題を徹底分析して，「でる順」（出題頻度順）に配列！しかも超頻出の意味だけ掲載している「一語一義」（1つの単語について，入試で出題されやすい中心的な意味を1つ掲載）なので，効率的に覚えられる！

---

improve ⇔ を向上させる；よくなる

1つの単語（一語）⇔ 1つの意味（一義）

入試問題を徹底的に分析！

　長年『全国大学入試問題正解』を刊行してきた旺文社だからこそ持ち得る膨大な蓄積データから，過去12年分と，最新の入試傾向を反映するための直近4年分をそれぞれ分析し，ベースとなる出題頻度順データを作成しました。それぞれの単語について，どの品詞が最も多く出題されているか，また，どの活用形（派生形）で最も多く使われているかも徹底的に分析しました。

見出し語[*1]を決定！

4ページで述べたベースとなる出題頻度順データを元に，共通テストから国公立大学2次試験・難関私立大学レベルの受験に対応できる1900単語を，入試英語の専門家チームで選び出しています。選定にあたっては，本書の達成目標とする大学群の最新5年分の入試問題のみで分析した頻度データを参照したり，CEFR（外国語の学習・教授・評価のためのヨーロッパ言語共通参照枠）を指標のひとつに加えたりして，精度を高めています。

見出し語の品詞を決定！

1つの単語で複数の品詞がある場合は，それぞれの出題回数をカウントし，最も多いものを選択しました。また，interest - interesting - interested のような派生形も，最もよく出るものを見出し語として選択しました。

見出し語の意味[*2]を決定！

見出し語を含む数十〜数百の入試英文を詳細に検証し，複数ある意味のうち，『1900レベル』の試験でよく使われている意味と最も覚えておく価値があると判断した意味を赤字で掲載しています。このため，意味の並び順が辞書と異なったり，同じターゲットシリーズでも，書籍ごとに掲載している意味などが異なったりすることがあります。また，赤字は中心的な意味なので，ほかの意味の場合でも，文脈の中で意味を推測・判断できるようになります。そのほかにも覚えておきたい意味は黒字で示しています。

同じつづりで品詞違いの単語[*3]も重要度が高い場合は，品詞アイコン（🔲動詞　🔲名詞　🔲形容詞　🔲副詞　🔲前置詞　🔲接続詞）と意味を示しています。発音が異なる場合は発音記号も入れています。

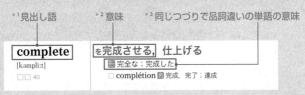

*1 見出し語　　*2 意味　　*3 同じつづりで品詞違いの単語の意味

5

特長❷ 「使える」単語力を身に付けられる！

試験でよく出る「**TG**（ターゲットフレーズ）」や、「コロケーション（よく用いられる語の組み合わせ）を含むシンプルな例文」で単語の使い方がよくわかる！

見出し語が最もよく使われる形を示した **TG** ターゲットフレーズ

入試英文から頻出の表現を分析し，試験でよく出る，覚えておきたい重要表現を**TG**としました。見出し語と合わせて覚えられます。

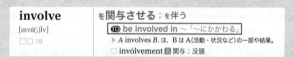

involve
[ɪnvá(ː)lv]
□□ 19

を関与させる；を伴う
TG be involved in ～「～にかかわる」
▶ *A* involves *B*. は，*B* は *A*（活動・状況など）の一部や結果。
□ invólvement 图 関与；没頭

その他の重要表現

▶は，**TG**ほど出題回数のない，重要な熟語表現や定型表現です。
▶は，補足説明や関連する表現，活用形などを示しています。

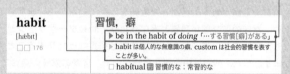

habit
[hǽbɪt]
□□ 176

習慣，癖
▶ be in the habit of *doing*「…する習慣[癖]がある」
▶ habit は個人的な無意識の癖，custom は社会的習慣を表すことが多い。
□ habítual 形 習慣的な；常習的な

コロケーション[*4]を含んだオリジナル例文[*5]

見出し語と意味を効果的に覚えるための例文で，コロケーションや単語の意味をイメージしやすい語の組み合わせを含みます。
コロケーションとは，「よく用いられる語と語の組み合わせ」のことです。例えば，日本語の「努力する」や「運動する」は，どちらも「～する」で表現されますが，英語では "make efforts" や "do exercise" のように，使われる動詞が異なるため，セットで覚えておく必要があります。
文中での単語の使われ方を知ることは英作文にも役立ちます。

TGは必ず例文中で使用し，▶の表現も一部使用しています。

> Biologists think there is a need to **protect endangered species**.

生物学者は絶滅危惧種を保護する必要性があると思っている。

※例文そのものを「完全な文」の形で提示してあるのはターゲットシリーズのこだわりで，「使える単語力」という考えを反映したものです。すなわち，ライティングであれスピーキングであれ，表現される最終形は「文」の形であることが基本なので，例文をそのような形できちんと示すことが大切だと考えました。

特長❸ 覚えやすくする工夫がたくさん！

単語を効果的に覚えるための工夫があるから，学習を続けられる！ ※10ページ以降の「おすすめ学習法」も見てみよう！

段階的に学習できる「パート」×「セクション」

1900語を3つのパートに分け，さらに各パートを100語区切りのセクションに分けていますので，毎日の学習の目安になります。

	パート	セクション	内訳	
1	常に試験に出る基本単語800語 （単語番号1〜800）	1〜8	動詞 名詞 形容詞 その他	320語 304語 168語 8語
2	常に試験に出る重要単語700語 （単語番号801〜1500）	9〜15	動詞 名詞 形容詞 その他	280語 266語 150語 4語
3	ここで差がつく難単語400語 （単語番号1501〜1900）	16〜19	動詞 名詞 形容詞	160語 152語 88語

どこでも使える「ハンディタイプ」

コンパクトな新書サイズであることも英単語ターゲットシリーズの特長です。軽くて持ち運びやすいのはもちろん，開きやすいので片手で使うことができます。

発 発音・ ア アクセント

idea	考え，思いつき；理解；見解；概念
発 ア [aɪdíːə] □ □ 41	▶ I have no idea. 私には(まったく)わかりません。 □ idéal 形 理想的な；観念的な 名 理想

すべての見出し語に発音記号(アメリカ発音)とアクセント記号(´)を付け，特に注意すべき単語にはそれぞれのアイコンを付けています。また関連語のうち，注意すべき単語にも発音記号を付けています。

□□チェックボックス

idea	考え，思いつき；理解；見解；概念
発 ア [aɪdíːə] □ □ 41	▶ I have no idea. 私には(まったく)わかりません。 □ idéal 形 理想的な；観念的な 名 理想

覚えた単語にチェックを付けられるようにしています。

見出し語と密接に結び付く重要な前置詞などの要素

mean	を意味する；[(…する)つもりである(to do)
[miːn] □ □ 4	他 mean that ... 「…ということを意味する」 ▶ I mean it. 私は本気で(そう)言っているのよ。

見出し語と密接に結び付いて用いられる重要な前置詞などの要素を，原則として訳語とセットで示しています。

関連語

create	を創り出す；を引き起こす
発 [kri(ː)éɪt] □ □ 1	□ creátion 名 創造，創作 □ creátive 形 創造的な；創造力のある □ crèatívity 名 創造性[力] □ creature [kríːtʃər] 名 生物

見出し語に関連する語や派生語のうち，知っておいてほしいものを掲載しています。

8

include	**を含む**(⇔ exclúde → 1009)
[ɪnklúːd]	▶ $5, tax included 税込み5ドル
□□ 6	□ inclúsion 图 包含, 含有
	□ inclúsive 厖 (〜を)含めて(of);包括的な

➡の後についている数字は, 見出し語の単語番号です。

凡例

品詞アイコン

    圗動詞 图名詞 厖形容詞 圗副詞 圗前置詞 圗接続詞

関連情報の表示

⇔	反意語(句)
≒	同義語(句)・類義語(句)・代替語(句)
=	言い換え表現
米	アメリカ式英語
英	イギリス式英語
主に米	アメリカ式英語でよく使われる
主に英	イギリス式英語でよく使われる
(〜s)	複数形でよく使われる
(the 〜)	冠詞 the を伴う
(a 〜)	不定冠詞 a または an を伴う
(略)	略称

語句表示

〜	名詞句を表す(ただし, 名詞句が2つある場合は A,B で表す)
...	英文中の節を表す
…	和文中の動詞句または節を表す
[ ]	直前の語(句)と置き換え可能
( )	省略可能
〔 〕	補足説明
be	be 動詞
do	原形動詞
to do	不定詞
doing	動名詞・現在分詞
done	過去分詞
one's, oneself	主語と同じ人を表す
; (セミコロン)	意味の中でさらに区分する場合の大きな区分
, (コンマ)	意味の中でさらに区分する場合の比較的小さな区分

おすすめ学習法

自分に合った覚え方が選べる！ 試せる！
だから続けられる！

「"単語学習はコツコツ地道に覚えていくことが大事！"と言われても，なかなか覚えられない…」というのが現実ではないでしょうか。意欲はあっても途中でペースダウンしたり，1語ずつ確実に覚えるまで前に進めなかったり…。

そんなあなたにゴールまで挫折せずに継続できる学習法をお教えします。

1 100語区切りで覚えよう！

1900語を3パート構成で，100語ずつのセクションに分けていますので，1セクションごとに繰り返して学習を進めるのがおすすめです。ほどよいペースでゴールまで行けるのが，100語であり1セクションです。またセクション内は，品詞ごとにまとまっています。セットで覚えたほうがよいもの（同義語や反意語など）を，ゆるやかにグルーピングし，より記憶に定着するように工夫もしています。

最初はセクションごとに熟読して暗記。

先輩の声

2 折って覚えよう！

本書の見出し語の部分を折って使用することで，見出し語部分や意味を隠して使うことができます。覚えたところを折ることにすれば，どこまで覚えたか一目瞭然です。折ってさらにコンパクトになることで，カバンのすきまや，制服のポケットなどにも入ります。

先輩の声

ページを折って使っていました。答えが完全に見えないようにすると，覚えた気になっている（けれど覚えていない）英単語を発見することができると思います。

❸ 例文中の下線フレーズで覚えよう！

　「見出し語」と「意味」を1つずつ覚えるという基本的な暗記法のほかに，例文を活用した覚え方ができます。具体的には，例文に引いた下線部分の「フレーズ」暗記を通じて単語の意味を覚えるという方法です。例文は，可能な限り語数を少なくしているので，そもそも覚えやすいのですが，1文まるごとの暗記よりもさらに負担を減らすために，暗記しやすい部分に下線を引いています。その部分を暗記しましょう。単語だけを覚えるよりも，その単語のイメージをつかみやすく，記憶に残りやすくなります。下線部分はコロケーションを含むものが多いので，単語の使い方も同時に学べます。

❹ 公式アプリを併用して覚えよう！

　公式アプリ「ターゲットの友」では，スマートフォンアプリならではの，さまざまな学習サポート機能を用意しています。書籍で学習した成果をアプリの確認テストでチェックしたり，単語の音声をアプリで聞きながら書籍で覚えたりと，書籍とアプリを連動させた学習法で効果を高めます。

「ターゲットの友」でできること

① 暗記の成果をテストで確認！
- ・単語テスト「ターゲット選手権」に挑戦できる
- ・4択とスペリング問題でテンポよく取り組める
- ・全国ランキングで自分の実力が確認できる

② 手軽にリスニング学習！
- ・書籍掲載単語の音声（見出し語・例文）をすぐに再生できる
- ・発音やアクセントが気になったらいつでも確認できる
- ・英語の聞き流しで耳から英語の音に慣れる

③ 毎日単語を覚える習慣がつく！
- ・毎日朝と夜に出題されるミニテスト「今日の5問」で学習習慣がつく
- ・頑張った記録はカレンダーのマークで確認できる

公式アプリ「ターゲットの友」について

公式サイトからダウンロードできます

https://www.obunsha.co.jp/pr/tg30/

🔍 ターゲットの友　検索

※ iOS / Android 対応
※無料アプリ（一部アプリ内課金あり）
※本サービスは予告なく終了されることがあります

先輩の声

> 学校の行き帰りの電車の中で「今日の5問」をやり，知らない単語を覚えました。リスニングは速度を変えることができるので，おすすめです！

5 耳（音）で覚えよう！

　音声は旺文社 HP 内の専用サイトからも無料で聞くことができます。（音声ダウンロードの方法は13ページ参照。）特に 🔊 や 🔊 のマークが付いた単語は，音声と文字情報をセットにして覚えると効率的です。音声のポーズ（無音）で，自分で発音したり意味を思い浮かべたりといったトレーニングがおすすめです。

　また，通学時間や入浴時間なども有効活用し，リラックスした状態で耳から聞くことで，記憶への定着度がアップします。

先輩の声

> 全部のセクションで，音声を聞いて発音を確認し，その後に音声と一緒に読んだら，発音とアクセントが完璧になりました。

音声ファイルダウンロードについて

　本書の音声は，音声ファイルの形で無料でダウンロードすることができます。（音声はストリーミング再生も可能です。詳しくは専用サイトをご覧ください。）

音声の聞き方

公式サイトからダウンロードできます

https://www.obunsha.co.jp/tokuten/target/

① パソコンからインターネットで専用サイトにアクセス

② **『英単語ターゲット1900（6訂版）』**をクリック

③ パスワード「**ｔｇ１９００**」をすべて半角英数字で入力して，音声ファイルをダウンロード

　音声ファイルはZIP形式で圧縮されていますので，解凍（展開）して，デジタルオーディオプレーヤーなどでご活用ください。解凍［展開］せずに利用されると，ご使用の機器やソフトウェアにファイルが認識されないことがあります。

　デジタルオーディオプレーヤーへの音声ファイルの転送方法は，各製品の取扱説明書やヘルプをご参照ください。

【注意】
- スマートフォンやタブレットでは音声をダウンロードできません。
- 音声ファイルはMP3形式です。音声の再生にはMP3ファイルを再生できる機器などが別途必要です。
- ご使用機器，音声再生ソフトなどに関する技術的なご質問は，ハードメーカーもしくはソフトメーカーにお願いします。
- 本サービスは予告なく終了することがあります。

音声の内容

① 14・15ページの「本書で使っている発音記号とその音の具体例」

② 1900の「見出し語（英語）」

③ 1900の「見出し語（英語）➡見出し語の意味（日本語）」

④ 1900の「見出し語の意味（日本語）➡見出し語（英語）」

⑤ 1900の「見出し語（英語）➡見出し語の意味（日本語）➡例文（英語）」

本書で使っている発音記号をまとめました。

	母音			
1	iː	**people** [píːpl]	**tea** [tiː]	**week** [wiːk]
2	i	**happy** [hǽpi]	**study** [stʌ́di]	**India** [índiə]
3	ɪ	**city** [síti]	**give** [gɪv]	**rich** [rɪtʃ]
4	e	**friend** [frend]	**egg** [eg]	**many** [méni]
5	æ	**cat** [kæt]	**apple** [ǽpl]	**act** [ækt]
6	ɑː	**palm** [pɑːlm]	**father** [fɑ́ːðər]	**calm** [kɑːm]
7	ʌ	**country** [kʌ́ntri]	**sun** [sʌn]	**come** [kʌm]
8	əːr	**world** [wəːrld]	**girl** [gəːrl]	**learn** [ləːrn]
9	ə	**arrive** [əráɪv]	**woman** [wúmən]	**today** [tədéɪ]
10	ər	**center** [séntər]	**percent** [pərsént]	**river** [rívər]
11	ɔː	**tall** [tɔːl]	**all** [ɔːl]	**draw** [drɔː]
12	ʊ	**wood** [wʊd]	**look** [lʊk]	**put** [pʊt]
13	uː	**moon** [muːn]	**cool** [kuːl]	**rule** [ruːl]
14	eɪ	**take** [teɪk]	**day** [deɪ]	**break** [breɪk]
15	aɪ	**high** [haɪ]	**like** [laɪk]	**fly** [flaɪ]
16	ɔɪ	**oil** [ɔɪl]	**noise** [nɔɪz]	**enjoy** [ɪndʒɔ́ɪ]
17	aʊ	**house** [haʊs]	**down** [daʊn]	**loud** [laʊd]
18	oʊ	**home** [hoʊm]	**go** [goʊ]	**moment** [móʊmənt]
19	ɪər	**here** [hɪər]	**near** [nɪər]	**clear** [klɪər]
20	eər	**hair** [heər]	**bear** [beər]	**care** [keər]
21	ɑːr	**heart** [hɑːrt]	**hard** [hɑːrd]	**large** [lɑːrdʒ]
22	ɔːr	**door** [dɔːr]	**support** [səpɔ́ːrt]	**war** [wɔːr]
23	ʊər	**poor** [pʊər]	**pure** [pjʊər]	**tour** [tʊər]

子音

1	p	**pen** [pen]	**play** [pleɪ]	**keep** [ki:p]
2	b	**book** [bʊk]	**club** [klʌb]	**absent** [ǽbsənt]
3	m	**milk** [mɪlk]	**room** [ru:m]	**summer** [sʌ́mər]
4	t	**tree** [tri:]	**stand** [stænd]	**meet** [mi:t]
5	d	**sad** [sæd]	**desk** [desk]	**dream** [dri:m]
6	n	**tennis** [ténɪs]	**one** [wʌn]	**night** [naɪt]
7	k	**cloud** [klaʊd]	**cook** [kʊk]	**class** [klæs]
8	g	**good** [gʊd]	**sugar** [ʃʊ́gər]	**pig** [pɪg]
9	ŋ	**think** [θɪŋk]	**ink** [ɪŋk]	**king** [kɪŋ]
10	tʃ	**teacher** [tí:tʃər]	**kitchen** [kítʃən]	**catch** [kætʃ]
11	dʒ	**bridge** [brɪdʒ]	**join** [dʒɔɪn]	**strange** [streɪndʒ]
12	f	**life** [laɪf]	**laugh** [læf]	**phone** [foʊn]
13	v	**voice** [vɔɪs]	**drive** [draɪv]	**every** [évri]
14	θ	**three** [θri:]	**mouth** [maʊθ]	**birthday** [bə́:rθdèɪ]
15	ð	**this** [ðɪs]	**mother** [mʌ́ðər]	**smooth** [smu:ð]
16	s	**sea** [si:]	**west** [west]	**bus** [bʌs]
17	z	**zoo** [zu:]	**surprise** [sərpráɪz]	**easy** [í:zi]
18	ʃ	**special** [spéʃəl]	**she** [ʃi]	**fish** [fɪʃ]
19	ʒ	**vision** [víʒən]	**treasure** [tréʒər]	**usual** [jú:ʒuəl]
20	h	**hand** [hænd]	**hope** [hoʊp]	**head** [hed]
21	l	**light** [laɪt]	**tell** [tel]	**little** [lítl]
22	r	**rain** [reɪn]	**right** [raɪt]	**true** [tru:]
23	w	**wind** [wɪnd]	**work** [wə:rk]	**swim** [swɪm]
24	hw	**white** [hwaɪt]	**whale** [hweɪl]	**while** [hwaɪl]
25	j	**young** [jʌŋ]	**year** [jɪər]	**use** [ju:z]

15

英単語ターゲットシリーズ
レベル一覧

レベル目安	CEFR	英検	英単語ターゲット1200	英単語ターゲット1400	英単語ターゲット1900	英熟語ターゲット1000
国公立２次・難関私大	B2	準１級			↑	↑
共通テスト・中堅私大	B1	２級		↑	↑	↑
入試基礎	A2	準２級	↑	↑		↑
日常学習	A1	３級	↑			

外部検定試験にも対応しています。特に英検準１級は巻末によく出る
単語リストを掲載しています。

Part 1

常に試験に出る
基本単語

800語

すべての受験生に必須の最重要
800語。すでに知っている単語で
も油断せず，きちんと確認しよう。

動詞編

create
発 [kri(ː)éit]
□□ 1

を**創り出す**；を引き起こす
- □ creátion 名 創造，創作
- □ creátive 形 創造的な；創造力のある
- □ crèatívity 名 創造性[力]
- □ creature [kríːtʃər] 名 生き物；動物

---

increase
ア [ɪnkríːs]
□□ 2

増加する(⇔ dècréase → 223)；を増やす
- ▶ increase scientific knowledge 科学的知識を増やす
- 名 [ínkriːs] 増加，増大
- ▶ on the increase 増加[増大]して
- □ incréasingly 副 ますます

---

improve
発 [ɪmprúːv]
□□ 3

を**向上させる**；よくなる
- ▶ improve with age 年齢と共によくなる
- □ impróvement 名 改善，向上

---

mean
[miːn]
□□ 4

を**意味する**；(…する)つもりである(to do)
- 熟 mean that ... 「…ということを意味する」
- ▶ I mean it. 私は本気で(そう)言っているのよ。

---

own
[oʊn]
□□ 5

を**所有している**；(事実・罪など)を認める
- 形 自分自身の；独自の
- ▶ of one's own 自分自身の(もので)
- □ ówner 名 所有者

---

include
[ɪnklúːd]
□□ 6

を**含む**(⇔ exclúde → 1009)
- ▶ $5, tax included 税込み 5 ドル
- □ inclúsion 名 包含，含有
- □ inclúsive 形 (～を)含めて(of)；包括的な

---

consider
ア [kənsídər]
□□ 7

を**見なす**；について考える
- 熟 consider A (to be) B 「AをBと見なす」
- □ consìderátion 名 考慮；配慮
- □ consíderable 形 かなりの
- □ consíderate 形 思いやりのある(≒ thóughtful)

Technological change will **create** new ways of living.	技術の変化は新たな生活様式を<u>創り出す</u>。
Japan's real GDP **increased** by 1.9 percent last year.	日本の実質GDPは昨年1.9パーセント<u>増加</u>した。
Light exercise **improves** thinking ability.	軽い運動は思考力を<u>向上させる</u>。
Her silence **means** that she does not agree with you.	彼女の沈黙は彼女があなたに同意していないことを<u>意味する</u>。
A millionaire from China **owns** this hotel.	中国の富豪がこのホテルを<u>所有している</u>。
Jane's work **includes** typing letters and making appointments.	ジェーンの仕事は手紙をタイプしたり，アポを取ったりすること<u>を含む</u>。
She **considers** herself to be lucky.	彼女は自分自身を幸運だ<u>と見なしている</u>。

allow
[発] [əláu]
□□ 8

を許す；を与える；(〜を)考慮に入れる(for)
[TG] **allow 〜 to *do*** 「〜が…するのを許す」
▶ allow *doing* …することを許す
□ allówance [名] 手当，小遣い；許容量

suggest
[səgdʒést]
□□ 9

を提案する；を暗示する
[TG] **suggest (to 〜) that ...**
「(〜に)…するように提案する」
▶ suggest (〜's) *doing* (〜が)…することを提案する
□ suggéstion [名] 提案；示唆
□ suggéstive [形] 暗示的な；(〜を)連想させる(of)

produce
[アク] [prədjú:s]
□□ 10

を生産する；を取り出す
▶ pro- 前に＋duce 導く
[名] [próudju:s] 農産物，生産物
□ prodúction [名] 生産；提出
□ próduct [名] 製品，産物
□ prodúctive [形] 生産的な；豊かな

decide
[dɪsáɪd]
□□ 11

を決める；に決着をつける
[TG] **decide to *do*** 「…することに決める」
□ decision [dɪsíʒən] [名] 決定，決心；(法廷での)判決
□ decisive [dɪsáɪsɪv] [形] 決定的な；断固とした

offer
[アク] [ɔ́(:)fər]
□□ 12

を提供する，申し出る
▶ offer to *do* …することを申し出る
[名] 提案，提供；付け値
□ óffering [名] 提供，申し出

require
[rɪkwáɪər]
□□ 13

を要求する；を必要とする
[TG] **require 〜 to *do*** 「〜に…することを要求する」
▶ require that *A* (should) *do* と言い換えられる。
□ requírement [名] 必要条件；必要なもの；要求
□ requíred [形] 必須の，不可欠な

share
[ʃeər]
□□ 14

を共有する；を分担する
▶「ほかの人と一緒に何かを所有したり使用したりする」の意。
[TG] **share *A* with *B*** 「AをBと分かち合う」
[名] 分け前；分担；株(式)
▶ have [get] *one's* (fair) share (正当な)分け前をもらう

0   800   1500   1900

The company **allows** its employees to take long winter vacations.	その会社は従業員が長い冬期休暇をとるのを許している。
The teacher **suggested** that he study physics in university.	先生は彼が大学で物理学を学ぶことを提案した。
The manufacturer **produces** home electrical appliances.	その製造業者は家庭用電化製品を生産している。
She has **decided** to memorize ten English words a day.	彼女は1日に10個の英単語を覚えることに決めた。
Uncle George **offered** me an opportunity to work for his company.	ジョージおじさんは彼の会社で働く機会を私に提供した。
The Road Traffic Law **requires** you to wear a seat belt.	道路交通法はあなたがシートベルトを着用することを要求する。
I **share** my office space with other people.	私はほかの人々と事務所スペースを共用している。

store [stɔːr] □□ 15	を保存する；を蓄える 　　名 店；蓄え；蓄積
tend [tend] □□ 16	傾向がある；を世話する 　　**TG** tend to *do*「…する傾向がある」 　　□ téndency 名 傾向
concern [kənsɔ́ːrn] □□ 17	〔受身形で〕心配している；〔受身形で〕(～に)関係する(with)；に関連する 　　**TG** be concerned about ～「～を心配している」 　▶ as far as I am concerned 私に関する限り 　　名 心配(事)；関心事 　　□ concérning 前 ～に関して
describe [dɪskráɪb] □□ 18	について述べる，を説明する 　▶ describe A as B AをBと述べる[称する] 　　□ description 名 記述，描写 　▶ beyond description 言葉で言い表せないほど 　　□ descríptive 形 (～を)描写した(of)，記述的な
involve [ɪnvá(ː)lv] □□ 19	を関与させる；を伴う 　　**TG** be involved in ～「～にかかわる」 　▶ A involves B. は，B は A(活動・状況など)の一部や結果。 　　□ invólvement 名 関与；没頭
reduce [rɪdjúːs] □□ 20	を減らす；を(～に)変える(to) 　▶ re- 後ろへ＋duce もたらす，導く 　　□ redúction 名 減少，削減
design [dɪzáɪn] □□ 21	を設計する；を計画する 　▶ be designed for ～「～用に作られている」 　　名 設計，デザイン；計画，陰謀 　　□ desígner 名 設計者，デザイナー
force [fɔːrs] □□ 22	に強いる；を強要する 　　**TG** force ～ to *do*「～に…することを強いる」 　　名 力；影響力；軍隊 　▶ by force 力ずくで；武力で 　　□ enfórce 動 (法律など)を実施する；を強制する

0 | 800 | 1500 | 1900

You should **store** backups of data on the Internet regularly.	定期的に**インターネット上に**データのバックアップを**保存する**べきだ。
My town **tends** to get windy.	私の町は風がよく吹く**傾向がある**。
We **are concerned** about the negative effect of the new tax law.	私たちは新しい税法の**マイナス効果を心配している**。
She **described** her physical condition to her doctor.	彼女は医師に自分の体調を**説明した**。
In Japan, more and more men **are involved** in raising children.	日本では，**子育てにかかわる**男性が増えている。
Good eating habits can **reduce** the risk of heart disease.	よい食習慣は心疾患の危険を**軽減し**得る。
Airbags are **designed** to protect average-sized adult males.	エアバッグは平均的な体格の成人男性を保護するように**設計されている**。
The scandal **forced** the CEO to resign from his position.	そのスキャンダルはCEO（最高経営責任者）にその地位を辞することを**強いた**。

limit
[アク] [límət]
□□ 23

を**制限[規制]する**
[TG] *A* **is limited to** *B*.「AはBに限られる」
[名] 限度；制限；境界線
▶ there is no limit to ～ ～には限界がない
□ lìmitátion [名] 制限；〔通例～s〕限界

bear
[発] [beər]
□□ 24

に**耐える**(≒ endúre → 824)；を負う；を産む；を(心に)抱く
▶ 活用：bear - bore - borne [born]
▶ bear the burden of ～ ～の重荷を負う
▶ bear ～ in mind ～を心に留める
▶ be born 生まれる

affect
[əfékt]
□□ 25

に**影響を及ぼす**(≒ ínfluence → 49)；を感動させる
□ affécted [形] 影響を受けた；見せかけの
□ afféction [名] 愛情
□ afféctionate [形] 愛情のこもった

deal
[di:l]
□□ 26

〔deal with で〕を**処理する**；〔deal in で〕を商う；を分配する
[TG] **deal with** ～「～を処理する；(話題)を扱う」
[名] 取引；処遇；密約；〔a ～〕量
▶ a great deal of ～ 大量の～

avoid
[əvɔ́ɪd]
□□ 27

を**避ける**
[TG] **avoid** *doing*「…することを避ける」
▶ cannot avoid *doing* …せざるを得ない
□ avóidance [名] 回避
□ ùnavóidable [形] 避けられない，不可避の

relate
[rɪléɪt]
□□ 28

を**関連づける**；(～に)関連する(to)
[TG] **be related to** ～「～に関連している」
□ relátion [名] 関連；親類
□ relative [rélətɪv] [形] 相対的な [名] 親類

realize
[rí:əlàɪz]
□□ 29

に**気づく**；を実現する
[TG] **realize that ...**「…ということに気づく」
▶ realize *one's* ambition 夢を実現する
□ rèalizátion [名] 理解；実現
□ reálity [名] 現実(性)

"Tweets" were originally **limited** to 140 characters.	「ツイート」はもとは140文字までに限られていた。
The man could not **bear** his stomachache.	その男性は胃の痛みに耐えることができなかった。
Your language can **affect** your way of thinking.	あなたの使う言語はあなたの考え方に影響を及ぼす可能性がある。
Our team **deals** with complaints from our customers.	我がチームは顧客からの苦情を処理する。
She somehow **avoided** getting involved in the quarrel.	彼女はどうにかその口論に巻き込まれるのを避けた。
She believes that people's blood types are **related** to their personalities.	彼女は人の血液型はその人の性格に関連していると信じている。
She **realized** that she was put in a difficult position.	彼女は自分が難しい立場に置かれていることに気づいた。

encourage
[発] [ɪnkə́ːrɪdʒ]
□□ 30

を**奨励する**；を励ます（⇔ discóurage → 706）

[TG] **encourage ～ to *do***
「～を…するように奨励する」

□ encóuragement [名] 奨励，助長

□ encóuraging [形] 励みになる，元気づける

---

compare
[kəmpéər]
□□ 31

を**比較する**；を（～に）たとえる（to）

[TG] **compare *A* with [to] *B*** 「AをBと比較する」

▶ compare ～（複数形の名詞） ～を比較する

□ compárison [名] 比較

□ compárative [形] 比較の

□ cómparable [形] 匹敵する，比較に値する

---

measure
[発] [méʒər]
□□ 32

を**測る**；を（比較して）評価する

[名]〔しばしば～s〕方策；〔a ～〕程度；（判断などの）基準

▶ a measure of ～ ある程度の～

□ méasurement [名] 測定（値）

---

exist
[発] [ɪgzíst]
□□ 33

存在する；生存する

▶「特定の場所や状況に生じる，存在する」の意。

▶ ex- 外に＋(s)ist 場を占める

□ exístence [名] 存在（≒ béing）；生存

▶ come into existence 生まれ出る，生ずる

---

mark
[mɑːrk]
□□ 34

に**印をつける**；を（記号で）示す；に汚れをつける

[TG] **mark *A* with *B*** 「AにBで印[汚れ]をつける」

[名] 跡；汚れ；印；点（数）；的(まと)

---

challenge
[アク] [tʃǽlɪndʒ]
□□ 35

に**異議を唱える**；（人）に挑む

[名] 難題；異議；挑戦

▶ face [tackle] a challenge 難題に立ち向かう[取り組む]

□ chállenging [形] やりがいのある

---

depend
[dɪpénd]
□□ 36

頼る；～次第である

[TG] **depend on ～** 「～に頼る」

▶ depending on ～ ～によって，～に従って

□ depéndence [名] 依存

□ depéndent [形]（～に）依存した（on）

| 0 | 800 | 1500 | 1900 |

Many companies **encourage** their employees not to work overtime.

多くの会社は従業員に残業をしないように奨励している。

She **compared** the Japanese economy with the U.S. economy.

彼女は日本経済をアメリカ経済と比較した。

She **measures** her temperature every morning.

彼女は毎朝体温を測る。

Some linguists think that about 8,000 languages **exist** in the world.

言語学者の中には世界には約8,000の言語が存在すると考える人もいる。

During the test, the student **marked** his answers with a pencil.

テスト中に、その生徒は鉛筆で自分の解答に印をつけた。

He **challenged** the common belief that laughter is a unique human feature.

彼は、笑いが人間独自の特徴であるという常識に異議を唱えた。

Children **depend** on their parents for many things.

子供は多くのことを親に頼っている。

object
⑦ [əbdʒékt]
☐☐ 37

反対する；(…)と言って反対する(that 節)
⑯ object to ～「～に反対する」
名 [á(ː)bdʒekt] 物，対象；目的
☐ objéction 名 反対；異議
☐ objéctive 形 客観的な　名 目標

demand
[dɪmǽnd]
☐☐ 38

を要求する
⑯ demand that A (should) do
「Aが…するように要求する」
名 要求，請求；需要(⇔ supplý 供給)
☐ demánding 形 骨の折れる，手のかかる

found
[faʊnd]
☐☐ 39

を設立する；(理論など)を(～に基づいて)築く(on)
▶ A is founded on B. A は B に基づいて(作られて)いる。
☐ foundátion 名 基礎；基盤；設立；財団

complete
[kəmplíːt]
☐☐ 40

を完成させる，仕上げる
形 完全な；完成した
☐ complétion 名 完成，完了；達成

名詞編

idea
発 ⑦ [aɪdíːə]
☐☐ 41

考え，思いつき；理解；見解；概念
▶ I have no idea. 私には(まったく)わかりません。
☐ idéal 形 理想的な；観念的な　名 理想

accord
[əkɔ́ːrd]
☐☐ 42

一致；合意，協定
⑯ in accord with ～「～と一致して」
▶ of one's own accord 自発的に
動 (人)に(地位など)を与える；(～と)一致する(with)
▶ according to ～ ～によると；～に従って

company
[kʌ́mpəni]
☐☐ 43

会社；(集合的に)仲間；(仲間と)一緒にいること；一座
▶ I enjoyed your company. ご一緒できて楽しかったです。

interest
⑦ [íntərəst]
☐☐ 44

興味；利子；利害
⑯ have an interest in ～「～に興味がある」
動 に興味を起こさせる
☐ ínterested 形 興味を持った

0	800	1500	1900

Her parents **objected** to her marriage.	彼女の両親は彼女の結婚に反対した。
I **demanded** that she let me go with her.	私は彼女に自分を一緒に連れて行くように要求した。
A thinker in the Meiji Era **founded** this university.	明治時代のある思想家がこの大学を設立した。
She **completed** all the forms for her college application.	彼女は大学の入学願書の用紙すべてに記入し終えた。
He **came up with a good idea** for the school party.	彼は学校のパーティーに合ういい考えを思いついた。
The research results were **in accord with the expectations** of the team.	研究結果はチームの予想と一致していた。
He started to **work for an insurance company** three years ago.	彼は3年前に保険会社で働き始めた。
She seems to **have a great interest** in classical music.	彼女はクラシック音楽に大いに興味があるようだ。

research [rí:sə:rtʃ] □□ 45	(〜についての)**研究，調査**(into / on / in) ▶ research shows [demonstrates] that ... 「研究は…ということを示している[証明している]」 **動** を研究[調査]する；(〜を)研究[調査]する(into など) □ reséarcher **名** 研究者，調査員
cause **発** [kɔ:z] □□ 46	**原因**(⇔ efféct → 48)；理由；大義 **動** を引き起こす，の原因となる ▶ cause 〜 to *do* 〜に…させる □ cáusal **形** 原因の；因果関係の
reason [rí:zən] □□ 47	**理由**；(…する)根拠(to *do*)；理性；分別 **動** 論理的に考える；(…)と判断する(that 節) □ réasonable **形** 合理的な；(値段などが)手ごろな □ réasoning **名** 推理，推論
effect [ɪfékt] □□ 48	**影響，効果**；結果 ▶「出来事や行動により引き起こされる変化や結果」の意。 **熟** have an effect on 〜「〜に影響を与える」 □ efféctive **形** 効果的な，有効な
influence **⑦** [ínfluəns] □□ 49	**影響(力)** ▶「人の行動や思考，事態の進展に影響する力」の意。 **熟** have an influence on 〜「〜に影響を与える」 **動** に影響を及ぼす，を左右する □ ìnfluéntial **形** 大きな影響を及ぼす，有力な
situation [sìtʃuéɪʃən] □□ 50	**状況**；(人の置かれた)立場 □ sìtuátional **形** 状況[場面]による □ sítuàted **形** (〜に)位置する(in)
environment **発** [ɪnváɪərənmənt] □□ 51	**環境**(≒ surróundings) ▶ *A's* environment は A の周囲の状況を，the environment は自然界を意味する。 □ envìronméntal **形** 環境の；環境保護の
skill [skɪl] □□ 52	**技能**；熟練 ▶「学習や練習によって獲得した，何かをうまく行う能力」の意。 □ skilled **形** 熟練した □ skíllful **形** 熟練した；巧みな

| 0 | 800 | 1500 | 1900 |

The team did research on life on Mars.

そのチームは火星上の生命体についての調査を行った。

Air pollution is a major cause of health problems.

大気汚染は健康問題の主要な原因である。

He explained the reason for his absence from school today.

彼は今日学校を欠席した理由を説明した。

Abnormal weather can have a negative effect on people's lives.

異常気象は人々の生活に悪影響を与えかねない。

Exercising has an important influence on one's health.

運動することは人の健康に重大な影響を与える。

The economic situation of the country is gently improving.

その国の経済状況は緩やかによくなってきている。

Recycling is an effective way to help the environment.

リサイクルは自然環境を助ける効果的な方法である。

She needs to improve her cooking skills to become a chef.

彼女は料理長になるために調理の技能を向上させる必要がある。

matter [mǽtər] ☐☐ 53	事柄；問題；〔～s〕事態；〔the ～〕困難；物質 ▶ as a matter of fact 実のところは ▶ no matter what [who / when / where / which / how] ... たとえ何が[だれが／いつ／どこで／どちらが／どのように]…でも 動 重要である，問題となる
view [vjuː] ☐☐ 54	(～についての)**見解**(on / about)；(～に対する)(特定の)見方(of)；眺め ▶ a [A's] point of view 観点[A の観点] 動 を見る；を見なす ▶ view A as B A を B と見なす
value [vǽljuː] ☐☐ 55	**価値**；価格；評価；〔～s〕価値観 動 を評価する；尊重する ☐ váluable 形 高価な；貴重な ☐ inváluable 形 計りしれない価値のある ☐ vàluátion 名 評価
species 🔊 [spíːʃiːz] ☐☐ 56	**(生物の)種**；種類 ▶ 単複同形。 ▶ an endangered species 絶滅危惧種
thought 🔊 [θɔːt] ☐☐ 57	**考え**；思考 ▶ at the thought of ～ ～を考えて ☐ thóughtful 形 考えにふける；思慮深い ☐ thóughtless 形 不注意な；思いやりのない
knowledge 🔊 ⑦ [ná(ː)lɪdʒ] ☐☐ 58	**知識**；知っていること；認識 ▶ It's common knowledge that ... …ということはだれもが知っている ☐ knówledgeable 形 物知りの；(～を)よく知っている (about)
memory [méməri] ☐☐ 59	**記憶(力)**；(～の)思い出(of) **🔟 have a good memory for ～** 「～に関して記憶力がよい」 ▶ to the best of my memory 私が記憶している限りでは ☐ mémorìze 動 を暗記する，記憶する ☐ memórial 名 記念(物) 形 記念の；追悼の

| 0 | 800 | 1500 | 1900 |

She is good at <u>handling</u> difficult <u>matters</u>.	彼女は難しい<u>事柄</u>に対処するのが得意である。
She often <u>expresses</u> her <u>view</u> on <u>welfare</u> for the elderly.	彼女は高齢者のための福祉に関してよく自分の<u>見解</u>を述べる。
Many societies <u>place</u> a high <u>value</u> on <u>education</u> these days.	最近，多くの社会は<u>教育</u>に高い<u>価値</u>を置く。
Biologists think there is a need to <u>protect</u> endangered <u>species</u>.	生物学者は絶滅危惧種を保護する必要性があると思っている。
Bob gave some <u>thought</u> to applying for the big contest.	ボブはその大きなコンテストに応募することについて一考した。
Most young adults these days <u>have</u> a good <u>knowledge</u> of computers.	最近の若者の大半はコンピューターに関する豊富な知識を持っている。
She <u>has</u> a good <u>memory</u> for people's faces.	彼女は<u>人</u>の顔に関して<u>記憶力</u>がよい。

practice
[prǽktɪs]
□□ 60

実践，実行；(社会の)慣習；練習
idiom put ～ into practice「～を実行[実践]する」
動 を習慣的に行う；を練習する；に従事する
□ práctical **形** 実際的な；事実上の
□ práctically **副** 事実上；ほとんど

benefit
⑦ [bénɪfɪt]
□□ 61

利益，恩恵；給付金
動 に利益を与える；(～から)利益を得る(from / by)
□ bènefícial **形** (～に)役に立つ，有益な(to)

theory
⑦ [θíːəri]
□□ 62

学説；理論；原理；推測
▶ in theory 理論上は(⇔ in práctice 実際は)
□ thèorétical **形** 理論(上)の

issue
[íʃuː]
□□ 63

問題(点)；発行(物)；発表
▶ the latest issue of ～　～の最新号[版]
動 を発行する；(声明など)を出す

experiment
[ɪkspérəmənt]
□□ 64

(～を対象とする)実験(on)
動 [ɪkspérɪmènt] (～の)実験をする(on / with / in)
□ expèriméntal **形** 実験(用)の；実験的な

article
[áːrtɪkl]
□□ 65

記事；条項；品物
▶ Clause 2, Article 9 of the Constitution 憲法第9条第2項

focus
[fóʊkəs]
□□ 66

焦点；関心の的
▶ in [out of] focus 焦点が合って[ずれて]
動 を(～に)集中させる(on)；(～に)焦点を絞る(on)

subject
⑦ [sʌ́bdʒekt]
□□ 67

話題；科目；主題；被験者
形 (be subject to で)を受けやすい
動 [səbdʒékt] (be subjected to で)を受ける
□ subjéctive **形** 主観的な(⇔ objéctive 客観的な)

project
⑦ [prɑ́(ː)dʒekt]
□□ 68

計画；事業；研究計画
▶ undertake [carry out] a construction project 建設計画に着手する[を実行する]
動 [prədʒékt] を計画する；を見積もる；を投影する

0	800	1500	1900

The manager decided to put his new ideas into practice. | 部長は自分の新しい考えを実行することに決めた。

Both nations will enjoy the benefits of a new free-trade agreement. | 両国とも新たな自由貿易協定の利益を享受することになる。

There are many different theories about how cancers occur. | 癌がどのように生じるかに関する多くの異なる学説が存在する。

The city council will discuss the issue of the new airport. | 市議会は新空港の問題を議論する予定である。

The scientist carried out various experiments on plants. | その科学者は植物についてさまざまな実験を行った。

Researchers often cite articles from this scientific journal. | 研究者たちはしばしばこの科学雑誌から記事を引用する。

Reducing poverty is the main focus of the book. | 貧困を減らすことがその本の主な焦点である。

The author's novels often deal with the subject of space travel. | その著者の小説はしばしば宇宙旅行の話題を扱っている。

The mayor set up a project to clean up the city. | 市長はその市を美化する計画を立てた。

quality 🇯🇵 [kwá(:)ləti] ☐☐ 69	質(⇔ quántity → 471)；特質 ▶ quality of life「生活の質」(略：QOL) ▶ be of (good [high]) quality 質がよい，高品質である 形 良質の，上質の ☐ quálitàtive 形 質的な
role [roʊl] ☐☐ 70	役割；(俳優などの)役 🈺 play an important role in ～ 「～において重要な役割を果たす」 ▶ a role model (～にとっての)役割モデル(for) ▶ role playing ロールプレイング，役割演技
term [təːrm] ☐☐ 71	(専門)用語；(～s)条件；(～s)間柄；学期 ▶ in terms of ～「～の観点から(すると)」 ▶ be on ... terms with ～ ～と…な仲である ☐ términal 形 (病気・病人が)末期の；終点の　名 終点 ☐ lòng-térm 形 長期の
statement [stéɪtmənt] ☐☐ 72	声明；主張；明細書 ▶ make [give] an official statement 公式の声明を出す ☐ state 動 を述べる
material 🇯🇵 [mətíəriəl] ☐☐ 73	材料，素材；資料；生地 ▶ raw material(s) 原料 形 物質の；物質的な(⇔ spíritual → 997) ☐ matérialìsm 名 唯物論；物質主義
evidence [évɪdəns] ☐☐ 74	証拠 ☐ évident 形 明らかな ☐ évidently 副 明らかに，明白に ☐ sèlf-évident 形 自明の
source [sɔːrs] ☐☐ 75	(～の)源，根源(of)；出所，情報源 ▶ a source of information 情報源 動 (部品・資材)を(～から)調達する(from) ☐ óutsòurce 動 を外部調達する，(仕事)を外注する
community [kəmjúːnəti] ☐☐ 76	(共同)社会，～界；地域社会；地域住民 ☐ commune [ká(:)mjuːn] 名 コミューン；共同自治体

| 0 | 800 | 1500 | 1900 |

The company is trying to improve the quality of its products.	その会社は自社製品の質を向上させようとしている。
Laughter plays an important role in strengthening personal relationships.	笑いは人間関係を強化するうえで重要な役割を果たす。
"Hypertension" is a medical term for abnormally high blood pressure.	"hypertension（高血圧症）"は異常に高い血圧を表す医学用語である。
The politician made a short statement to the press.	その政治家は報道機関に対し短い声明を出した。
The company makes its products with only natural materials.	その会社は天然素材だけを使って製品を作っている。
There is clear evidence that the man did not commit the crime.	その男性は罪を犯していなかったという明白な証拠がある。
Solar power is considered to be a clean source of energy.	太陽光熱はクリーンなエネルギー源であると見なされている。
The international community is working towards world peace.	国際社会は世界平和に向けて動いている。

technology ⑦ [teknά(ː)lədʒi] ☐☐ 77	科学技術；応用技術 ☐ tèchnológical 形 (科学)技術の，技術的な ☐ hìgh-téch 形 ハイテクの，先端技術を使った
culture [kΛ́ltʃər] ☐☐ 78	文化；教養；耕作；養殖；培養 動 (微生物)を培養する；(土地)を耕す ☐ cúltural 形 文化の，文化的な

形容詞編

appropriate ⦿ ⑦ [əpróupriət] ☐☐ 79	(〜に)適切な(for / to) ▶ It is appropriate (for 〜) to do 「(〜が)…するのは適切である」 動 [əpróuprièt] (金銭など)を(〜に)充てる(for / to) ☐ ìnapprópriate 形 不適切な
likely [láikli] ☐☐ 80	ありそうな(⇔ unlíkely ありそうもない) **⑯** A is likely to do 「Aは…しそうだ」 ▶ It is likely that A will do と言い換えられる。 ☐ líkelihòod 名 可能性，見込み
possible [pΛ́(ː)səbl] ☐☐ 81	可能な；可能性のある ▶ It is possible (for 〜) to do 「(〜が)…することは可能である」 ☐ pòssibílity 名 可能性，見込み ☐ impóssible 形 不可能な
individual ⑦ [ìndivídʒuəl] ☐☐ 82	個々の；個人の 名 個人；個体 ☐ indivìduálity 名 個性，特性 ☐ indivìdualístic 形 個人主義(者)の
public [pΛ́blik] ☐☐ 83	公の(⇔ prívate 私的な)；公衆の；公開の 名 (the 〜)一般大衆 ▶ in public 人前で，公然と ☐ publícity 名 周知，評判；宣伝，広告
common [kά(ː)mən] ☐☐ 84	共通の；普通の；一般の ▶ common sense 常識 名 共[公]有地；(the C〜s)(英国・カナダなどの)下院 ▶ have 〜 in common 〜を共通して持つ

| 0 | 800 | 1500 | 1900 |

Digital **technology** has significantly changed people's ways of living.	デジタル技術は人々の生活様式を大いに変えた。
Chopsticks are an important part of Asian **culture**.	箸はアジア文化の重要な一部である。
It is important to wear **appropriate** clothes for a job interview.	就職の面接に適切な服を着ることが重要だ。
Some people believe that AI robots are **likely** to replace most workers.	AI ロボットが大半の労働者に取って代わりそうだと思っている人がいる。
Nowadays, it is **possible** to buy almost anything on the Internet.	最近では，インターネットでほとんど何でも買うことが可能である。
A group is not just a collection of **individual** talents.	集団は単なる個々の才能の集まりではない。
Our main concern is to improve **public** facilities in the city.	私たちの主たる関心事は市内の公共施設を改良することである。
The team worked towards the **common goal** of winning the match.	チームはその試合に勝つという共通の目標に向かって努力した。

certain
[発] [sə́:rtən]
□□ 85

確信して；確かな；ある；一定の
[TG] **be certain that ...**「…と確信している」
□ cértainly [副]〔文修飾〕確かに
□ cértainty [名] 確信；確実性
□ ùncértain [形] 自信がない；はっきりしない

similar
[símələr]
□□ 86

似ている，類似した；同様の
[TG] (be) similar to ～「～と似ている」
□ sìmilárity [名] 類似；類似点
□ símilarly [副] 同様に，同じく

recent
[発] [ア] [rí:sənt]
□□ 87

最近の
□ récently [副]〔通例完了形・過去形とともに〕最近

major
[発] [méɪdʒər]
□□ 88

主要な；大きい(ほうの)；長調の
[名] [主に米] 専攻科目；少佐；大企業
[動] (～を)専攻する(in)(≒ [英] spécialize)
□ majórity [名] 大多数，大半；多数派；過半数

patient
[発] [péɪʃənt]
□□ 89

忍耐強い；勤勉な
[名] 患者
□ pátiently [副] 辛抱強く，気長に
□ pátience [名] 忍耐(力)
□ impátient [形] いらいらして；待ちきれない

particular
[ア] [pərtíkjulər]
□□ 90

特定の；特別の；(～について)やかましい(about)
[名]〔～s〕詳細；項目
▶ in particular「特に」
□ partícularly [副] 特に，とりわけ(≒ in particular)

physical
[fízɪkəl]
□□ 91

身体の(⇔ méntal ➡ 183)；**物質的な；物理学の**
□ phýsics [名] 物理学

various
[発] [ア] [véəriəs]
□□ 92

さまざまな；いくつかの
□ varíety [名] 変化，多様性
□ váried [形] さまざまな
□ váry [動] さまざまである；変わる，変動する ➡ 306

0   800   1500   1900

I am **certain** that she will get a promotion at work.	彼女は仕事で昇進すると私は確信している。
His car is **similar** to mine in design and performance.	彼の車はデザインと性能において私の車と似ている。
Research shows that reading habits have declined in **recent** years.	近年，読書の習慣が衰退してきていることを研究は示している。
Economic growth is a **major** concern for the Japanese government.	経済成長は日本政府にとって大きな関心事である。
You should be more **patient** with your children.	自分の子供に対してもっと忍耐強くあるべきだ。
She cannot eat a **particular** type of nut.	彼女はある特定の種類のナッツが食べられない。
It is a good habit to get **physical** exercise every day.	毎日身体の運動をするのはよい習慣だ。
There are **various** ways to achieve your goals.	あなたの目標を達成するさまざまな方法がある。

available	手に入る；利用できる；手が空いている
墨 [əvéɪləbl] □□ 93	▶ He is not available at the moment. 彼は今，手がふさがっている。 □ avàilabílity 名 (入手)可能性 □ ùnaváilable 形 入手[利用]できない

native	出生地の；原産の；生得の
[néɪtɪv] □□ 94	▶ a native speaker ネイティブスピーカー，母語話者 ▶ be native to ～ ～の原産である 名 その土地[国]に生まれた人

political	政治(上)の
[pəlítɪkəl] □□ 95	□ pólitics 名 政治(活動)；政治学 □ pólicy 名 政策，方針 □ pòlitícian 名 政治家

due	予定された；(支払)期日で；しかるべき
[djuː] □□ 96	⑯ be due to *do* 「…する予定である」 ▶ due to ～「(前置詞的に)～のせいで，～が原因で」

blank	空白の；無表情な；がらんとした
[blæŋk] □□ 97	▶ a blank face うつろな表情 名 空白，余白；(心の)空白，空虚 □ blánkly 副 ぼんやりと，うつろに

ancient	古代の；昔からの
墨 [éɪnʃənt] □□ 98	▶ an ancient civilization 古代文明 名 古代の人，昔の人 □ áncèstor 名 祖先

correct	正しい；適切な
[kərékt] □□ 99	動 を訂正する；を直す □ corréction 名 訂正，修正 □ ìncorréct 形 不正確な；不適切な

前置詞編

despite	～にもかかわらず (≒ in spite of)
[dɪspáɪt] □□ 100	▶ despite や in spite of の後ろに現れる名詞句・代名詞は，事実か，話者が事実と認識している事柄を表す。

Tickets for the concert are **available** on the Internet.

そのコンサートのチケットはインターネットで手に入る。

English is **a native language** for around 400 million people.

英語はおよそ4億人の人たちの母語である。

The **political situation** of Britain changed after World War I.

イギリスの政治情勢は第一次世界大戦後に変わった。

The train **is due to arrive** at Nagoya Station in ten minutes.

列車は10分後に名古屋駅に到着する予定である。

Write your name in the **blank** space at the bottom of the paper.

用紙下部の空欄に名前を記入しなさい。

The Olympic Games originated in **ancient** times in Greece.

オリンピックは古代にギリシャで始まった。

You should always **look for correct information** before starting a report.

報告書を書く前にはいつも正しい情報を探すべきだ。

They went hiking **despite** the fact that a storm was coming.

嵐がやってきているという事実にもかかわらず、彼らはハイキングに出かけた。

動詞編

notice
[nóutəs]
□□ 101

に気づく
▶ notice ~ *do* [*doing*] 〜が…する[している]のに気づく
图 通知；掲示；注目
▶ at [on] short notice (通知から)すぐに
□ nóticeable 图 顕著な，注目に値する

refer
⑰ [rɪfə́:r]
□□ 102

言及する，関連する；参照する
ⓣⓒ refer to 〜「〜に言及する」
▶ refer to A as B AをBと呼ぶ
□ réference 图 言及；参照
▶ in [with] reference to 〜 〜に関して

approach
⑰ [əpróutʃ]
□□ 103

に近づく；に取り組む
▶ approach to 〜 は誤り。
▶ approach A for B Bを求めてAに接触する
图 取り組み方；接近

wonder
⑰ [wʌ́ndər]
□□ 104

かなと思う；(に)驚く(at)
ⓣⓒ wonder wh- ...「…かなと思う」
▶ wh- 節には if 節も含む。
▶ wander「歩き回る」と区別。

imagine
[ɪmǽdʒɪn]
□□ 105

(を)想像する；(を)推測する
ⓣⓒ imagine that ...「…だと想像する」
□ imàginátion 图 想像；想像力
□ imáginàry 图 想像上の，架空の

recognize
⑰ ⑰ [rékəgnàɪz]
□□ 106

を識別できる；を認める
▶「見て[聞いて]それとわかる」の意。
□ rècognítion 图 見分けがつくこと；認識；承認

solve
[sɑ(:)lv]
□□ 107

を解く，解明する；(困難など)を解決する
ⓣⓒ solve a problem「問題を解く」
▶ answer [×solve] a question「問いに答える」と区別。
□ solution [səlú:ʃən] 图 解決法；溶解；溶液
▶ find a solution to [for] 〜 〜の解決法を見つける

The doctor quickly <u>noticed</u> a change in the patient's condition.	医師は患者の状態の変化にすぐに<u>気づいた</u>。
The article <u>refers</u> to Darwin's theory of evolution.	その記事はダーウィンの進化論に<u>言及している</u>。
<u>The car</u> slowed down as it <u>approached the curve.</u>	その車はカーブに<u>近づく</u>と速度を落とした。
The teacher <u>wondered</u> why John didn't attend today's class.	教師はなぜジョンが今日の授業に出席していない<u>のかなと思った</u>。
<u>Imagine</u> that you won the lottery.	宝くじが当たったと<u>想像しなさい</u>。
She immediately <u>recognized</u> the building in the photo.	彼女はすぐに，その写真に写っている建物を<u>識別した</u>。
She can <u>solve</u> any math problem quickly.	彼女はどんな数学の問題もすぐに<u>解く</u>ことができる。

occur 動 自 [əkə́:r] □□ 108	**起こる**；心に浮かぶ；現れる ▶ It occurred to her that ... 「…という考えが彼女の心に浮かんだ」 □ occúrrence 名 発生；出来事
argue [ɑ́:rgjuː] □□ 109	**と主張する**(≒ claim → 110, maintáin → 206)；議論する **TC** argue that ...「…と主張する」 ▶「理由を挙げて主張する」の意。 ▶ argue for[against] ~ ~に賛成[反対]の意見を述べる □ árgument 名 論争；論拠
claim [kleɪm] □□ 110	**と主張する**；を(自分のものとして)要求する **TC** claim that ...「…と主張する」 ▶「立証されてはいないがあることを主張する」の意。 ▶ claim A from B B に A を(当然の権利として)要求する 名 主張；権利(の主張)；要求
express [ɪksprés] □□ 111	**を表す，述べる** ▶ express *oneself* 自分の考えを述べる 形 急行の；速達の；至急の 名 急行；速達便 □ expréssion 名 表現；表情 □ expréssive 形 表情に富む；(~を)表している(of)
draw [drɔː] □□ 112	**を引き出す**；を引く；を描く；近づく **TC** draw a conclusion (from ~) 「(~から)結論を出す」 ▶ draw attention[interest] to ~ 「~に注意[関心]を引きつける」 □ dráwing 名 素描；絵を描くこと；引くこと
waste [weɪst] □□ 113	**を浪費する，無駄にする** ▶ waste A on B「A(時間・金など)を B に浪費する」 名 無駄，浪費；廃棄物 □ wásteful 形 無駄の多い
advance 自 [ədvǽns] □□ 114	**を進歩させる**；を進める；進歩する；進む 名 進歩；前進；進行 ▶ in advance 前もって 形 先発の；事前の □ advánced 形 進歩した，高度の

Forest fires often **occur** in California.	カリフォルニア州では森林火災がよく<u>起こる</u>。
He **argues** that the country needs new energy policies.	彼はその国は新しいエネルギー政策を必要としていると<u>主張</u>する。
Some scientists **claim** that coffee lowers the risk of heart disease.	コーヒーは心疾患のリスクを減らすと<u>主張</u>する科学者がいる。
The politician **expressed** his opinions on the leak of state secrets.	その政治家は国家機密の漏洩に関する自分の意見を<u>表明した</u>。
He **drew** a conclusion from a series of experiments.	彼は一連の実験から1つの結論を<u>出した</u>。
You should not **waste** too much time on chatting online.	オンラインでチャットをするのにあまりに長い時間を<u>浪費</u>するべきでない。
All citizens should **advance** their knowledge of global ecology.	すべての市民は地球生態学の知識を<u>深める</u>べきだ。

spread 発 [spred] ☐☐ 115	を広める；広がる ▶ 活用：spread - spread - spread ▶ spread nationwide 国中に広がる 图 広まり；蔓延；分布
prepare ⑦ [prɪpéər] ☐☐ 116	を準備する；を調理する；(〜のために)準備をする(for) ▶ prepare A は A そのものを用意することを表し，prepare for A は A に備えて準備を整えることを表す。 ▶ prepare A for B A(人)に B の準備[心構え]をさせる ☐ prèparátion 图 準備；調理 ☐ prepáred 形 心構えができた；準備された
gain [geɪn] ☐☐ 117	を獲得する；(を)増す ▶ gain access to 〜「〜にアクセスする，近づく」 ▶ gain entrance [entry] to 〜 〜に入場する；入学する 图 増加；利益(を得ること)
achieve [ətʃíːv] ☐☐ 118	を達成する；を成し遂げる ▶ achieve a feat 偉業を成し遂げる ☐ achíevement 图 達成，成功 ▶ a sense of achievement 達成感
establish ⑦ [ɪstǽblɪʃ] ☐☐ 119	を確立する；を設立する ☐ estáblished 形 確立した，定着した ☐ estáblishment 图 確立；設立；組織
supply 発 [səplái] ☐☐ 120	を供給する TO supply A to [for] B「B に A を供給する」 ▶ supply B with A と言い換えられる。 图 供給(⇔ demánd 需要)；〔〜plies〕生活必需品 ▶ in short supply 供給不足で ☐ supplíer 图 供給者，供給国
suppose [səpóuz] ☐☐ 121	と思う；と仮定する ▶ Suppose that ...「…だと仮定しよう」 ▶ be supposed to do …することになっている ☐ supposedly [səpóuzɪdli] 副 たぶん，おそらく ☐ sùpposítion 图 推測；仮定

He **spread** rumors about Mike on social media.	彼はソーシャルメディアでマイクについてのうわさを<u>広めた</u>。
He **prepared** a speech for his friend's wedding reception.	彼は友人の結婚披露宴のための<u>スピーチを準備し</u>た。
She **gained** a lot of experience in the music business.	彼女は音楽業界で多くの経験を<u>得た</u>。
You can **achieve** your goals by making a good plan.	よい計画を立てることによって，<u>自分の目標を達成</u>することができる。
At a party, you can **establish** friendly relationships with others.	パーティーではほかの人々と友好的な<u>関係を確立</u>することができる。
This power plant **supplies** electricity to the whole city.	この発電所は市全体に<u>電気を供給して</u>いる。
I **suppose** that his writing shows his true love of nature.	私は彼の書くものは彼の<u>自然に対する真の愛を表している</u>と思う。

perform
[pərfɔ́ːrm]
□□ 122

(を)**行う**；(を)演じる，(を)演奏する
▶ perform well うまくいく；成績がよい；うまく作動する
□ perfórmance 图 公演；実行；性能；実績

prefer
⑦ [prifə́ːr]
□□ 123

のほうを好む
🔟 prefer A to B「BよりAを好む」
▶ prefer to do (rather than (to) do)
「(…するより)…するほうを好む」
□ préference 图 好み；優先(権)
□ préferable 肜 望ましい，好ましい

determine
⑩ [ditə́ːrmin]
□□ 124

を決定する；を正確に知る
▶ determine whether ...「…かどうかを決定する」
□ detérmined 肜 (…することを)決意した(to do)
□ detèrminátion 图 決意；決定

treat
⑩ [triːt]
□□ 125

を扱う；を治療する
▶ treat him well [kindly] 彼を適切に[親切に]処遇する
图 もてなし；楽しみ；お祝い
□ tréatment 图 処遇，待遇；治療(法)

prove
⑩ [pruːv]
□□ 126

を証明する；判明する，わかる
▶ prove A (to be) B AがBであることを証明する
▶ prove (to be) ～ ～であることが判明する
□ proof 图 証拠(≒évidence)，証明
□ próven 肜 証明された

apply
[əplái]
□□ 127

を適用[応用]する；申し込む；(～に)適用される(to / in)
🔟 apply A to B「AをBに適用する」
▶ apply for ～「～に申し込む」
□ àpplicátion 图 申し込み；適用
□ ápplicant 图 応募者，志願者
□ appliánce 图 (家庭用の)(電気)器具

mention
[ménʃən]
□□ 128

に言及する；と言う
▶ mention (to ～) that ...「(～に)…だと言う」
▶ not to mention ～ ～は言うまでもなく
▶ Don't mention it. どういたしまして。
图 (～についての)言及，記載(of)

| 0 | 800 | 1500 | 1900 |

The two researchers decided to work together to **perform** an experiment.

2人の研究者は実験を行うために協力することにした。

Some people **prefer** e-books to printed books.

印刷された本より電子書籍のほうを好む人がいる。

It takes time to **determine** whether something is true or not.

何かが真実かどうかを決定するには時間がかかる。

Young people should **treat** their elders with respect.

若者は敬意をもって年上の人を処遇するべきである。

Scientists **have proven** that dinosaurs once existed.

科学者はかつて恐竜が存在したことを証明した。

The computer company **applied** a new theory to its product designs.

そのコンピューター会社は自社の商品設計に新しい理論を適用した。

The salesperson **mentioned** the features of his company's products.

その販売員は自社製品の特徴に言及した。

communicate
[アク] [kəmjú:nɪkèɪt]
□□ 129

(～と)**情報交換をする**(with)；を伝達する
□ commùnicátion [名] コミュニケーション，意思疎通
□ commúnicàtive [形] 情報伝達の；話好きの

contain
[kəntéɪn]
□□ 130

を**含む**；を収容する；(感情など)を抑える
□ contáiner [名] 容器；コンテナ
□ cóntent [名] (容器などの)中身；内容
□ contáinment [名] 抑制；封じ込め

contact
[アク] [ká(:)ntækt]
□□ 131

と**連絡を取る**；接触する
[名] (～との)連絡，接触(with)；〔通例～s〕コネ
▶ come into contact with ～ ～と接触する
[形] (緊急)連絡用の；触発性の
▶ a contact number 連絡先の電話番号

regard
[rɪgá:rd]
□□ 132

を**見なす**；を見る；を評価する
[TG] **regard *A* as *B*** 「AをBと見なす」
[名] 配慮；尊敬；〔～s〕よろしくという挨拶(あいさつ)
▶ with [in] regard to ～ ～に関して(は)

respect
[rɪspékt]
□□ 133

を**尊敬する**；を尊重する
[名] 尊敬，敬意；考慮；点
▶ with respect to ～ ～に関して
▶ in this respect この点で
□ respéctful [形] 敬意を表する
▶ respectable「立派な」，respective「それぞれの」と区別。
□ respéctively [副] それぞれ

search
[発] [sə:rtʃ]
□□ 134

捜す；を捜索する；を詳しく調べる
[TG] **search for ～**「～を捜す」
▶ search *A* for *B* Bを求めてA(場所・身体)を捜索する
[名] 捜索，探索；(データの)検索
▶ in search of ～ ～を捜して，求めて

connect
[kənékt]
□□ 135

を**つなぐ**；を関連づける
[TG] **connect *A* to [with] *B***
「AをBとつなぐ，結び付ける」
□ connéction [名] 関連；結合，接続
▶ in connection with ～ ～に関連して

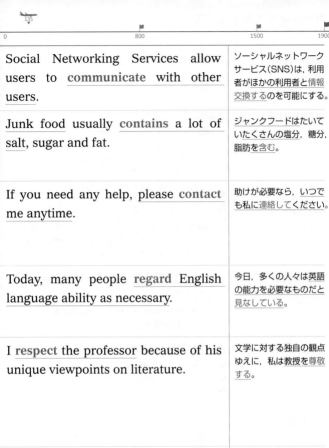

| | 0 | 800 | 1500 | 1900 |

Social Networking Services allow users to **communicate** with other users.	ソーシャルネットワークサービス(SNS)は, 利用者がほかの利用者と情報交換するのを可能にする。
Junk food usually **contains** a lot of salt, sugar and fat.	ジャンクフードはたいていたくさんの塩分, 糖分, 脂肪を含む。
If you need any help, please **contact** me anytime.	助けが必要なら, いつでも私に連絡してください。
Today, many people **regard** English language ability as necessary.	今日, 多くの人々は英語の能力を必要なものだと見なしている。
I **respect** the professor because of his unique viewpoints on literature.	文学に対する独自の観点ゆえに, 私は教授を尊敬する。
The police **searched** for the missing person all night.	警察は一晩中行方不明者を捜した。
Nowadays, many people are **connecting** their TVs to the Internet.	今日では, 多くの人がテレビをインターネットにつないでいる。

decline [dɪkláɪn] □□ 136	**減少する**；衰退する；を断る ▶ decline his offer 彼の申し出を断る 名 衰退；下落
prevent アク [prɪvént] □□ 137	**を妨げる**；を防ぐ TG **prevent ～ from *doing*** 「～が…するのを妨げる」 ▶ keep [stop] ～ from *doing* と同義。 □ prevéntion 名 阻止，予防；妨害 □ prevéntive 形 予防の　名 予防手段
suffer [sʌ́fər] □□ 138	**苦しむ**；患う；(苦痛など)を経験する TG **suffer from ～**「～で苦しむ；～の病気を患う」 ▶ be suffering from the flu インフルエンザにかかっている □ súffering 名 苦しみ；苦痛
survive アク [sərváɪv] □□ 139	**を切り抜けて生き残る**；より長生きする；生き延びる ▶ survive *one's* husband 夫より長生きする □ survíval 名 生存；存続
publish [pʌ́blɪʃ] □□ 140	**を出版する**；を公表する ▶ 語源は「何かを public「公の」にする」。 □ pùblicátion 名 出版(物)；公表

名詞編

opportunity 発 アク [à(:)pərtjúːnəti] □□ 141	**機会**(≒ chance) TG **an opportunity (for ～) to *do*** 「(～が)…する機会」
task [tæsk] □□ 142	**(課せられた)仕事，作業**；課題；タスク ▶ a task force 機動部隊；特別(調査)委員会 動〔通例 be tasked with *doing* [to *do*]で〕…する仕事[任務]を課される
industry アク [índəstri] □□ 143	**産業**；勤勉(≒ díligence) □ indústrial 形 産業の，工業の □ indústrious 形 勤勉な(≒ díligent) □ indústrialìze 動 産業化[工業化]する □ indùstrializátion 名 産業化，工業化

The crime rate in the U.S. has **declined** steadily.

アメリカにおける犯罪率は着実に減少してきている。

Strict laws may **prevent** people from committing violent crimes.

厳しい法律は人々が凶悪犯罪を犯すのを妨げるかもしれない。

Many countries around the world **suffer** from natural disasters.

世界中の多くの国々が自然災害に苦しんでいる。

The man **survived** the traffic accident.

その男性はその交通事故で生き残った。

She **published** a novel about a professional gamer.

彼女はプロのゲーマーを描いた小説を出版した。

Most Japanese do not have an **opportunity** to use English every day.

たいていの日本人は毎日英語を使う機会がない。

She completed the **task** of making a sales presentation.

彼女は販売企画の説明を行うという仕事をやり遂げた。

The Japanese auto **industry** is making big changes in car manufacturing.

日本の自動車産業は自動車製造における大きな変化を起こしつつある。

medium 発 [mí:diəm] □□ 144	**(情報伝達の)媒体**；手段 ▶ 複数形は media。 ▶ the media マスコミ，マスメディア(新聞・放送・インターネットなどの総称) 形 中間の，平均の；(肉の焼き具合が)ミディアムの
economy ⑦ [ɪká(:)nəmi] □□ 145	**経済(状態)**；経済圏；節約 □ èconómic 形 経済(上)の □ èconómical 形 経済的な，安上がりな；倹約する □ èconómics 名 経済学
policy [pá(:)ləsi] □□ 146	**政策，方針**；(個人の)主義 ▶ foreign policy 外交政策 □ pólicymàker 名 政策立案者
account [əkáunt] □□ 147	**説明**；勘定；口座 ▶ take ~ into account; take into account ~ 「~を考慮する」 ▶ on account of ~ ~のせいで 動 〔account for で〕を説明する；(割合)を占める □ accóuntable 形 (~の)(説明)責任がある(for)
trade [treɪd] □□ 148	**貿易**；商売，取引 ▶ conduct [carry on] trade 商売をする 動 取引をする；を交換する ▶ a trading company 商社 □ tráder 名 貿易業者；商人
model [má(:)dəl] □□ 149	**模範**；モデル；模型；型 ▶ a mathematical model 数理モデル 形 模型の；模範的な，完璧な 動 を(~の)模範に合わせる(on)；を(~をもとに)作る(on)
figure 発 [fíɡjər] □□ 150	**数字**；姿；人物；図表 動 と判断する，と考える；目立つ；現れる ▶ figure out ~ ~がわかる，~を解決する；~を計算する
cell [sel] □□ 151	**細胞**；独房；電池 ▶ a cell phone 携帯電話(= cellphone, cellular phone, mobile phone) □ céllular 形 細胞の

0	800	1500	1900

People nowadays use social media to share information and ideas.	今日，人々は情報や考えを共有するためにソーシャルメディアを使う。
I wonder if higher wages are good for the Japanese economy.	より高い賃金は日本経済にとってよいことだろうか。
The government is changing its free-market policy.	政府は自由市場政策を変更しつつある。
The patient's family was given a detailed account of the operation.	患者の家族は手術についての詳しい説明を受けた。
There was an increase in wine trade between the two countries.	両国間のワイン貿易が拡大した。
The famous reporter's work is an ideal model of journalism.	その有名な記者の仕事はジャーナリズムの理想的な模範である。
There is room for improvement in the sales figures of our cars.	当社の車の販売数には改善の余地がある。
They discovered a virus that destroys cancer cells.	彼らは癌細胞を破壊するウイルスを発見した。

image [発] [アク] [ímɪdʒ] □□ 152	**印象，イメージ**；画像；像 [TG] **have a ... image of ～**「～に…な印象を抱く」 [動] を心に描く，想像する；の像を描く[作る] □ ímagery [名]〔集合的に〕比喩的表現；イメージ；影像
emotion [ɪmóuʃən] □□ 153	**感情，情動**；感動 ▶ mixed [conflicting] emotions 複雑な[相反する]感情 □ emótional [形] 感情的な；感動的な □ emótionless [形] 感情を表さない，無表情の
stress [stres] □□ 154	**ストレス**；圧力；強調 ▶ be under stress ストレスを受けている ▶ reduce [relieve] stress ストレスを減らす[和らげる] [動] を強調する；に圧力を加える □ stréssful [形] ストレスの多い
decade [発] [dékeɪd] □□ 155	**10年間** ▶ for decades 数十年の間；何十年も
range [発] [reɪndʒ] □□ 156	**範囲**；射程距離；(同類の)組 ▶ **a wide range of ～**「広範囲にわたる～」 [動] わたる，及ぶ；(動植物が)分布する
character [アク] [kǽrəktər] □□ 157	**性格，個性**；特徴；登場人物；文字 ▶ national character 国民性 □ chàracterístic [形] (～に)特有の，独特の(of) [名]〔～s〕特徴，特性 □ cháracterìze [動] を特徴づける
advantage [発] [アク] [ədvǽntɪdʒ] □□ 158	**利点**；優勢；有利 ▶ **take advantage of ～** 「～を利用する；～につけ込む」 □ àdvantágeous [形] 有利な □ dìsadvántage [名] 不利(な点)；損失
phrase [freɪz] □□ 159	**句**；成句；言葉遣い ▶ in a phrase 一言で言えば ▶ use a set phrase 決まり文句を使う [動] を(ある)言葉で述べる

We have a positive **image** of Olympic athletes.	私たちはオリンピック選手に対して肯定的な印象を抱いている。
Men and women seem to **handle emotions** quite differently.	男性と女性はまったく異なったやり方で感情に対処するように思える。
A tight work schedule may cause **stress**.	ぎっしり詰まった仕事の予定がストレスを引き起こすこともある。
The country has had fast growth over the last few **decades**.	その国は過去数十年間にわたって急成長を遂げてきた。
The company made a plan to **expand** the **range** of its products.	その会社は製品の範囲を拡大する計画を立てた。
Many foreigners think Japanese people have a modest **character**.	多くの外国人が日本人は謙虚な性格を備えていると思っている。
One great **advantage** of online **communities** is relationship building among people.	オンラインコミュニティーの大きな利点の1つは人々の間に関係を築くことである。
A **phrase** like "it's similar to" is useful for explaining words.	「それは〜に似ている」のような句は語の説明をするのに役立つ。

damage [ア] [dǽmɪdʒ] □□ 160	**損害，損傷**；〔～s〕損害賠償金 [TG] **cause [do] damage to ～** 「～に損害を与える」 ▶ suffer great [heavy] damage 大きな損害を被る [動] に損害[損傷]を与える；を傷つける
impact [ア] [ímpækt] □□ 161	**影響**；(激しい)衝突；衝撃(力) ▶「出来事や状況がもたらす効果や影響」の意。 [TG] **have an impact on ～**「～に影響を及ぼす」 [動] [ɪmpǽkt] (～に)強い影響を及ぼす(on)；衝突する
method [méθəd] □□ 162	**方法**；体系；秩序 □ methódical [形] 秩序立った
resource [発] [ríːsɔːrs] □□ 163	〔通例～s〕**資源**；〔通例～s〕資金；才覚 ▶ human resources 人的資源 □ resóurceful [形] 工夫に富む
region [発] [ríːdʒən] □□ 164	**地域**；領域；部位 ▶「国や世界の中の広い地域」の意。 ▶ a brain region 脳内の部位 □ régional [形] 地域の；局部的な
medicine [médsən] □□ 165	**薬**；医学 ▶ take a medicine 薬を飲む ▶ alternative medicine 代替医療 □ médical [形] 医学の，医療の □ mèdicátion [名] 薬剤，薬物(治療)
detail [発] [díːteɪl] □□ 166	〔～s〕**詳細(な情報)，細部** ▶ in detail「詳細に」 □ détailed [形] 詳細な
feature [発] [fíːtʃər] □□ 167	**特徴**；〔通例～s〕顔つき；特集記事[番組] [動] を呼び物にする；を主演させる；を特集する

The hurricane caused great damage to the city.	ハリケーンはその市に大きな損害を与えた。
A wasteful use of resources has a negative impact on the environment.	資源の無駄遣いは環境に悪影響を及ぼす。
Some methods of dieting face a lot of criticism.	いくつかのダイエット法は多くの批判に直面している。
Technology will make the efficient use of natural resources possible.	科学技術は天然資源の効率的な利用を可能にするだろう。
Auroras are visible in the polar regions.	オーロラは極地で見られる。
The doctors tried out a new kind of medicine on the girl to save her life.	医師たちはその少女の命を救うために彼女に新しい種類の薬を試した。
You should not post too many personal details about yourself on your blog.	ブログにあまりにも多くの自分自身についての詳細な個人情報を載せるべきではない。
The most unique feature of the new building is its curved shape.	その新しい建物の最も珍しい特徴は曲がった形状である。

function [fʌ́ŋkʃən] □□ 168	機能；関数 動 機能する，作用する □ fúnctional 形 機能の，機能的な
access ⑦ [ǽkses] □□ 169	利用，入手；接近(の機会・方法・権利) **熟 have access to ~**「~を利用[入手]できる」 動 にアクセスする；に接近する □ accéssible 形 利用[接近]しやすい
item 魕 [áɪtəm] □□ 170	品目，項目；(同種の中の)~個；(短い)記事 ▶ a news item 1つのニュース記事
income ⑦ [ínkʌ̀m] □□ 171	収入；所得 ▶ an annual income 年収 ▶ per capita income 1人当たりの所得
attitude ⑦ [ǽtətjùːd] □□ 172	態度；考え方，心構え ▶ take a friendly attitude toward [to] ~　~に友好的な 　態度をとる
site [saɪt] □□ 173	用地，場所；跡地；(ウェブ)サイト ▶ a World Heritage Site 世界遺産(登録地) 動 (通例 be sited で)(ある場所に)置かれる，位置 　する
aspect ⑦ [ǽspèkt] □□ 174	(物事の)側面；観点；様相 ▶ from this aspect この観点[見地]から
structure [strʌ́ktʃər] □□ 175	構造；体系；構造物 動 を組織立てる，体系化する □ strúctural 形 構造(上)の
habit [hǽbɪt] □□ 176	習慣，癖 ▶ **be in the habit of** *doing*「…する習慣[癖]がある」 ▶ habit は個人的な無意識の癖，custom は社会的な習慣を表す 　ことが多い。 □ habítual 形 習慣的な；常習的な

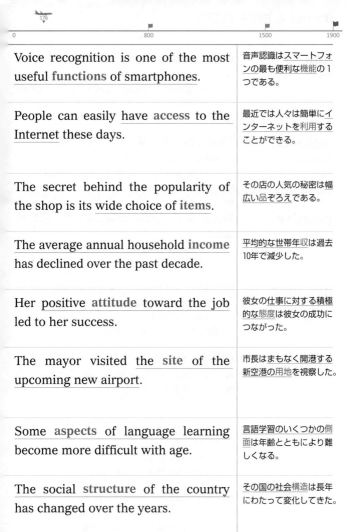

| 0 | 800 | 1500 | 1900 |

Voice recognition is one of the most useful **functions** of smartphones.

音声認識はスマートフォンの最も便利な機能の1つである。

People can easily **have access** to the Internet these days.

最近では人々は簡単にインターネットを利用することができる。

The secret behind the popularity of the shop is its **wide choice** of **items**.

その店の人気の秘密は幅広い品ぞろえである。

The average annual household **income** has declined over the past decade.

平均的な世帯年収は過去10年で減少した。

Her positive **attitude** toward the job led to her success.

彼女の仕事に対する積極的な態度は彼女の成功につながった。

The mayor visited **the site** of the upcoming new airport.

市長はまもなく開港する新空港の用地を視察した。

Some **aspects** of language learning become more difficult with age.

言語学習のいくつかの側面は年齢とともにより難しくなる。

The social **structure** of the country has changed over the years.

その国の社会構造は長年にわたって変化してきた。

He **has** the **habit** of checking e-mail messages at meal times.

彼は食事時にEメールのメッセージをチェックする習慣がある。

link
[lɪŋk]
□□ 177

関連，つながり；(2 地点を結ぶ)交通手段；リンク

▶ a link between eating habits and cancer 食習慣と癌(がん)との関連

[動] を(～に)結び付ける，関連させる(to / with)

---

instance
[アク] [ínstəns]
□□ 178

(具体的な)例，実例；(特定の)場合

[TG] **for instance**「たとえば」

▶ a typical instance of success 典型的な成功例

形容詞編

positive
[pá(:)zətɪv]
□□ 179

肯定的な；積極的な；確信して；(検査結果が)陽性の

▶ be positive about [of] ～ ～を確信している

□ pósitively [副] 明確に，きっぱりと；確かに

---

negative
[négətɪv]
□□ 180

否定的な；消極的な；(検査結果が)陰性の

▶ a negative sentence 否定文(⇔ an affirmative sentence 肯定文)

[名] 否定的な言葉[答え・態度]

---

complex
[発] [kà(:)mpléks]
□□ 181

複雑な；複合(体)の

[名] [ká(:)mplèks] 複合体[施設]，団地；コンプレックス

▶ an inferiority complex 劣等感

□ compléxity [名] 複雑(性)

---

current
[アク] [kə́:rənt]
□□ 182

現在の；現代の；通用している

[名] 流れ；風潮；電流

□ cúrrently [副] 現在(は)

□ cúrrency [名] 通貨；流通；通用

---

mental
[méntəl]
□□ 183

精神の；知能の；頭の中で行う

▶ mental arithmetic [calculation] 暗算

□ mentálity [名] ものの考え方；知能

---

specific
[アク] [spəsífɪk]
□□ 184

特定の；明確な，具体的な；(～に)特有の(to)

[名] 〔通例～s〕詳細，細部

□ specífically [副] 特に；具体的には

□ spècificátion [名] 詳述；〔～s〕仕様書；明細書

0　　　　　　　　　　　　800　　　　　　　　　1500　　　　　1900

There is a strong **link** between unusual weather and global warming.	異常気象と地球温暖化との間には強い関連がある。
When we read, for **instance**, we make quick eye movements.	たとえば本を読むとき，私たちは目を素早く動かす。
The English word "cool" has a **positive** meaning.	英語の"cool"は肯定的な意味を持つ。
Loud noises may have a **negative** effect on studying.	大きな騒音は勉強に悪影響を与えるかもしれない。
There are many **complex** theories in physics.	物理学には多くの複雑な理論がある。
The **current** trend in cars is toward automated driving.	自動車における現在の傾向は自動運転に向かっている。
Taking in less sugar may benefit your **mental** health.	糖分の摂取を減らすことはあなたの精神衛生のためになるかもしれない。
The teacher talked about a **specific** topic.	先生は特定の話題について話した。

significant
⑰ [sɪgnífɪkənt]
□□ 185

重要な，重大な；意義深い
▶ It is significant to *do* …することが重要である
□ significance 图 重要性；意味
▶ a matter of great significance とても重大な問題

essential
⑰ [ɪsénʃəl]
□□ 186

(〜に)必要不可欠な(to / for)；本質的な
▶ It is essential (for 〜) to *do* (〜が)…するのが不可欠である
图 (通例〜s)本質的要素；必須事項

official
⑰ [əfíʃəl]
□□ 187

公用の；公式の；役所の
▶ an official record 公式記録
图 公務員；役員，職員
□ óffice 图 事務所；公職；役所
□ ófficer 图 将校；警官

financial
⑭ [fənǽnʃəl]
□□ 188

財政(上)の；財界の
▶ have financial problems 財政問題を抱えている
□ fináncially 圓 財政的に(は)
□ fínànce 图 財政

academic
⑰ [æ̀kədémɪk]
□□ 189

学問の；大学の
图 大学教員，学者；大学生
□ acádemy 图 専門学校；学術協会

aware
[əwéər]
□□ 190

気づいて，知って
🔟 be aware of 〜「〜に気づいて[知って]いる」
▶ be aware that ... 「…だと気づいて[知って]いる」
□ awáreness 图 意識；自覚

worth
⑭ [wəːrθ]
□□ 191

(…する)に値する(*doing*)；の価値がある
▶ *A* is worth *doing* = it is worth *doing A*
「A は…するに値する」
图 価値；(〜の)相当のもの(of)
▶ $100 worth of food coupons 100ドル分の食品割引券
□ worthy [wə́ːrði] 囮 (〜に)値して(of)

potential
[pəténʃəl]
□□ 192

潜在的な；可能性を秘めた
▶ potential risk [danger] 潜在的危険
图 潜在(能)力，可能性

66

0	800	1500	1900

There are **significant** differences between having knowledge and using it.	知識があることとそれを使うこととの間には重大な違いがある。
Friends are **essential** for our lives.	友人は私たちの人生に不可欠である。
Hebrew is **the official language** of Israel.	ヘブライ語はイスラエルの公用語である。
The company received **financial support** from a bank.	その会社は銀行から財政支援を受けた。
Academic achievement is traditionally measured through examination.	学業成績は伝統的に試験によって評価される。
We are **aware** of the importance of learning a second language.	私たちは第二言語を学ぶことの重要性に気づいている。
Organic food is said to be healthy, so it is **worth** buying.	自然食品は健康によいと言われていて，だから買うに値する。
It is important in business to look for **potential** customers.	潜在的な顧客を探すことがビジネスにおいて重要だ。

active [ǽktɪv] □□ 193	**積極的な**；活動的な；効力のある □ actívity [名] 活動；活発，活気 □ áctivàte [動] を活性化する □ act [動] 行動する；演じる [名] 行為；法令；(劇などの)幕 □ áction [名] 行為；働き；作用
digital [dídʒətəl] □□ 194	**デジタル方式の**；デジタル[数字]表示の ▶ a digital text [device] デジタル文書[機器] □ dígitally [副] デジタル方式で
mobile [発][móʊbəl] □□ 195	**可動[移動]式の**；流動性のある [名] [主に英] 携帯電話(= mobile phone) □ mobílity [名] 可動[移動]性
novel [発][ná(:)vəl] □□ 196	**斬新な，目新しい** [名] 小説 □ nóvelty [名] 目新しさ，斬新さ；ノベルティグッズ
plastic [plǽstɪk] □□ 197	**柔軟な**；プラスチックの，ビニールの ▶ plastic wrap (食品保存用の)ラップ [名] プラスチック(製品)
chemical [発][kémɪkəl] □□ 198	**化学の，化学的な** [名] 化学薬品[製品]；薬物，麻薬 □ chémistry [名] 化学；化学的性質
necessary [アク][nésəsèri] □□ 199	**必要な**(≒ esséntial ➔ 186) [TG] **It is necessary to *do*** 「…することが必要である」 ▶ It is necessary that *A* (should) *do* Aが…することは必要である [名] (~saries)必要品；生活必需品 □ necéssity [名] 必要(性)；(~ties)必需品 □ nècessárily [副] (否定文で)必ずしも(～ない)

副詞編

eventually [ɪvéntʃuəli] □□ 200	**結局(は)** ▶「途中でいろいろあっても最終的には」の意。finally は「(順番として)最後に」を表す。 □ evéntual [形] 結果として起こる

Men should play an active role in raising children.	男性は子育てにおいて積極的な役割を果たすべきである。
We are now experiencing rapid growth in digital technology.	私たちは今デジタル技術の急成長を経験している。
Gaming on mobile devices is becoming more popular than ever before.	移動式機器でゲームをすることはこれまで以上に人気が高まってきている。
He developed a novel theory concerning the human mind.	彼は人間の精神に関する斬新な理論を展開した。
The human brain is very plastic, so even adults can learn and adapt.	人間の脳はとても柔軟なので，大人でさえ学習して順応することができる。
Soda water is created by a chemical reaction.	炭酸水は化学反応によって作られる。
It is necessary to review English words regularly to remember them.	英単語を覚えるためには定期的に復習することが必要である。
She eventually earned a Ph.D. in mathematics from Yale University.	彼女は結局エール大学から数学の博士号を取得した。

Part 1　常に試験に出る基本単語 800 語

Section 3　単語番号 201 ～ 300

動詞編

identify
[発] [aɪdéntəfàɪ]
□□ 201

を**特定する**；を(～と)同一視する(with)
▶ identify *A* as *B*「A を B だと特定する，確認する」
□ idèntificátion [名] 身分証明書；身元確認；同一視
□ idéntity [名] 身元，正体；自己同一性
□ idéntical [形] 同一の；よく似た；一卵性の

---

represent
[アク] [rèprɪzént]
□□ 202

を**表す**；を代表する；に相当する
▶ represent a company 会社を代表する
□ rèpreséntative [名] 代表者；代議員；[米] 下院議員
[形] (～を)代表する(of)；代理の

---

indicate
[アク] [índɪkèɪt]
□□ 203

を**指し示す**；を述べる
▶ indicate that ...「…ということを示す」
□ ìndicátion [名] 兆候；指示；表示

---

manage
[発] [アク] [mǽnɪdʒ]
□□ 204

を**なんとか成し遂げる**；を管理する
[TG] manage to *do*「なんとか…する」
□ mánagement [名] 管理，経営；〔the ～〕経営者側
□ mánager [名] 管理者，経営者

---

attend
[əténd]
□□ 205

に**出席する**；(を)世話する；(～に)対処[対応]する(to)
□ atténtion [名] 注意；注目；配慮
▶ pay attention to ～ ～に注意を払う
□ atténdance [名] 出席
□ atténtive [形] 注意深い

---

maintain
[meɪntéɪn]
□□ 206

を**維持する**；と主張する；を養う
▶ maintain that ... …ということを主張する
□ máintenance [名] 維持；整備；扶養

---

survey
[アク] [sərvéɪ]
□□ 207

を**調査する**；をじろじろ見る；を概観する
[名] [sə́ːrveɪ] (意識・統計)調査；概観
▶ conduct [do, make] a survey 調査を行う
□ survéillance [名] (囚人などの)監視；見張り

The police officer **identified** the man as a criminal.	警官はその男性を犯人と特定した。
His music **represents** a new form of rock music.	彼の音楽はロックミュージックの新しい形式を表している。
The cave paintings **indicate** that early humans had the idea of time.	その洞窟絵画は原始人が時間の概念を持っていたことを示している。
The student **managed** to finish his report before the deadline.	その学生は締め切り前になんとかレポートを仕上げることができた。
I would like to **attend** the party because I might meet someone famous.	有名人に会えるかもしれないので、私はそのパーティーに出席したい。
Today, Kyoto still **maintains** a lot of its ancient culture.	今日、京都はなお昔の文化を多く維持している。
One study **surveyed** 100 cancer patients who tried the new drug.	ある研究は新薬を試した100人の癌患者を調査した。

replace
[rɪpléɪs]
□□ 208

に取って代わる；を取り替える
▶ replace A with B「A を B と取り替える」
□ replácement 图 取り替え；交替
□ repláceable 形 交換可能の，代わりがある

sort
[sɔːrt]
□□ 209

を(〜に)分類する(into)；を(〜から)えり分ける(from)
▶ sort 〜 out = sort out 〜
　「〜をえり分ける；〜を整理する；〜を解決する」
图 種類；性質；(データの)整列，ソート
▶ sort of (副詞的に)多少，いくらか；まあ(ね)

conduct
⑦ [kəndʌ́kt]
□□ 210

(調査・実験など)を実施する；を導く
▶ do や carry out で言い換えられる。
图 [ká(:)ndʌkt] 行動；遂行
□ condúctor 图 指揮者；添乗員；(伝)導体
▶ sèmicondúctor 半導体

associate
⑱ [əsóuʃièɪt]
□□ 211

を結び付けて考える；(〜と)交際する(with)
⑩ associate A with B
　「A を B と結び付けて考える」
图 [əsóuʃiət] 仲間；提携者　形 [əsóuʃiət] 準〜，副〜
□ assòciátion 图 協会；交際；連想

attempt
[ətémpt]
□□ 212

を試みる，企てる
⑩ attempt to do「…しようと試みる」
▶ try to do と同義。
▶ attempted robbery 強盗未遂
图 試み，企て

promote
⑦ [prəmóut]
□□ 213

を促進する；(通例受身形で)昇進する
▶ He was promoted to account executive. 彼は顧客
　担当責任者に昇進した。
□ promótion 图 昇進；(販売)促進
▶ get a promotion 昇進する

earn
[əːrn]
□□ 214

を稼ぐ；を得る；をもたらす
▶ earn one's living 生計を立てる
▶ earn a bachelor's degree in physics 物理学の学士号
　を取得する
□ éarnings 图 所得；収益

Machines have **replaced** human workers in many factories.	多くの工場で機械が人間の労働者に取って代わった。
People are required to **sort** household waste into different types.	人々は家庭ごみを種別に分類することが求められる。
The doctor **conducted** a quick test to measure my blood-sugar level.	医師は私の血糖値を測るために簡単な検査を行った。
Most people **associate** a lack of sleep with common health problems.	たいていの人は睡眠不足をよくある健康問題と結び付けて考える。
The little girl **attempted** to convince her parents to buy her a toy.	その小さな女の子は自分におもちゃを買ってくれるように両親を説得しようと試みた。
Lively discussions may help **promote** better understanding among people.	活発な議論は人々の間のさらなる理解を促進する助けとなるかもしれない。
She **earns** enough money to pay for her costs of living.	彼女は生活費をまかなうのに十分なお金を稼ぐ。

unite
[junáit]
☐☐ 215

を**団結させる**；(を)結合する；団結する
▶ unite art and science 芸術と科学を一体化する
☐ únion 名 同盟，連合；結合；組合
☐ united 形 連合した，団結した

feed
[fi:d]
☐☐ 216

に**食べ物[乳]を与える**；に(～を)供給[補給]
する(with)；餌を食べる
▶ be fed up (with ～)「(～に)うんざりしている」
▶ 活用：feed - fed - fed
▶ feed A into B A(データ)をB(コンピューター)に入れる
名 食べ物(を与えること)
☐ féeder 名 食べ物を与える人；えさ箱；支流

seek
[si:k]
☐☐ 217

を**追い求める**；(助けなど)を要請する
▶ 活用：seek - sought - sought
▶ seek to do …しようと(努力)する

observe
[əbzə́:rv]
☐☐ 218

に**気づく**；を観察する；を遵守する
▶ observe ～ do [doing] ～が…する[している]のに気づく
☐ òbservátion 名 観察；所見
☐ obsérvance 名 遵守；儀式

reveal
[rɪví:l]
☐☐ 219

を**明らかにする**；を見せる
▶ be revealed as [to be] ～ ～であることが明らかになる
☐ rèvelátion 名 新事実；暴露；啓示

estimate
発 [éstɪmèɪt]
☐☐ 220

と**推定する**；を見積もる；を評価する
名 [éstɪmət] 見積もり；評価
☐ èstimátion 名 見積もり；評価
☐ éstimàted 形 見積もりの

reflect
[rɪflékt]
☐☐ 221

を**反映する**；(を)反射する；(を)熟考する
▶ reflect on ～「～を熟考する」
☐ refléction 名 映った姿；反射；反映；熟考
☐ réflex 名 反射(作用) 形 反射的な

attract
[ətrǽkt]
☐☐ 222

を**引きつける**
▶ attract his attention [notice] 彼の注意を引く
☐ attráction 名 魅力；呼び物；引力
☐ attráctive 形 魅力的な

He **united** the whole country through his powerful and thoughtful speeches.

彼はその力強く思慮深い演説で全国民を団結させた。

The mother **feeds** her baby every time he cries.

その母親は，赤ん坊が泣くたびにその子にお乳を与える。

More and more people are **seeking** better ways to maintain a work-life balance.

ますます多くの人が仕事と生活のバランスを保つよりよい方法を追い求めている。

I **observed** that the plant leaves began to turn brown.

私は植物の葉が茶色に変化し始めたことに気づいた。

Some websites may **reveal** their users' personal information by mistake.

一部のウェブサイトは誤って利用者の個人情報をもらすことがある。

We **estimated** our arrival to be 20 minutes late.

私たちは到着が20分遅れると推定した。

Freud believed that dreams **reflected** our deepest desires.

フロイトは夢は心の奥底にある願望を反映すると信じていた。

The teacher **attracted** her students' attention by clapping her hands.

その教師は手をたたいて生徒たちの気を引きつけた。

decrease
⑦ [diːkríːs]
□□ 223

減少する(⇔ incréase → 2)；を減らす

图 [díːkriːs] 減少，下落

▶ on the decrease 次第に減少して

---

ignore
⑦ [ɪɡnɔ́ːr]
□□ 224

を無視する

▶「ある事柄に意図的に注意を払わない」の意。

□ ígnorant 形 無知な；(~を)知らない(of)

□ ígnorance 图 無知

---

match
[mætʃ]
□□ 225

(と)合う；に匹敵する；一致する

▶ Your socks don't match. 君の靴下は左右が合っていない。

图 試合；好敵手；(~と)よく合う物[人](for)

▶ I am no match for him. 私は彼にはかなわない。

---

define
[dɪfáɪn]
□□ 226

を定義する；を明確にする

⑩ define A as B「AをBと定義する」

□ dèfinítion 图 定義；明確さ

□ definite [défənət] 形 明確な，確実な

□ définitely 副 間違いなく

---

adapt
[ədǽpt]
□□ 227

適応する；を(~に)適合させる(to)

⑩ adapt to ~「~に適応する」

□ àdaptátion 图 適応，順応

□ adáptable 形 (~に)適応できる(to)

---

contribute
⑦ [kəntríbjət]
□□ 228

貢献する，一因となる；(を)寄付する；(を)寄稿する

⑩ contribute to ~
「~に貢献する，~の一因となる」

□ còntribútion 图 寄付(金)；貢献；寄稿作品

---

exchange
⑭ [ɪkstʃéɪndʒ]
□□ 229

(を)交換する；両替する

▶ exchange A for B「AをBと交換する」

图 交換；やり取り，交流；為替

▶ a rate of exchange = an exchange rate 為替レート

▶ in exchange for ~ ~と交換で

---

display
⑦ [dɪspléɪ]
□□ 230

を示す；を発揮する；を展示[陳列]する

图 (感情などの)表れ；展示；ディスプレー画面

▶ on display 展示中で，展示されて

My salary has gradually **decreased** over the last few years.

私の給料はここ数年でだんだん減少してきている。

The sailors **ignored** the warning about the dangerous currents in the sea.

船員たちは危険な潮流の警告を無視した。

Modern building designs often **match** the natural surroundings.

現代の建物のデザインは周りの自然環境に合っていることが多い。

The dictionary **defines** happiness as the basic feeling of joy or satisfaction.

その辞書は幸福を喜びまたは満足の基本的な感情と定義している。

She can **adapt** to various situations thanks to her positive attitude.

彼女はその前向きな態度のおかげで，さまざまな状況に適応することができる。

Carbon dioxide **contributes** to global climate change.

二酸化炭素は地球の気候変動の一因となる。

Nowadays, we can **exchange** information easily over the Internet.

今日，私たちはインターネットを通じて簡単に情報を交換することができる。

She sometimes **displayed** strong emotions while talking about her past.

彼女は自分の過去について話していたとき，ときどき強い感情を示した。

respond [rispá(:)nd] ☐☐ 231	**反応する**；**答える** **動 respond to** ～「～に反応する；～に答える」 ☐ respónse　名 反応；応答，答え ☐ respónsive　形 (～に)反応する(to)；敏感な ☐ respónsible　形 (～に)責任のある(for) ☐ respònsibílity 名 (～に対する)責任，責務(for)
hide [haɪd] ☐☐ 232	**を隠す**(≒ concéal → 1116)；**隠れる** ▶ 活用：hide - hid - hidden ☐ híding　名 隠す[隠れる]こと ☐ hídeòut 名 隠れ家，潜伏場所
doubt 発 [daʊt] ☐☐ 233	**ではないと思う**；**を疑う** **動 doubt that ...** 「…ではないと思う」 ▶ suspect that ... 「…だろうと思う」と区別。 名 疑い ▶ no doubt たぶん，おそらく ☐ dóubtful　形 疑わしい ☐ undóubtedly 副 疑いもなく，確かに
remove [rɪmúːv] ☐☐ 234	**を取り除く**；**を解雇する** ☐ remóval　名 除去；切除；解雇 ☐ remóvable 形 移動できる；取り除ける
wind 発 [waɪnd] ☐☐ 235	**(ねじなど)を巻く**；**(道などが)曲がりくねる**；**巻きつく** ▶ 活用：wind - wound [waʊnd] - wound ▶ wind up *doing* …して終わる，最終的に…する(ことになる) 名 曲がり，うねり；巻くこと ☐ wínding 形 曲がりくねった
assume [əsjúːm] ☐☐ 236	**を当然のことと思う**，**と仮定する**；**(権力など)を手に入れる**；**(責任など)を引き受ける** **動 assume that ...** 　「当然…だと思う，…と決めてかかる」 ☐ assúmption 名 仮定；前提
relax [rɪlǽks] ☐☐ 237	**くつろぐ**；**緩む**；**をくつろがせる**；**を緩める** ☐ rèlaxátion 名 くつろぎ；気晴らし；緩和 ☐ reláxed　形 くつろいだ

0	800	1500	1900

Babies quickly **respond** to any sound similar to their mother's heartbeat.	赤ん坊は母親の心臓の鼓動に似たどんな音にもすぐに反応する。
He **hides** his true feelings behind his smiles.	彼はほほえみの裏に自分の本当の感情を隠す。
I **doubt** that she will come on time.	私は彼女は時間どおりに来ないと思う。
Some plants can **remove** salt from seawater to produce freshwater.	海水から塩分を取り除き真水を作ることができる工場もある。
I learned from my father how to **wind** this mechanical watch.	私はこの機械式腕時計のねじを巻く方法を父から学んだ。
We tend to **assume** that Japanese trains always run on schedule.	私たちは日本の列車がいつも定刻どおりに運行することを当然と思う傾向がある。
Please **relax** and make yourself at home.	どうぞくつろいで楽になさってください。

79

satisfy
[アク] [sǽtɪsfàɪ]
□□ 238

を満足させる；(条件など)を満たす
- ▶ be satisfied with ～ ～に満足している
- □ sàtisfáction [名] 満足；納得
- □ sàtisfáctory [形] 満足のいく

desire
[dɪzáɪər]
□□ 239

を強く望む
- ▶ desire to *do*「…したいと強く望む」
- ▶ leave nothing to be desired まったく申し分ない(＝望まれるものを何も残さない)
- [名] 欲求，願望
- □ desírable [形] 望ましい

succeed
[アク] [səksíːd]
□□ 240

(～に)成功する(in)；(～を)継承する(to)
- ▶ succeed him as president 社長として彼の跡を継ぐ
- □ succéss [名] 成功
- □ succéssful [形] (～に)成功した(in)
- □ succéssion [名] 連続；継承，相続
- □ succéssive [形] 連続的な

名詞編

concept
[アク] [ká(ː)nsèpt]
□□ 241

概念；考え；(商品・販売の)コンセプト
- ▶ the concept that ... …という考え
- □ concéption [名] 構想；概念；受胎

fashion
[fǽʃən]
□□ 242

流行，ファッション；方法，流儀
- ▶ be in [out of] fashion はやって[廃れて]いる
- ▶ in a similar fashion 似たような方法で
- □ fáshionable [形] 流行の；流行を追う；高級な
- □ òld-fáshioned [形] 時代遅れの；旧式の

device
[dɪváɪs]
□□ 243

装置，機器；方策；デバイス
- □ devise [dɪváɪz] [動] を考案する

charge
[tʃɑːrdʒ]
□□ 244

料金；世話；管理；告発
- ▶ in charge of ～ ～を管理[担当]して
- ▶ in the charge of ～ ～に世話をされて
- ▶ take charge of ～ ～を担当する，引き受ける
- [動] を請求する；を(～のかどで)告発する(with)

| 0 | 800 | 1500 | 1900 |

The hotel's high level of service always satisfies its guests.	そのホテルの高い水準のサービスはいつも客たちを満足させる。
People who love shopping often desire to buy the latest goods.	買い物が大好きな人々はたいてい最新の商品を買いたいと強く望む。
The scientist finally succeeded in developing the new robot.	その科学者はついに新しいロボットを開発するのに成功した。
Einstein's theory of relativity has changed our understanding of the concept of time.	アインシュタインの相対性理論は時間の概念に関する我々の理解を変えた。
People often follow the latest fashion in order to look more attractive.	人々はもっと魅力的に見えるように最新の流行を追うことが多い。
This electronic device can handle many tasks such as storing data.	この電子機器はデータの保存など多くのタスクを処理することができる。
An extra charge was added when I called for the taxi in advance.	私が前もってタクシーを呼んだとき特別料金が追加された。

contrast
[アク] [ká(:)ntræst]
□□ 245

（～との）**対照**（with / to）
[TG] **in contrast to [with] ～「～と対照的に」**
▶ by [in] contrast「（それとは）対照的に」
[動] [kəntrǽst] を対比させる；（～と）対照をなす（with）

colleague
[発] [アク] [ká(:)li:g]
□□ 246

（職場の）同僚
▶ colleague は主に「専門職・公職での同僚」を表し，coworker, fellow worker は一般に「職場での同僚，仕事仲間」を表す。

pain
[peɪn]
□□ 247

苦痛，痛み；苦悩；〔～s〕骨折り
▶ have pain in *one's* leg「足が痛む」
▶ take pains 骨折る，苦労する
□ páinful [形] 苦痛な；骨の折れる
□ páinstàking [形] 念入りな，丹精込めた

bill
[bɪl]
□□ 248

請求書；[英] 勘定書（≒[米] check）；法案
▶ pass a bill 法案を可決する
[動] に請求書を送る

content
[アク] [ká(:)ntent]
□□ 249

内容，中身；コンテンツ
[kəntént] [形] 満足した [動] を満足させる [名] 満足
▶ be content with ～ ～に満足している
▶ content *oneself* with ～ ～に満足する，甘んじる
□ conténtment [名] 満足

section
[sékʃən]
□□ 250

部門；部分；地区；欄
▶ the smoking section of a restaurant レストランの喫煙席
[動] を区分する；を仕切る
□ séctional [形] 部分の；派閥の

audience
[発] [ɔ́:diəns]
□□ 251

〔集合的に〕**聴衆，観客**；視聴者
▶ a large [small] audience 大勢の[少ない]聴衆
□ àuditórium [名] 講堂，公会堂；観客席

surface
[発] [アク] [sə́:rfəs]
□□ 252

表面；〔the ～〕外見
▶ come to the surface 浮上する；表面化する
▶ on the surface 表面上は，うわべは
[形] 外面の，表面上の；地上の

0	800	1500	1900

In **contrast** to the other leader, he spoke directly to the people.	もう1人の指導者とは対照的に，彼は国民に直接話しかけた。
I discussed the matter with some of my **colleagues** at work.	私はその問題について職場の同僚の何人かと話し合った。
I have terrible **pain** in my upper right arm.	私は右上腕にひどい痛みがある。
My wife has a part-time job to help pay some **bills**.	私の妻は請求書の一部を支払う助けとなるようにパートの仕事をしている。
You may remember the **content** of your dreams as soon as you wake up.	目覚めた直後に夢の内容を思い出すことがある。
I have just recently started in the accounting **section**.	私はつい最近，経理部で働き始めたばかりです。
The **audience** at the theater was deeply moved by the actors' performance.	劇場の観客は俳優たちの演技に深く感動した。
About two thirds of the earth's **surface** is covered with water.	地球の表面のおよそ3分の2は水でおおわれている。

crop [krɑ(:)p] ☐☐ 253	〔しばしば~s〕**作物**；収穫高 ▶ grow [raise] crops 作物を育てる ▶ gather [harvest, reap] a crop 作物を収穫する **動** (髪)を短く刈り込む；を収穫する
topic [tɑ́(:)pɪk] ☐☐ 254	**話題，トピック**；主題 ▶ debate [discuss] the topic of corruption 汚職の話題を議論する ▶ change the topic 話題を変える (change topics は不可) ☐ tópical **形** 話題の，時事的な
technique **発** **⑦** [tekní:k] ☐☐ 255	**技術**；技巧；手法 ▶ a guitarist with brilliant technique すばらしい技巧を持つギタリスト ☐ téchnical **形** 技術的な；工業技術の；専門的な
status [stéɪtəs] ☐☐ 256	**地位**；状態 ▶ one's marital status 婚姻状況(独身，既婚など) ▶ the status quo [kwoʊ] 現状
option [ɑ́(:)pʃən] ☐☐ 257	**選択(の自由)**；選択肢 ☐ opt **動** (…するほうを)選ぶ(to do) ☐ óptional **形** 選択できる，任意の
reward **発** [rɪwɔ́:rd] ☐☐ 258	**報酬**；報い ▶ in reward for ~ ~に報いて；~の報酬として **動** に報酬を与える，報いる ☐ rewárding **形** 満足が得られる，報われる
race [reɪs] ☐☐ 259	**人種**；民族；競争 ▶ the Anglo-Saxon race アングロサクソン民族 **動** (と)競走[競争]する；疾走する ☐ rácial **形** 人種の，民族の
crime [kraɪm] ☐☐ 260	**罪，犯罪**；違法行為 ▶ commit a crime「罪を犯す」 ▶ a juvenile crime 少年犯罪 ☐ críminal **形** 犯罪の；刑事上の **名** 犯罪者，犯人 ▶ a criminal case 刑事事件

Too much rain can be bad for <u>farmers</u> and their <u>crops</u>.	雨が多すぎるのは農家の<u>人</u>たちとその作物にとって悪いかもしれない。
One of the suitable <u>topics</u> for small <u>talk</u> is health.	雑談に適した話題の1つは健康である。
She developed a new <u>technique</u> for making smartphones easier to use.	彼女はスマートフォンの使い勝手をよくするための<u>新技術</u>を開発した。
Women's <u>status</u> in the Japanese <u>workplace</u> has improved slowly over the decades.	日本の職場における女性<u>の地位</u>はこの数十年間で緩やかに向上した。
She <u>had the option</u> of continuing her <u>career</u> after she got married.	彼女には結婚後に仕事を<u>続けるという選択</u>があった。
Many people regard wealth as the <u>reward</u> for hard work.	多くの人が富を勤勉に対<u>する報酬</u>と見なす。
<u>The mixing of races</u> may be necessary for allowing Japanese society to function.	<u>人種の混合</u>は日本社会を機能させるために必要かもしれない。
Many societies try their best to prevent children from being <u>victims of crime</u>.	多くの社会は，子供が<u>犯罪の犠牲者</u>になるのを防ごうと最善を尽くしている。

conflict

㋐[ká(:)nflìkt]

□□ 261

争い；論争；不一致
- ▶ be in conflict with ～ ～と一致しない，矛盾している
- 動 [kənflíkt] (～と)対立[矛盾]する(with)
- □ conflícting 形 矛盾する，一致しない

struggle

[strʌ́gl]

□□ 262

闘い；懸命の努力
- ⓣ a struggle for ～「～を求める闘い」
- ▶ a struggle for existence [survival] 生存競争
- 動 奮闘する；もがく
- ▶ struggle to do …しようと奮闘する

context

㋐㋐[ká(:)ntekst]

□□ 263

状況，背景；文脈
- ▶ in context 状況に照らして，文脈の中で
- □ contéxtual 形 文脈上の

debate

[dɪbéɪt]

□□ 264

討論，論争；討論会
- ▶ have a debate 討論する
- ▶ under debate 論争中で
- 動 (を)討論する，論争する；(を)熟慮する

fuel

[fjúːəl]

□□ 265

燃料；勢いを増加させるもの
- ▶ nuclear fuel 核燃料
- ▶ add fuel to the fire [flames] 火に油を注ぐ
- 動 に燃料を供給する；をあおる

pollution

[pəlúːʃən]

□□ 266

汚染，公害
- ▶ light [noise] pollution 光害[騒音公害]
- □ pollúte 動 を汚染する
- □ pollútant 名 汚染物質

trend

[trend]

□□ 267

(～への)傾向(toward)；流行
- 動 (～のほうへ)傾く(toward)
- □ tréndy 形 流行の先端をいく

balance

㋐[bǽləns]

□□ 268

均衡，バランス；(体の)平衡；残高
- ▶ keep a balance between A and B AとBのバランスをとる
- 動 を釣り合わせる，(の)バランスをとる；の帳尻を合わせる
- □ imbálance 名 不均衡

Historically speaking, **conflicts** over resources often led to war.	歴史的に見ると，資源をめぐる争いがしばしば戦争へと発展した。
Women's **struggle** for equal rights is still an important issue today.	女性たちの平等の権利を求める闘いは今日でも重要な問題である。
The use of proper manners is effective in various business **contexts**.	適切な作法を用いることは，さまざまなビジネスの状況において効果的である。
In the meeting, there was a heated **debate** over the issue of gun control.	会議では，銃規制の問題に関する白熱した討論が行われた。
The burning of fossil **fuels** is partly responsible for global warming.	化石燃料を燃やすことは地球温暖化の一因である。
Tokyo somehow survived serious air **pollution** in the 1960s.	東京は1960年代の深刻な大気汚染をなんとか乗り越えた。
The **current** **trend** is toward getting elderly people to give up driving.	最近の傾向は高齢者に車の運転をやめさせる方向にある。
It is difficult to reach a **balance** between individual freedom and national security.	個人の自由と国家の安全との均衡に達するのは困難である。

traffic [trǽfɪk] □□ 269	**交通**；通行；交通[輸送]量；(不正)取引 [動] (を)(不正に)売買[取引]する □ **tráfficking** [名] (麻薬・人身などの)密売買
strategy [ア] [strǽtədʒi] □□ 270	**戦略** ▶ strategy は「(全体の)戦略」，tactics は「(個々の)戦術」の意。 ▶ work out a strategy 戦略を立てる □ **strategic** [strətíːdʒɪk] [形] 戦略の
basis [béɪsɪs] □□ 271	**基礎**；根拠；基準 ▶ on a regular [daily] basis「定期的に[毎日]」 □ **base** [名] 土台；基礎；本拠(地)　[動] を(～に)基づかせる(on) ▶ *A* is based on *B*. A は B に基づく。
consequence [ア] [kɑ́(ː)nsəkwens] □□ 272	〔通例～s〕**結果**；重大性 ▶ in consequence 結果として；したがって(≒ as a consequence) □ **cónsequènt** [形] 結果として起こる □ **cónsequèntly** [副] その結果として，したがって
aim [eɪm] □□ 273	**目的，目標**；狙い [動] を(～に)向ける(at)；(～を)目標とする(at) ▶ aim to *do* …しようと目指す ▶ be aimed at ～ ～を対象[目標]にしている
ancestor [ア] [ǽnsèstər] □□ 274	**祖先**(⇔ descéndant 子孫)；原型 ▶ evolve from a common ancestor 共通の祖先から進化する □ **ancéstral** [形] 祖先の
gene [発] [dʒiːn] □□ 275	**遺伝子** ▶ gene manipulation [recombination] 遺伝子操作[組み換え] □ **genétic** [形] 遺伝子の；遺伝(学)の □ **genome** [dʒíːnòʊm] [名] ゲノム
track [træk] □□ 276	**跡**；軌道；[米] (鉄道の)番線；走路 [TG] **keep track of ～**「～の経過[動向]を追う」 ▶ lose track of ～「～を見失う」 [動] の(足)跡を追う；をたどる

There is heavy **traffic** on the road to the airport.	空港に向かう道路は<u>交通</u>が激しい。
The government **created** a long-term **strategy** for dealing with the economy.	政府は経済に対処するための<u>長期的戦略</u>を<u>創り出した</u>。
The recent news story became <u>the</u> **basis** for the director's new movie.	最近のニュース記事がその監督の新しい映画の<u>基礎</u>となった。
The man often gets worried about <u>the</u> **consequences** of his actions.	その男性は自分の行動の<u>結果</u>についてよく心配している。
The **aim** of the meeting is to make a budget for next year.	その会合の<u>目的</u>は翌年の予算を立てることである。
Common **ancestors** of humans and **chimpanzees** lived millions of years ago.	<u>ヒトとチンパンジーの共通の祖先</u>は何百万年も前に生きていた。
Living things <u>receive</u> their **genes** from their parents.	生物は親から<u>遺伝子</u>を受け継ぐ。
The website is now keeping **track** of its number of visitors.	そのウェブサイトは現在，訪問者数の<u>経過</u>を追っている。

revolution [rèvəlúːʃən] □□ 277	革命；回転；（天体の）公転（⇔ rotátion 自転） ▶ the Industrial Revolution 産業革命 □ revólve 動 回る □ rèvolútionàry 形 革命の
progress ⑦ [prɑ́(ː)grəs] □□ 278	進歩；前進 🆎 make progress「進歩する」 ▶ in progress 進行中で 動 [prəgrés] 進歩する；前進する □ progréssive 形 進歩的な

cognitive ⑦ [kɑ́(ː)gnətɪv] □□ 279	認知の ▶ cognitive ability 認知能力 ▶ mild cognitive impairment 軽度認知障害(MCI) □ cognítion 名 認識, 知覚
ideal 🔈 ⑦ [aɪdíːəl] □□ 280	理想的な；観念的な ▶ be ideal for ~ ~にとって理想的である 名 理想
efficient ⑦ [ɪfíʃənt] □□ 281	効率的な；有能な ▶ efficient は「うまく機能する, 効率がよい」, effective は「求められる結果を出せる, 効果がある」の意。 ▶ be energy-efficient エネルギー効率がよい □ efficiency 名 効率；能率；有能
universal [jùːnɪvɜ́ːrsəl] □□ 282	普遍的な；宇宙の；万能の ▶ universal suffrage 普通選挙権 名 普遍的特性[行動様式] □ únivèrse 名 宇宙；全世界
vast [væst] □□ 283	莫大な；広大な ▶ the vast majority of ~ ~の大多数 ▶ a vast territory 広大な領土 □ vástness 名 広大さ
extra 🔈 [ékstrə] □□ 284	追加の, 余分の；別勘定の ▶ at no extra cost 追加料金なしで 副 特別に；余分に 名 余分；割増金；（映画の）エキストラ

| 0 | 800 | 1500 | 1900 |

The digital **revolution** may well change people's way of reading books.	デジタル革命はおそらく人々の読書法を変えるだろう。
Medicine has made significant **progress** in treating serious diseases.	医学は重病の治療において重要な進歩を遂げてきている。
The **cognitive** function of the brain involves mental activities such as memory and thinking.	脳の認知機能は記憶や思考などの精神活動を含む。
The beachside is an **ideal** place for a daily walk.	浜辺は毎日の散歩にとって理想的な場所である。
It is important to know the most **efficient** ways of studying.	最も効率的な学習法を知ることは重要である。
Stories about heroes and heroines have **universal** appeal among children.	ヒーローやヒロインが登場する物語は，子供たちの間で普遍的な魅力を備えている。
He has a **vast** knowledge of the animal kingdom.	彼は動物界に関する莫大な知識を持っている。
The company asked the staff to **work extra** hours on Saturday.	その会社は社員に土曜日に時間外労働をすることを依頼した。

entire [ɪntáɪər] □□ 285	**全体の，全部の**(≒ whole)；完全な ▶ the entire staff 全従業員 □ **entírely** [副] まったく，完全に
familiar [ア] [fəmíljər] □□ 286	**精通している**；よく知られている [TG] **be familiar with** ～「～に精通している」 ▶ be familiar to ～ ～によく知られている □ **famìliárity** [名] 熟知，精通
obvious [発] [á(:)bviəs] □□ 287	**明らかな**(≒ clear) [TG] **It is obvious that ...** 「…ということは明らかである」 ▶ state the obvious わかりきったことを言う □ **óbviously** [副] 明らかに；〔文修飾〕言うまでもなく
moral [mɔ́(:)rəl] □□ 288	**道徳(上)の，倫理的な**；道徳的な ▶ a moral issue 道徳上の問題 [名]〔～s〕道徳，倫理，素行；教訓 □ **morálity** [名] 道徳，倫理；道徳体系
ordinary [ア] [ɔ́ːrdənèri] □□ 289	**一般の，普通の**；並の ▶ This is no ordinary watch. これはその辺によくある時計ではまったくない。 □ **extraórdinàry** [形] 異常な；並はずれた
equal [発] [ア] [íːkwəl] □□ 290	(～に)**等しい**(to)；匹敵する；平等な ▶ He is equal to the task. 彼はその任務に対応できる。 [名] 同等の人[もの]，匹敵する人[もの] [動] に等しい；に匹敵する □ **equálity** [名] 同等；平等；対等
previous [発] [príːviəs] □□ 291	**以前の，前の** ▶ a previous appointment [engagement] 先約 ▶ the previous day [year] (基準となる過去の日[年]の)前日[年] □ **préviously** [副] 以前に，前に
false [fɔːls] □□ 292	**間違った**；虚偽の；偽(にせ)の ▶ a false assumption about ～ ～に関する間違った仮定 □ **fálseness** [名] 誤り；虚偽；不実

| 0 | 800 | 1500 | 1900 |

He devoted his entire life to helping people in need.	彼は困っている人々を助けるために全人生をささげた。
Taxi drivers are generally familiar with local roads.	タクシーの運転手はたいてい地元の道路に精通している。
It was obvious that the woman was innocent of the crime.	その女性がその犯罪については無実であることは明らかだった。
The man refused to join the fight for moral reasons.	その男性は道徳上の理由からその争いに加わるのを断った。
New technologies might change the lives of ordinary people into something quite different.	新しい技術は一般の人々の生活をまったく違ったものに変えるかもしれない。
$1 is almost equal to 100 yen.	1ドルはほぼ100円に等しい。
His new computer software is far better than any previous version.	彼の新しいコンピューターソフトは以前のどのバージョンよりもはるかにすぐれている。
Government officials are not allowed to issue false information.	国家公務員は誤った情報を発表することは許されない。

rare [reər] □□ 293	**まれな，珍しい**；希少な ▶ rare earth レアアース，希土類元素（= rare-earth element） □ rárely [副] めったに～ない □ rárity [名] 珍品；珍しさ
legal [発] [lí:gəl] □□ 294	**法律の**；合法の（⇔ illégal 違法の） □ legálity [名] 適法，合法性 □ lègislátion [名]〔集合的に〕法律；立法
independent ㋐ [ìndɪpéndənt] □□ 295	（～から）**独立した**（of / from） ▶ Independent Television（イギリスの）独立テレビ放送 □ ìndepéndence [名] 独立；自立
extreme [ɪkstrí:m] □□ 296	**極端な**；極度の，過激な [名] 極端；極度；極端な手段 ▶ go to extremes 極端に走る □ extrémely [副] 極端に，非常に
actual [ǽktʃuəl] □□ 297	**実際の，現実の** □ áctually [副] 実際に；〔文修飾〕実は □ àctuálity [名] 現実（性）；〔～ties〕現状
willing [wílɪŋ] □□ 298	**いとわない，かまわないと思う** [TG] **be willing to *do***「…するのをいとわない」 □ will [名] 意志；遺言 □ unwílling [形]（…することに）気が進まない（to *do*）
urban [ə́:rbən] □□ 299	**都市の**；都会的な（⇔ rúral → 387） □ subúrban [形] 郊外の □ súburb [名] 近郊，郊外 □ ùrbanizátion [名] 都市化

接続詞編

whereas ㋐ [hweəræ̀z] □□ 300	**～するのに（対し），～する一方** ▶ 同様に「対比」を表す while より堅い語。

The medicine may sometimes make people sleepy in <u>rare cases</u>.	その薬はまれな事例では人を眠たくさせることがあるかもしれない。
Most <u>legal systems</u> are based on a belief in human rights.	たいていの法律制度は人権に対する信念に基づく。
Children should be <u>independent of their parents</u> after a certain age.	子供はある年齢以降は親から<u>独立</u>しているべきである。
<u>Extreme</u> inequality prevents many people from fulfilling their potential.	<u>極端</u>な不平等は多くの人々がその潜在能力を発揮するのを妨げる。
Students can learn scientific theories <u>through actual experiences</u>.	学生は<u>実際</u>の経験を通して科学的理論を学ぶことができる。
My friend was <u>willing</u> to help me <u>move</u> into a new apartment.	私の友人は私が新しいアパートに引っ越すのを手伝うことをいとわなかった。
Nearly half of the world's population lives in <u>urban</u> areas.	世界の人口の半分近くは<u>都市</u>圏に住んでいる。
He prefers British English, <u>whereas</u> she prefers American English.	彼がイギリス英語を好むのに対し，彼女はアメリカ英語を好む。

Section 4　単語番号 301 ～ 400

動詞編

predict
[ア] [prɪdíkt]
□□ 301

を予言[予測]する
▶ pre- 前もって＋dict 言う
□ predíction [名] 予言，予測
□ predíctable [形] 予測できる

examine
[発] [ɪgzǽmɪn]
□□ 302

を調べる；を診察する；を尋問する
▶ critically examine a new idea 新しい考えを批判的に考察する
□ exàminátion [名] 試験；検査
▶ medical examination 健康診断

trust
[trʌst]
□□ 303

を信頼する；を(信頼して)託す
▶ trust ～ to *do* ～が…すると当てにする
[名] 信頼，信用；委託，管理；トラスト
□ trústwòrthy [形] 信頼できる，頼りになる

stick
[stɪk]
□□ 304

を動けなくする；を突き刺す；(～に)くっつく(to / on)
[TG] **be stuck in** ～「～にはまって動けない」
▶ 活用：stick - stuck - stuck
▶ stick to ～ ～にくっつく；～に固執する；(約束など)を守る
[名] 棒；棒状のもの；ステッキ，つえ

emerge
[ア] [ɪmə́ːrdʒ]
□□ 305

現れる；明らかになる；台頭する
□ emérgence [名] 出現，発生
□ emérgency [名] 緊急(事態)

vary
[発] [véəri]
□□ 306

さまざまである；変わる；を変える
▶ vary with the season 季節により変動する
□ váried [形] さまざまな
□ vàriátion [名] 変化，変動；変異

release
[rɪlíːs]
□□ 307

を放出する；を解放する；を発表する
▶ release a new album 新しい(音楽)アルバムを発表する
[名] 放出；解放；発表

The professor **predicted** that the economy would recover.	教授は経済が回復するであろうと予測した。
The doctor **examined** the patient's stomach with a medical device.	医師は医療機器を使って患者の胃を調べた。
I have decided to ignore any advice from others and **trust** my judgment.	私は他人からのどんな忠告も無視して自分の判断を信頼することに決めた。
We were **stuck** in a heavy traffic jam last night.	私たちは昨夜ひどい交通渋滞にはまって動けなかった。
His musical talent **emerged** early in his life.	彼の音楽的才能はその人生の初期に現れた。
Communication styles **vary** from culture to culture.	コミュニケーションの方法は文化によりさまざまである。
When listening to music, **chemicals** are **released** into the brain.	音楽を聞いているとき，化学物質が脳内に放出される。

divide [dɪváɪd] □□ 308	を**分ける**；分かれる **⑩** divide A **into** B「AをBに分ける，分割する」 □ divísion 图 分割；部門；割り算
enable ❀ ⑰ [ɪnéɪbl] □□ 309	(人)が**…できるようにする**；を可能にする **⑩** enable ~ **to** do「~が…できるようにする」 □ enábling 形 特別の権限を与える
judge ❀ [dʒʌdʒ] □□ 310	(を)**判断する**；に判決を下す ▶ judge A (to be) B　AをBと判断[推定]する ▶ judging from[by] ~　~から判断すると 图 裁判官；審査員 □ júdgment 图 判断；裁判；判決
rely ❀ ⑰ [rɪláɪ] □□ 311	**頼る**(≒ depénd → 36) **⑩** rely **on**[upon] ~「~に頼る」 ▶ rely on[upon] ~ to do　~が…するものと当てにする □ relíance 图 頼ること，依存 □ relíable 形 信頼できる，頼りになる
engage [ɪngéɪdʒ] □□ 312	を**従事させる**；を(~として)雇う(as)；(~に)従事する(in / with) **⑩** be engaged **in** ~「~に従事している」 □ engágement 图 婚約；取り決め；雇用(期間) □ engáged 形 従事して；婚約して
shift [ʃɪft] □□ 313	を**変える，移す**；変わる；移動する ▶ shift the focus (from A) to B　(Aから)Bに焦点を移す 图 変化；移動；(交替制の)勤務時間 ▶ work in three shifts　3交代制で働く
adopt [ədá(:)pt] □□ 314	を**採用する**；(態度など)をとる；を養子にする ▶ adopt a plan[strategy]　計画[戦略]を採用する ▶ an adopted son[daughter]　養子[養女] □ adóption 图 採用；養子縁組
acquire ❀ [əkwáɪər] □□ 315	を**得る**；を習得する ▶ acquire a language　言語を習得する □ àcquisítion 图 獲得，習得；買収 □ acquíred 形 後天的な

The researchers **divided** their subjects into two groups.	研究者は被験者を2つのグループに分けた。
Her excellent writing skills **enabled** her to get a good job.	彼女の卓越した文章能力は彼女がよい仕事を得るのを可能にした。
We should not **judge** people by their appearance.	私たちは人を外見で判断するべきではない。
The country **relied** on military support from overseas.	その国は外国からの軍事支援に頼っていた。
He is **engaged** in teaching the history of Rome at a college.	彼は大学でローマの歴史を教えることに従事している。
The company **shifted** its manufacturing base to India.	その会社は製造拠点をインドに移した。
The airline **adopted** a new cost-saving measure.	その航空会社は新しい経費削減策を採用した。
Acquiring knowledge is one thing, but applying it is another.	知識を得ることとそれを応用することは別物である。

---

expand
[ɪkspǽnd]
□□ 316

(を)**拡大する**；(を)詳説する
▶ expand on [upon] ～ ～について詳しく述べる
□ expánsion 名 拡大，拡張；詳述
□ expánsive 形 拡張[発展]する；広大な

---

refuse
[rɪfjúːz]
□□ 317

を**拒む**；を断る；拒絶する
ID refuse to *do*「…することを拒む」
▶ refuse her offer 彼女の申し出を断る
名 [réfjuːs] 廃棄物，くず
□ refúsal 名 拒絶；辞退

---

strike
[straɪk]
□□ 318

の**心を打つ**；を襲う；を打つ；(に)ぶつかる
ID be struck by ～「～に心を打たれる」
▶ 活用：strike - struck - struck [stricken]
▶ *A* strikes him as *B*. A は彼に B だという印象を与える。
▶ A wild idea struck me. 途方もない考えが頭に浮かんだ。
名 ストライキ；殴打；(野球の)ストライク
□ stríking 形 著しい；目立つ

---

repeat
⑦ [rɪpíːt]
□□ 319

(を)**繰り返す**；を復唱する
名 繰り返し，反復；再現；再放送
□ rèpetítion 名 繰り返し，反復；再現
□ repétitive 形 繰り返しの，反復的な

---

consume
[kənsjúːm]
□□ 320

を**消費する**；を食べる，飲む
□ consúmption 名 消費量；飲食
□ consúmer 名 消費者

---

confuse
[kənfjúːz]
□□ 321

を**混同する**；を当惑させる
ID confuse *A* with *B*「A を B と混同する」
□ confúsion 名 混乱；混同；当惑
□ confúsed 形 混乱した；当惑した
□ confúsing 形 混乱させるような，紛らわしい

---

select
[səlékt]
□□ 322

を**選ぶ**，えり抜く
▶ 最適なものをじっくり選ぶことを意味する。
形 選抜された；えり抜きの
□ seléction 名 選抜；選ばれた物[人]；精選品
▶ natural selection 自然選択[淘汰]
□ seléctive 形 選択的な；えり好みする

| 0 | 800 | 1500 | 1900 |

To improve your reading speed, you need to **expand** your vocabulary.	読書のスピードを上げるには，語彙を増やす必要がある。
The journalist **refused** to answer the questions about the source of the information.	そのジャーナリストは情報の出所についての質問に答えるのを拒んだ。
Visitors to Florence are **struck** by its wonderful architecture and artwork.	フィレンツェを訪れる者はそのすばらしい建築と美術作品に心を打たれる。
Humans tend to **repeat** their mistakes without much thought.	人間はあまり考えもせずに同じ間違いを繰り返す傾向がある。
Eco-friendly cars **consume** less fuel than traditional gas-based cars.	エコカーは従来のガソリン車に比べてより少ない燃料を消費する。
People sometimes **confuse** influenza with the common cold.	人はときにインフルエンザを普通の風邪と混同する。
To **select** your seat, some airlines require an additional fee.	自分の座席を選ぶのに，追加料金を要求する航空会社もある。

evolve [ɪvá(ː)lv] □□ 323	**(徐々に)発展する**；**進化する** □ èvolútion 图 進化；発展；展開 □ èvolútionàry 形 進化の；発展的な
convince ⑰ [kənvíns] □□ 324	**を納得[確信]させる** **⑩** convince ～ that ...「～に…と確信させる」 ▶ convince ～ to *do* ～に…するよう納得させる □ convínced 形 信念の固い；確信に満ちた □ convíncing 形 納得のいく
recall ⑰ [rɪkɔ́ːl] □□ 325	**を思い出す**；**を呼び戻す** ▶ recall *doing* …したことを思い出す 图 記憶(力)；想起；召還；リコール
destroy ⑰ [dɪstrɔ́ɪ] □□ 326	**を破壊する**；**(人)を破滅させる** ▶ 修復が不可能なまでに破壊することを意味する。damage は「に損傷を与える」を意味し、その損傷は修復可。 □ destrúction 图 破壊, 破滅 □ destrúctive 形 破壊的な
preserve ⑰ ⑰ [prɪzɔ́ːrv] □□ 327	**を保存する**；**を保持する**；**を保護する** ▶ preserve the environment 自然環境を保護する 图 ジャム；自然保護区 □ prèservátion 图 保護；保存 □ presérvative 形 保存の 图 防腐剤, 保存剤
organize [ɔ́ːrgənàɪz] □□ 328	**を準備する**；**を組織する** ▶ organized crime 組織犯罪 □ òrganizátion 图 組織；構成
warn ⑰ [wɔːrn] □□ 329	**(人)に(～を)警告[注意]する**(of / against) **⑩** warn ～ to *do* 「～に…するよう警告[注意]する」 ▶ warn ～ that ... ～に…ということを警告[注意]する □ wárning 图 警告, 注意
address [ədrés] □□ 330	**(問題など)に対処する**；**に演説する**； **(手紙など)を(～宛てに)出す**(to) 图 住所；演説 □ àddressée 图 名宛人, 受取人

Early Indo-European languages **evolved** into ones such as Greek.	初期のインド・ヨーロッパ語族はギリシャ語のような言語へと発展した。
The doctor **convinced** me that exercising would improve my health.	医師は運動することが私の健康状態を改善すると私に確信させた。
Much as I tried, I could not **recall** her physical appearance.	何度もやってはみたが，私は彼女の容姿を思い出すことができなかった。
If we **destroy** the rainforests, they may never recover.	もし熱帯雨林を破壊するなら，それは二度と回復しないかもしれない。
Some kinds of food can be **preserved** for years by canning.	ある種の食品は缶詰めにすることによって何年も保存することができる。
They **organized** the summer festival effectively.	彼らは効果的に夏祭りを準備した。
She **warned** her little brother not to touch her PC.	彼女は自分のパソコンに触らないように弟に注意した。
Many politicians have tried to **address** the problem of street crime.	多くの政治家が路上犯罪の問題に対処しようとしてきた。

operate ⑦ [ɑ́(:)pərèɪt] ☐☐ 331	を**操作する**；機能する；手術する ☐ òperátion 名 操作；活動；手術 ☐ óperative 形 機能している；効力のある
participate 東 ⑦ [pɑːrtísɪpèɪt] ☐☐ 332	**参加する** **⑯ participate in** 〜「〜に参加する」 ▶ take part in 〜 と同義。 ☐ partìcipátion 名 参加；関与 ☐ partícipant 名 参加者；関係者
surround [səráund] ☐☐ 333	を**取り巻く**；にまつわる **⑯ be surrounded by [with]** 〜 「〜に囲まれている」 名 囲い；(通例〜s)周辺 ☐ surróunding 名 (〜s)周囲の状況，環境 (≒ environment) 形 周囲の，付近の
flow [flou] ☐☐ 334	**流れる**；(〜から)生じる(from) ▶ flow は規則動詞。「飛ぶ」の fly - flew - flown と区別。 名 流れ，循環；よどみない動き ☐ flówing 形 流れ(出)る，よどみない，なだらかな
bore [bɔːr] ☐☐ 335	**(人)を退屈させる，うんざりさせる** 名 退屈な人；面倒なこと，うんざりすること ☐ bóring 形 うんざりさせる，退屈な ☐ bored 形 うんざりした，退屈した ▶ be bored with 〜 〜にうんざりしている，退屈している
complain [kəmpléɪn] ☐☐ 336	**(と)不平[苦情]を言う**；訴える ▶ complain of [about] 〜 「〜のことで不平を言う」 ☐ compláint 名 不平，苦情
host 東 [houst] ☐☐ 337	を**主催する**；のホスト役を務める ▶ host the Olympics オリンピックを主催する 名 主人(役)；(行事などの)主催者
combine [kəmbáɪn] ☐☐ 338	を(〜と)**結び付ける**(with)；(〜と)結び付く(with) ▶ A and B combined A と B を合わせたもの ☐ còmbinátion 名 結合，組み合わせ

The technician received training in order to **operate** the new machinery.	その技術者は<u>新しい機械</u>を<u>操作する</u>ために訓練を受けた。
Robots with AI might one day be able to **participate** in childcare.	AI ロボットはいつの日か育児に<u>参加する</u>ことができるようになるかもしれない。
Dubai imports sand even though it <u>is</u> **surrounded** by desert.	ドバイは砂漠に<u>囲まれて</u>いるのに砂を輸入する。
The Thames **flows** through London and the Seine through Paris.	テムズ川はロンドン市内を貫いて<u>流れ</u>，セーヌ川はパリ市内を流れる。
The film **bored** me, so I left the theater early.	その映画は私を<u>退屈させた</u>ので，私は早めに映画館を出た。
People often **complain** about the government's reaction to natural disasters.	人々はよく自然災害に対する政府の反応について<u>不平を言う</u>。
Mr. and Mrs. Smith **hosted** a garden party yesterday.	スミス夫妻は昨日園遊会を<u>主催した</u>。
The book **combines** facts with fictions.	その本は事実をフィクションと<u>結び付けている</u>。

extend
[ıksténd]
□□ 339

を伸[延]ばす；伸びる；及ぶ

□ exténded [形] 伸びた；拡大した
▶ an extended family（近親者を含む）拡大家族
□ extént [名] 程度，範囲
▶ to some extent ある程度まで
□ exténsion [名] 延長，拡張；内線
□ exténsive [形] 広大な；広範囲にわたる

appreciate
[発] [ア] [əprí:ʃièıt]
□□ 340

を正当に評価する；を鑑賞する；を感謝する

□ apprèciátion [名] 評価；鑑賞；感謝；（価格などの）上昇

名詞編

target
[tá:rgət]
□□ 341

（到達・攻撃）目標；的（まと）

▶ hit the target 的[標的]に当たる
[動] を目標[対象]とする

element
[élımənt]
□□ 342

要素，成分；元素；〔an ~ of で〕少しの

▶ the elements of civilization 文明の構成要素
▶ an element of surprise 少々の驚き

principle
[prínsəpəl]
□□ 343

原則，原理；主義，信条

▶ principal「主要な」と同音。
▶ in principle 原則的には；理論的には

phenomenon
[発] [ア] [fəná(:)mənà(:)n]
□□ 344

現象

▶ 複数形は phenomena [fəná(:)mənə]。
▶ 語源はギリシャ語で「見られるもの」の意。
▶ a global [worldwide] phenomenon 世界的現象
□ phenómenal [形] 並はずれた

atmosphere
[ア] [ǽtməsfìər]
□□ 345

〔the ~〕大気；雰囲気

▶ a friendly [relaxed] atmosphere 友好的な[くつろいだ]雰囲気
□ àtmosphéric [形] 大気（中）の

origin
[ア] [ɔ́(:)rıdʒın]
□□ 346

起源；源

▶ in origin 元来は，起源は
□ oríginal [形] 最初の；独創的な；原作の
□ oríginàte [動] 起こる，始まる

0	800	1500	1900

Stores often **extend** their business hours for the convenience of customers.	商店はよく客の利便性のために<u>営業時間を延ばす</u>。
He does not think that everyone **appreciates** his talent.	彼はだれもが<u>彼の才能を正当に評価している</u>とは思っていない。
I have set myself a **target** of walking 10,000 steps a day.	私は1日に1万歩歩くという<u>目標</u>を自分に課した。
Correct grammar is **an** important **element** in essay writing.	正しい文法は小論文作成の<u>重要な要素</u>である。
The **principle** of first-come-first-served is simple and fair.	<u>先着順の原則</u>は単純かつ公正である。
The sharp rise of Japanese anime's popularity is a global **phenomenon**.	日本アニメの人気急上昇は<u>世界的な現象</u>である。
Gasses like carbon dioxide increase the temperature in the **atmosphere**.	二酸化炭素のような気体は<u>大気</u>の温度を上昇させる。
There are several theories about the **origins** of language.	言語の<u>起源</u>についてはいくつかの説がある。

personality
⑦ [pə̀:rsənǽləti]
□□ 347

個性，性格
▶ a TV personality テレビタレント
□ pérsonal 形 個人の，私的な

capacity
⑦ [kəpǽsəti]
□□ 348

(最大)容量，収容能力；(潜在)能力
▶ a capacity for *doing* [to *do*] …する能力
▶ to capacity 最大限まで

profit
[prá(:)fət]
□□ 349

利益；収益(率)；得
▶ net [gross] profit 純利益 [粗利益]
▶ make [earn] a profit 利益を得る
動 (〜から)利益を得る(from / by)；のため [益] になる
□ prófitable 形 利益になる；有益な

circumstance
⑦ [sə́:rkəmstæns]
□□ 350

〔通例〜s〕状況，事情；境遇
▶ under the circumstances このような状況で
□ cìrcumstántial 形 状況に基づく

manner
[mǽnər]
□□ 351

〔〜s〕作法；方法；物腰
▶ in a logical [unique] manner 論理的な [独特な] 方法で

threat
⑪ [θret]
□□ 352

脅威；(悪い)兆し；脅迫
▶ pose [present] a threat to 〜
「〜にとって脅威となる」
▶ a threat of famine 飢饉の恐れ
□ thréaten 動 (を)脅す；の恐れがある
□ thréatening 形 威嚇的な
□ thréatened 形 絶滅の危機にさらされている

resident
[rézɪdənt]
□□ 353

居住者；滞在者
▶ a Japanese resident in Britain 在英日本人
形 (〜に)住んでいる(in)；住み込みの
□ rèsidéntial 形 居住に適した；居住の；寄宿制の
□ résidence 名 住居，住宅；屋敷；居住

wealth
⑪ [welθ]
□□ 354

富；資源；富裕
▶ a wealth of experience [knowledge] 豊富な経験 [知識]
□ wéalthy 形 裕福な；豊富な

According to a philosopher, one's house reflects one's **personality**.

ある哲学者によると，<u>人の家はその人の個性を反映する</u>とのことである。

You can improve <u>your memory capacity</u> by using a foreign language.

外国語を使うことで人は記憶容量を高めることができる。

<u>**Profits** from successful businesses</u> can greatly improve the economy.

成功した企業からの利益は経済を大きく向上させ得る。

<u>Under no **circumstances**</u> should you give anyone your credit card's PIN.

どんな状況下でも自分のクレジットカードの暗証番号をだれにも教えてはいけない。

Giving a smile is good **manners** when we meet someone.

人に会ったときにほほえむことはよい作法である。

Air pollution is <u>a serious **threat**</u> to children's health.

大気汚染は<u>子供の健康にとって深刻な脅威</u>である。

The **residents** of the apartment often complain about noise in the building.

そのアパートの居住者たちは建物内の騒音についてよく不満を言う。

Some say happiness lies in **wealth**.

幸福は富にあると言う人もいる。

institution [ìnstɪtjúːʃən] □□ 355	**機関**；協会；施設；制度 □ ínstitùte [動] を設ける；を実施する [名] 研究所；協会；大学 □ ìnstitútional [形] (公共)機関の；協会の；制度化された
authority [ア] [əːθɔ́ːrəti] □□ 356	〔通例 the ~ties〕**(関係)当局**；権威；権限 ▶ contact the authorities 関係当局と連絡を取る □ áuthorìze [動] (人)に(…する)権限を与える(to *do*) □ authóritàtive [形] 権威のある
vote [voʊt] □□ 357	**投票**；投票結果；〔the ~〕選挙権 ▶ a majority vote 多数決；議決権の過半数 [動] 投票する；を投票で決める ▶ vote for [in favor of] ~ ~に賛成の投票をする(⇔ vote against ~ ~に反対の投票をする)
sight [発] [saɪt] □□ 358	**光景**；〔the ~s〕名所；見(え)ること；視野；視力 ▶ in sight 見える範囲に(⇔ out of sight 見えない所に) ▶ catch sight of ~ ~を見つける(⇔ lose sight of ~ ~を見失う) ▶ at first sight 一見したところ；一目見て ▶ at (the) sight of ~ ~を見ると □ síghtsèeing [名] 見物，観光 [形] 観光(用)の
campaign [発] [kæmpéɪn] □□ 359	**運動**；軍事行動 ▶ 社会的・政治的・商業的な運動。特に選挙運動を指すことが多い。 ▶ an advertising campaign 広告キャンペーン [動] (社会的・政治的な)運動をする
fund [fʌnd] □□ 360	〔しばしば~s〕**基金，資金** ▶ raise funds for ~ ~のための基金を集める ▶ pension fund(s) 年金基金 ▶ an investment fund 投資ファンド [動] に資金を提供する □ fúnding [名] 資金調達；資金
web [web] □□ 361	〔the W-〕**ウェブ**；(クモの)巣 ▶ the World Wide Web ワールドワイドウェブ(www) ▶ surf the Web ネットサーフィンをする [動] (に)巣を張る；をクモの巣状におおう □ wébsìte [名] ウェブサイト

Many academic **institutions** issue their own journals monthly.	多くの学術機関が毎月独自の機関誌を刊行している。
In some nations, **the government authorities** limit the freedom of speech.	国によっては，政府当局が言論の自由を制限する。
The politician received over 50 percent of all **votes** in the election.	その政治家はその選挙での投票総数の50パーセント以上を獲得した。
You will be struck by **the natural sights** on the island.	あなたはその島の自然の光景に心を打たれるだろう。
The **campaign** to push recycling has started to spread throughout the country.	リサイクルを推進する運動は国中で広がり始めた。
The Internet was used to **raise huge funds** for the development of spacecraft.	宇宙船の開発のための巨額の資金を集めるためにインターネットが使われた。
I read many good comments about the restaurant **on the Web**.	私はウェブ上でそのレストランに関するたくさんのいいコメントを読んだ。

symbol
[símbəl]
□□ 362

象徴，シンボル；記号；標章
- □ symbólic [形] 象徴的な；記号の
- □ sýmbolìze [動] を象徴する，の象徴である
- ▶ *A* symbolizes *B*.「A は B を象徴する」の A は「具体的な事物」，B は「抽象的な概念」。

analysis
[アク][ənǽləsɪs]
□□ 363

分析(結果)(⇔ sýnthesis ➡ 1868)
- ▶ 複数形は analyses [ənǽləsì:z]。語源はギリシャ語。
- ▶ in the final [last] analysis 結局
- □ ánalỳze [動] を分析する
- □ ánalyst [名] 分析家；アナリスト

version
[və́:rʒən]
□□ 364

(本・製品などの)版；解釈
- ▶ the latest version of ～ ～の最新版[型]

perspective
[アク][pərspéktɪv]
□□ 365

観点，見方；大局観；遠近法
- ▶ get the situation in perspective 状況を大局的にとらえる
- ▶ from a historical perspective 歴史的な観点から

crisis
[kráɪsɪs]
□□ 366

危機
- ▶ 複数形は crises [kráɪsi:z]。語源はギリシャ語。
- ▶ crisis management 危機管理
- □ crítical [形] 危機的な；決定的な

disaster
[アク][dɪzǽstər]
□□ 367

災害；惨事
- ▶ cause a disaster 災害を引き起こす
- ▶ a disaster area 被災地
- □ disástrous [形] 悲惨な；壊滅的な

lecture
[léktʃər]
□□ 368

講義，講演；説教
- ▶ attend a lecture 講義に出席する
- [動] (に)(～について)講演[講義]する(on)；に説教する
- □ lécturer [名] 講演者，講師

psychology
[発][saɪká(:)lədʒi]
□□ 369

心理学；心理(状態)
- ▶ psycho- 魂，精神＋logy 学問
- ▶ mass psychology 群集心理
- □ psỳchológical [形] 心理的な；心理学(上)の
- □ psychólogist [名] 心理学者

People believe that the four-leaf clover is a **symbol** of good luck.	人々は四つ葉のクローバーが幸運の象徴であると信じている。
A detailed **analysis** of the DNA shows that the men are brothers.	DNAの詳細な分析結果はその男性たちが兄弟であることを示している。
This is a cheap **version** of the famous brand.	これはその有名ブランドの廉価版である。
Immigrants bring fresh **perspectives** to any society.	移民はどの社会にも新鮮な観点をもたらす。
Governments must always be prepared for a national **crisis**.	政府はいつも国家的危機に備えているべきだ。
Traditional Japanese architecture can stand firm against natural **disasters**.	伝統的な日本建築は自然災害に対してしっかりと持ちこたえることができる。
Professor Foote gave a **lecture** on economic science.	フット教授は経済学に関する講義を行った。
She entered the university to study child **psychology**.	彼女は児童心理学を研究するために大学に入った。

113

gender
[dʒéndər]
□□ 370

(社会的・文化的)性，性別
▶ gender roles 性別[男女の]役割
▶ gender discrimination 性差別

custom
[kʌ́stəm]
□□ 371

(社会的な)慣習；(~s)税関；(~s)関税
▶ the custom of *doing*「…する習慣」
□ cústomàry 形 慣習的な

court
[kɔːrt]
□□ 372

裁判所，法廷；裁判；宮廷；中庭
▶ go to court 裁判に訴える

desert
発 ⑦ [dézərt]
□□ 373

砂漠；不毛の地
形 人の住まない；不毛の
▶ a desert island 無人島
動 [dizə́ːrt] を(見)捨てる，を(捨て)去る
□ desérted 形 見捨てられた；さびれた

soil
[sɔil]
□□ 374

土地，土壌；(悪事などの)温床
▶ fertile [rich] soil 肥沃な土地
動 を汚す；(名誉など)を傷つける

agriculture
⑦ [ǽgrɪkʌ̀ltʃər]
□□ 375

農業；農学，畜産
▶ agri- 畑 + culture 耕作
▶ organic [slash-and-burn] agriculture 有機[焼き畑式]農業
□ àgricúltural 形 農業の；農学の

fossil
発 [fá(:)səl]
□□ 376

化石；時代遅れの人[物]
形 化石の
▶ a fossil fuel 化石燃料
□ fóssilìze 動 を化石化する；を時代遅れにする

document
⑦ [dá(:)kjumənt]
□□ 377

(公)文書，書類；記録，資料
▶ leak classified documents 機密文書を漏洩する
動 を記録する；を(証拠書類で)立証する
□ dòcuméntary 形 事実に基づく，実録の
　　　　　　　　　 名 ドキュメンタリー番組[映画]
□ dòcumentátion 名 証拠書類(提出)；文書による裏づけ

| 0 | 800 | 1500 | 1900 |

It is said that most languages carry delicate gender biases.	たいていの言語は微妙な性偏見を含むと言われている。
Japanese people have a custom of visiting a shrine on New Year's Day.	日本人には元日に神社に参拝するという慣習がある。
The man finally confessed his guilt in court.	その男性はついに法廷で自分の犯罪行為を告白した。
Some plants can store water and survive in the desert.	植物の中には水を貯え，砂漠で生き残ることができるものもある。
Many farmers are improving their soil using living organisms.	多くの農家の人たちは生物を使って土壌を改良している。
Japan has a little land suitable for agriculture.	日本は農業に適した土地がわずかしかない。
Some kinds of scientists are focused on researching the marine fossils.	いくつかの分野の科学者は海洋化石の研究に集中している。
The original role of the library was to store important documents.	図書館の本来の役割は重要な文書を保管することだった。

---

vocabulary
発 ⑦ [voʊkǽbjʊlèri]
□□ 378

語彙（ごい）
▶ expand [increase] *one's* vocabulary 語彙を増やす

形容詞編

intelligent
[ɪntélɪdʒənt]
□□ 379

聡明な（そうめい）；知能を有する
▶ 知能が高く思考力・理解力にたけている状態を表す。
□ intélligence 名 知能；秘密情報；情報機関

conscious
発 [ká(ː)nʃəs]
□□ 380

意識して，気づいて (≒ awáre)
熟 be conscious of ～
「～を意識している，～に気づいている」
□ cónsciousness 名 意識
□ ùncónscious 形 意識を失った；(～に)気づいていない(of)；無意識の

capable
発 [kéɪpəbl]
□□ 381

能力がある；有能な
▶ 何かをするのに必要な資質や能力を有する状態を表す。
熟 be capable of ～
「～の能力がある，～ができる」
□ càpabílity 名 能力；性能；(通例～ties)可能性
□ capácity 名 収容能力
□ incápable 形 無力な；(～の)能力がない(of)

accurate
発 ⑦ [ǽkjərət]
□□ 382

正確な；精密な
▶ 細部に至るまで正確で誤りがない状態を表す。
▶ an accurate copy of ～ ～の正確な模写
□ áccuracy 名 正確さ；精度
□ ináccurate 形 不正確な；間違った

fundamental
発 [fʌndəméntəl]
□□ 383

基本的な；必須の
名 (通例～s)(～の)基本，原理(of)
□ fùndaméntalìsm 名 原理主義
□ fùndaméntalist 名 原理主義者

artificial
⑦ [ὰːrtɪfíʃəl]
□□ 384

人工の (⇔ nátural 自然の)；不自然な
▶ artificial intelligence「人工知能(AI)」
□ ártful 形 巧みな，ずるい；人為的な

| 0 | 800 | 1500 | 1900 |

People with a large **vocabulary** may experience more success in the workplace.	語彙の豊富な人は職場でより大きな成功を収めるかもしれない。
Many people take pride in being called smart or **intelligent**.	多くの人は賢いとか聡明だと呼ばれることに誇りを抱く。
They say that more women than men are **conscious** of their health.	自分の健康を意識している女性は男性より多いと言われている。
Human brains are **capable** of processing information faster than computers.	人間の脳はコンピューターより速く情報を処理することができる。
Accurate weather forecasts are likely to produce huge economic benefits.	正確な天気予報は莫大な経済的利益を生む可能性がある。
The ability to vote is considered a **fundamental** human right.	投票できることは基本的人権だと考えられる。
Many companies are making advances in **artificial** intelligence.	多くの企業が人工知能において進歩している。

firm
[fə:rm]

□□ 385

確固たる；堅固な；安定した
▶ a firm decision on ～　～に対する確固たる決意
名 商社；会社
▶ a law firm 法律事務所

overall
⑦ [òuvərɔ́:l]

□□ 386

総合的な；全体的な
▶ the overall result of ～　～の総合的な結果
副 〔文修飾〕全体的に言えば(≒ génerally)；全体で

rural
[rúərəl]

□□ 387

田舎の(⇔ úrban → 299)，田園の
▶ rural areas 田園地帯，農村地域
□ rústic 形 田舎の；素朴な

military
[mílətèri]

□□ 388

軍の，軍事(用)の
▶ take military action 軍事行動を起こす
名 (the ～)軍；陸軍；軍人

nuclear
⑱ [njú:kliər]

□□ 389

核の，原子力の
🆆 nuclear energy「核エネルギー，原子力」
▶ a nuclear plant 原子力発電所
▶ a nuclear family 核家族
□ núcleus 名 核，中心；母体

biological
[bàiəlá(:)dʒikəl]

□□ 390

生物学(上)の
▶ one's biological mother 生みの母
▶ a biological weapon 生物兵器
□ biólogy 名 生物学；生態
□ biólogist 名 生物学者

constant
⑦ [ká(:)nstənt]

□□ 391

絶え間ない；一定の
▶「ある期間途切れなく起こる，あるいは，変わらない」の意。
□ cónstantly 副 絶えず，頻繁に

severe
⑱ [sɪvíər]

□□ 392

(人・規律・事態・天気などが)厳しい；
猛烈な
▶ severe criticism 厳しい批判
□ sevérity 名 厳しさ；深刻さ

| 0 | 800 | 1500 | 1900 |

He has a **firm** belief in the existence of aliens.	彼は地球外生物の存在に<u>確固たる</u>信念を持っている。
The **overall** cost of the project was more than we expected.	プロジェクトの<u>総</u>費用は私たちの予想以上であった。
Some seniors are enjoying their **rural** life.	<u>田舎</u>の生活を楽しんでいる高齢者がいる。
One important **military** use of parachutes is for dropping cargo.	パラシュートの重要な<u>軍事的</u>使用法の1つは荷を投下することである。
Germany decided to gradually stop using **nuclear** energy.	ドイツは<u>原子力</u>の使用を徐々にやめることを決定した。
Generally speaking, every organism has a **biological** clock.	一般的に言えば，あらゆる生き物は<u>生物</u>時計を有している。
The **constant** light in the city is useful for preventing crimes.	都市における<u>絶え間ない</u>明かりは犯罪を防ぐのに役立つ。
Many cities are facing the **severe** conditions of air pollution.	多くの都市が大気汚染という<u>厳しい</u>状況に直面している。

119

visual ⑦ [víʒuəl] □□ 393	視覚の；目に見える ▶ visual effects 視覚効果 ▶ a visual image 目に見える姿[画像] □ vísualìze 動 を想像する；を視覚化する
enormous ⑦ [ɪnɔ́ːrməs] □□ 394	莫大な，巨大な ▶ make an enormous effort 多大な努力をする
convenient 🔊 ⑦ [kənvíːniənt] □□ 395	便利な，都合のいい ▶ if it is convenient for[to] you ご都合がよろしければ 　(if you are convenient は誤り) □ convénience 名 便利，便宜
domestic [dəméstɪk] □□ 396	家庭の；国内の；(動物が)飼いならされた ▶ a domestic flight (飛行機の)国内便 ▶ domestic violence 家庭内暴力 □ domésticàte 動 を飼いならす；を家庭的にする
mass [mæs] □□ 397	大規模な，大量の；大衆(向け)の ▶ the mass media マスメディア，マスコミ 名 (大きな)かたまり；大量；一般大衆 ▶ a mass of ~ 大量の~ □ mássive 形 大きくて重い；非常に多い
typical 🔊 [típɪkəl] □□ 398	典型的な；(~に)特有の(of) ▶ It is typical of ~ to *do* …するとは~らしい □ type 名 型；典型；活字

overseas [òuvərsíːz] □□ 399	海外へ[に，で](≒ abróad) ▶ from overseas 海外から 形 海外の，海外への[からの]
nevertheless ⑦ [nèvərðəlés] □□ 400	それにもかかわらず(≒ nònethelés → 1000) ▶ 一般に予想される結果とは異なる状況になったことを表す。

We process **visual** information in the back of our brains.	私たちは脳の後部で<u>視覚</u>情報を処理する。
Human activity <u>has an **enormous** effect</u> on the natural environment.	人間の活動は自然環境に<u>莫大</u>な影響を及ぼす。
Online shopping is **convenient** for buying things these days.	今日，オンラインショッピングは物を買うのに<u>便利</u>である。
The couple received counseling to deal with their **domestic** troubles.	その夫婦は<u>家庭内</u>のもめ事を解決するためにカウンセリングを受けた。
The recent economic depression has created **mass** unemployment.	最近の経済不況は<u>大量失業</u>を生んだ。
Typical Hollywood movies feature big name actors.	<u>典型的な</u>ハリウッド映画は大物俳優を主役にする。
Japanese people can easily travel **overseas** if the yen is strong.	円高であれば，日本人は容易に<u>海外</u>へ旅行することができる。
A watch is tiny but **nevertheless** useful.	腕時計は小さいが，<u>それにもかかわらず</u>役に立つ。

Part 1　常に試験に出る基本単語 800 語

Section 5

単語番号 401 〜 500

動詞編

demonstrate
[アク] [démənstrèɪt]
□□ 401

を論証[証明]する；デモをする
▶ demonstrate that ...「…であることを証明する」
□ dèmonstrátion [名] 実証；実演；デモ
□ demónstrative [形] 感情を表に出す；例証的な

behave
[発] [bɪhéɪv]
□□ 402

振る舞う；作動する
▶ behave *oneself* (子供が)行儀よくする
□ behávior [名] 行動；作動
□ behávioral [形] 行動の

educate
[アク] [édʒəkèɪt]
□□ 403

を教育する；に教える；(能力など)を養う
▶ educate ～ to *do* ～に…するように教える
□ èducátion [名] 教育；教養

purchase
[発] [アク] [pə́ːrtʃəs]
□□ 404

を購入する
▶ buy と同義。形式ばった語。
[名] 購入；購入物
▶ make a purchase 買い物をする

recommend
[アク] [rèkəménd]
□□ 405

を勧める
[TG] **recommend that *A* (should) *do***
「Aが…するように勧める」
▶ recommend *doing* …することを勧める
□ rècommendátion [名] 勧告；推薦

admit
[ədmít]
□□ 406

(を)**(しぶしぶ)認める**；に(～への)入場[入学など]を認める(to / into)
▶ admit that ...「…ということを(しぶしぶ)認める」
□ admíssion [名] 入場[入学，入会](許可)；入場料；容認
□ admíttance [名] 入場；入場許可；入場権
▶ No admittance. 入場お断り(掲示)

generate
[dʒénərèɪt]
□□ 407

を生み出す；(電気など)を発生させる
▶ generate profits [electricity] 利益[電気]を生み出す
□ gènerátion [名] 世代；発生，発電
□ géneràtor [名] 発電機

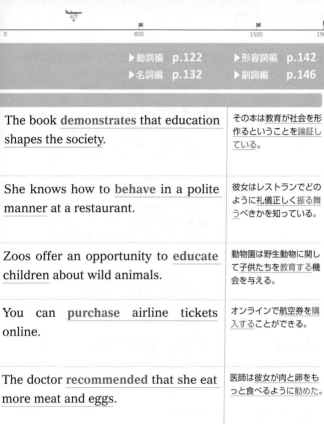

The book **demonstrates** that education shapes the society.	その本は教育が社会を形作るということを論証している。
She knows how to **behave** in a polite manner at a restaurant.	彼女はレストランでどのように礼儀正しく振る舞うべきかを知っている。
Zoos offer an opportunity to **educate** children about wild animals.	動物園は野生動物に関して子供たちを教育する機会を与える。
You can **purchase** airline tickets online.	オンラインで航空券を購入することができる。
The doctor **recommended** that she eat more meat and eggs.	医師は彼女が肉と卵をもっと食べるように勧めた。
I **admitted** that I lost my father's favorite watch.	私は父のお気に入りの時計をなくしたことを認めた。
The manager sold the office building to **generate** income for the company.	その経営者は会社の利益を生み出すために社屋を売却した。

explore
[ɪksplɔ́ːr]
☐☐ 408

(を)**調査[探究]する**；(を)探検[探査]する
- ☐ èxplorátion 图 探検；探究
- ☐ explórer 图 探検家；調査者

amaze
[əméɪz]
☐☐ 409

をびっくりさせる
- ▶ be amazed at [by] ~ ～にとても驚く
- ☐ amázing 形 驚くべき
- ☐ amázement 图 びっくりすること，仰天

tear
🔊 [teər]
☐☐ 410

を引き裂く；裂ける
- ▶ 活用：tear - tore - torn
- ▶ tear ~ to [into] pieces ～をずたずたに引き裂く
- 图 裂く[裂ける]こと；裂け目；[tɪər] 涙
- ▶ wear and tear (通常使用による)劣化，傷み

settle
[sétl]
☐☐ 411

を解決する；(に)移り住む；**を落ち着かせる**
- ▶ be settled (in ~) (~に)落ち着く，居を定める (≒ settle *oneself*)
- ▶ settle down 落ち着く，静まる；身を固める
- ▶ settle down to *do* 腰を据えて…することに取り掛かる
- ☐ séttlement 图 解決；合意；入植(地)

afford
[əfɔ́ːrd]
☐☐ 412

を持つ[する]余裕がある；を与える
- ▶ 通例，can などとともに否定文・疑問文で用いる。
- 🆓 cannot afford to *do* 「…する余裕がない」
- ☐ affórdable 形 手ごろな，安価な

conclude
[kənklúːd]
☐☐ 413

と結論づける；を締めくくる；を締結する
- 🆓 conclude that ... 「…と結論づける」
- ☐ conclúsion 图 結論；締結
- ▶ in conclusion 結論として
- ☐ conclúsive 形 決定的な，明確な

advertise
🔊 [ǽdvərtàɪz]
☐☐ 414

を宣伝する；(～を求める)広告を出す(for)
- ▶ advertise ~ on television テレビで～を宣伝する
- ☐ àdvertísement 图 広告
- ☐ ádvertìsing 图 (集合的に)広告

encounter
🔊 [ɪnkáuntər]
☐☐ 415

に遭遇する；に(思いがけず)出会う
- ▶ encounter problems [difficulties] 問題[困難]に遭遇する
- 图 遭遇，(偶然の)出会い

The scientist **explored** the subject of clean energy in his research.	その科学者は彼の研究においてクリーンエネルギーのテーマを探究した。
The soprano's beautiful voice **amazed** the audience.	そのソプラノ歌手の美しい声は聴衆をびっくりさせた。
The baby **tore** part of the letter he was playing with.	その赤ん坊はいじくっていた手紙の一部を引き裂いた。
You should find a lawyer to **settle** the legal problem.	君は弁護士を見つけてその法律問題を解決するべきだ。
I cannot **afford** to buy luxurious goods.	私はぜいたく品を買う余裕がない。
We **concluded** that our new sales plan is better than our old one.	私たちは新しい販売計画は以前のものよりもよいと結論づけた。
They **advertise** their new computer games online.	彼らは自社の新しいコンピューターゲームをオンライン上で宣伝している。
You may **encounter** unfamiliar things in a new environment.	人は新しい環境で未知の物事に遭遇することもある。

remind
[rɪmáɪnd]

□□ 416

に思い出させる

🆃🅲 remind A of B「AにBを思い出させる」

▶ remind ~ that ... ~に…ということを思い出させる

□ remínder 图 思い出させるもの

locate
㊃ [lóʊkeɪt]

□□ 417

〔受身形で〕**位置する**；**の位置を探し当てる**

🆃🅲 be located in [on] ～「～に位置する」

▶ locate the source of a river 川の水源を探し当てる

□ locátion 图 位置，場所

aid
[eɪd]

□□ 418

を援助する，助ける(≒ help)

图 援助；助手；補助器具

bite
[baɪt]

□□ 419

(を)**かむ**，(に)**かみつく**；(を)刺す

▶ 活用：bite - bit - bitten

图 かむ[刺す]こと；かみ[刺し]傷；一口

▶ try a bite 一口味わってみる

deliver
[dɪlívər]

□□ 420

を配達する；(演説・講義)**をする**；子を産む

▶ deliver A to B「A を B に配達する，届ける」

□ delívery 图 配達(物)；発言；出産

perceive
㊃ [pərsíːv]

□□ 421

に気づく；**を知覚する**；を理解する

▶ perceive A as [to be] B
「A を B と理解する，わかる」

□ percéption 图 知覚，認識

□ percéptive 形 (直観の)鋭い；知覚の

distinguish
㊃ [dɪstíŋgwɪʃ]

□□ 422

を区別する

🆃🅲 distinguish A from B
「A を B と区別する，見分ける」

▶ distinguish between A and B A と B とを区別する

□ distínction 图 区別，識別；相違(点)

□ distínguished 形 著名な；卓越した

imply
㊃ ㊀ [ɪmpláɪ]

□□ 423

を暗に意味する；を必然的に伴う

▶ Good hospitality implies friendliness. 親切なもてなしは友好関係があるということである。

□ ìmplicátion 图 言外の意味；影響

The song always **reminds** me of the good old days.	その歌はいつも私に古きよき時代を思い出させる。
The library **is located** on the main street.	図書館は大通りに位置している。
Many people sent supplies to **aid** disaster victims.	被災者を援助するために多くの人が救援物資を送った。
A big dog **bit** my leg when I was a child.	私が子供のころ大きな犬が私の脚にかみついた。
He **delivers** packages every day regardless of the weather.	天気にかかわらず，彼は毎日小包を配達する。
He **perceived** a slight change in her attitude.	彼は彼女の態度の微妙な変化に気づいた。
We sometimes fail to **distinguish** the copies from the originals.	私たちはときどき写しを原本と区別しそこなう。
The boy's body language **implied** that he did not want to go to school today.	その少年のボディーランゲージは今日学校に行きたくないことを暗に意味していた。

handle
[hǽndl]
□□ 424

を処理する，扱う；を論じる；を商う
▶ handle glassware with care 注意してガラス製品を扱う
图 取っ手；ハンドルネーム；糸口，手がかり
▶ get a handle on ～ ～を理解する

praise
翰 [preɪz]
□□ 425

を(～のことで)賞賛する(for)；賛美する
▶ 後期ラテン語 pretiare「値をつける」→ 古期仏語 preisier
图 賞賛；賛美
□ práisewòrthy 彫 賞賛に値する，感心な

appeal
[əpíːl]
□□ 426

訴える；抗議する；(上級審に)上訴する
⑩ appeal to ～「～に訴える」
图 訴え，懇願；上訴
□ appéaling 彫 魅力的な
□ appéllate 彫 上訴の

insist
[ɪnsíst]
□□ 427

(を)強く主張する；要求する
⑩ insist on [upon] ～「～を強く主張する」
▶ insist that A (should) do Aが…するように強要する
(= insist on [upon] A's doing)
□ insístence 图 主張；強要
□ insístent 彫 強く言い張る；しつこい

compete
[kəmpíːt]
□□ 428

競う；〔通例否定文で〕(～に)匹敵する(with)
⑩ compete with [against] ～
「～に対抗して競う，競争する」
□ còmpetítion 图 競争，競合
□ compétitive 彫 競争の(激しい)；競争力のある
□ compétitor 图 競争相手；(競技の)参加者

rank
[ræŋk]
□□ 429

を位置づける，評価する；(ある地位に)位置する
▶ rank A (as) B「AをBと位置づける[評価する]」
图 階級；地位；格；列

deny
[dɪnáɪ]
□□ 430

を否定する；を拒む
▶ deny doing
「…することを否定する，…していないと言う」
▶ deny A B AにBを与えない(= deny B to A)
□ deníal 图 否定；拒否

The lawyer has **handled** his difficult court cases properly.	その弁護士は難しい訴訟を適切に処理してきた。
His mother would often **praise** him for his good school performance.	彼の母は学校の成績がいいことでよく彼を賞賛したものだ。
Japanese farmers have **appealed** to the government for protection from free trade.	日本の農家の人たちは自由貿易からの保護を求めて政府に訴えた。
He **insisted** on walking to school by himself.	彼はひとりで学校に歩いて行くと主張した。
Low-cost airlines in Japan will **compete** with their rivals in Europe.	日本の格安航空会社は, ヨーロッパの競合他社と競争することになる。
A magazine **ranked** the hotel as the city's best.	ある雑誌はそのホテルを市の最高のものと位置づけた。
The politician **denied** having made such a statement.	その政治家はそのような発言をしたことを否定した。

reject ㋐ [rɪdʒékt] □□ 431	**を拒否する** ▶ re- もとへ + ject 投げる ▶ reject a request [demand] 要請[要求]を拒否する □ rejéction 图 拒絶，拒否
intend [ɪnténd] □□ 432	**を意図する** **⑩ intend to** *do*「…するつもりである」 ▶ intend ~ to *do* ~に…させるつもりである □ inténtion 图 意図，意向 □ inténtional 形 意図的な
expose [ɪkspóuz] □□ 433	**をさらす；を暴露する；を露出する** **⑩ expose** *A* **to** *B*「AをBにさらす」 ▶ expose ~ as a spy ~をスパイだと暴露する □ expósure 图 さらされること；暴露；露出
favor [féɪvər] □□ 434	**に賛成する；を好む；をひいきする** 图 親切な行為；好意；支持 ▶ Will you do me a favor? お願いがあるのですが。 　 (≒ May I ask you a favor?) ▶ in favor of ~ ~に賛成して；~に有利になるように □ fávorable 形 (~に)好意的な(to)；好都合の □ fávorite 形 お気に入りの　图 大好きな物[人]
inspire ㋐ [ɪnspáɪər] □□ 435	**(人)を奮起させる；を喚起する** **⑩ inspire** ~ **to** *do* 　「…するよう~を奮起させる」 □ inspíred 形 霊感を受けた(ようにすばらしい) □ ìnspirátion 图 創造的刺激(となるもの)；霊感
propose [prəpóuz] □□ 436	**を提案する；をもくろむ；結婚を申し込む** **⑩ propose that** *A* **(should)** *do* 　「Aが…するように提案する」 □ propósal 图 提案，提議；結婚の申し込み □ pròposítion 图 主張；提案；命題
spell [spel] □□ 437	**(語)をつづる；という語になる** 图 呪文；(ある天候の続く)期間；発作 ▶ a spell of sunny weather 晴天続き □ spélling 图 つづること；(語の)つづり(方)

| 0 | 800 | 1500 | 1900 |

She **rejected** the job offer due to its low pay. | 彼女は低い賃金のためにその仕事の申し出を拒否した。

She **intends** to go to bed early tonight. | 彼女は今晩早く寝るつもりである。

Exposing your body to sunlight increases the risk of skin cancer. | 日光に身体をさらすことは皮膚癌になる危険を増大させる。

More than half of the residents **favor** the plan to rebuild their apartment. | 住民の半数以上が彼らのアパートを改築する計画に賛成している。

Doing volunteer activities can **inspire** people to help others. | ボランティア活動をすることは、他人を助けるように人を奮起させ得る。

He **proposed** that the company introduce energy-saving equipment to the office. | 彼は会社が省エネ設備を事務所に導入することを提案した。

Spelling a search term wrongly may give you unwanted results. | 検索語を間違ってつづることは求められていない結果を生むことになるかもしれない。

131

breathe [発] [briːð] □□ 438	**呼吸する**；を吸う □ bréathing [名] 呼吸；息遣い □ breath [breθ] [名] 呼吸，息 ▶ take a deep breath 深呼吸をする
repair [rɪpéər] □□ 439	を**修理する**(≒ fix)；を修復する ▶ have ~ repaired「~を修理してもらう」 ▶ repair the damage 損害を復旧する [名] 修理；(健康などの)回復
consist [ア] [kənsíst] □□ 440	(~から)**成る**(of)；(~に)ある(in) [TG] **consist of ~**「~から成り立っている」 □ consístent [形] 首尾一貫した；一致[両立]する □ consístency [名] (首尾)一貫性

名詞編

comment [ア] [ká(ː)mènt] □□ 441	**意見，コメント**；批判 ▶ make a comment on ~ ~について意見を述べる [動] (と)論評する，批評する；(と)意見を述べる □ cómmentàtor [名] 解説者；実況放送者 □ cómmentàry [名] 実況放送；解説；注釈
instruction [ɪnstrʌ́kʃən] □□ 442	〔通例~s〕**指示**；〔~s〕(製品の)使用書 □ instrúct [動] に指示する；に(~を)教える(in / on) □ instrúctive [形] ためになる □ instrúctor [名] 指導員
religion [発] [rɪlídʒən] □□ 443	**宗教**；信条；信仰(心) ▶ practice *one's* religion 宗教の教えを実践する □ relígious [形] 宗教の；敬虔(けいけん)な
neighborhood [néɪbərhʊ̀d] □□ 444	**地域**；近所 ▶ in my neighborhood「私の住んでいる所で」(≒ where I live) □ néighbor [名] 隣人；近隣地域 [動] に隣接する
laboratory [ア] [lǽbərətɔ̀ːri] □□ 445	**実験室，研究室** ▶ 口語では lab と略す。 ▶ a laboratory test 実験室試験；臨床検査

Breathe deeply to relax.	深呼吸してリラックスしなさい。
I'll have someone **repair** my computer as soon as possible.	できるだけ早くだれかにコンピューターを修理してもらうよ。
British society **consists** of a variety of cultures.	イギリス社会は多様な文化から成る。
Negative **comments** on an online review site may hurt businesses' reputations.	インターネットのレビューサイト上の否定的な意見は，企業の評判を損なう恐れがある。
You don't always have to **follow your boss's instructions**.	常に上司の指示に従う必要はない。
More and more people say they do not **believe in religion**.	宗教を信じないと言う人が増えている。
Both my parents grew up **in a poor neighborhood**.	私の両親は共に貧しい地域で育った。
The temperature is kept constant inside the biology **laboratory**.	生物学実験室の中では温度が一定に保たれている。

0   800   1500   1900

presence
[アク] [prézəns]
□□ 446

存在；出席；面前
▶ in ～'s presence「～のいる[存在する]所で」(= in the presence of ～)
□ présent [形] 存在している；出席している；現在の

confidence
[アク] [ká(:)nfɪdəns]
□□ 447

自信；信頼；秘密
▶ lose confidence in the government 政府に対する信頼を失う
▶ with confidence 自信をもって
□ confíde [動] を打ち明ける；(を)信頼する(in)
□ cònfidéntial [形] 秘密の；機密の；打ち解けた
□ cónfident [形] 確信して；自信に満ちた

harm
[hɑːrm]
□□ 448

害，損害
[TG] **cause [do] harm (to ～)**「(～の)害になる」
[動] を傷つける；を損なう
□ hármful [形] 有害な
□ hármless [形] 無害な

instrument
[アク] [ínstrəmənt]
□□ 449

器具；楽器(≒ musical instrument)
▶ a set of surgical instruments 手術器具一式
□ ìnstruméntal [形] 助けになる；楽器用の [名] 器楽曲

category
[アク] [kǽtəgɔ̀ːri]
□□ 450

部類，区分；範疇(はんちゅう)
▶ fall into the category of ～ ～の部類[範疇]に入る
□ cátegorìze [動] を分類する
□ sùbcátegory [名] 下位区分

capital
[kǽpətəl]
□□ 451

資本；首都；大文字(≒ capital letter)
▶ the capital of Denmark デンマークの首都
[形] 資本の；主要な；首都の；大文字の
▶ capital punishment 死刑(= death penalty)
□ cápitalìsm [名] 資本主義
□ cápitalist [形] 資本主義の [名] 資本主義者；資本家

outcome
[アク] [áutkʌ̀m]
□□ 452

結果(≒ resúlt)；成果
▶ outcome は「物事の成り行き，結末」を意味し，result は「原因によって生み出されたもの」を意味する。
▶ the outcome of an election 選挙の結果

The **presence** of friends makes your life more pleasant.	友人の<u>存在</u>は人生をより楽しくする。
The teacher's praise for her schoolwork <u>strengthened</u> her **confidence**.	彼女の学業に対する教師の賞賛が彼女の<u>自信</u>を強めた。
The dry weather <u>has caused serious harm</u> to the crops.	乾燥した天気は作物に深刻な<u>害</u>を引き起こした。
The doctor created a number of useful <u>medical **instruments**</u>.	その医師は数多くの有用な<u>医療器具</u>を開発した。
People in the over-70 age **category** pay less at the hospital.	70歳以上の年齢<u>区分</u>に入る人は，病院での支払いが少ない。
Some companies in western countries have <u>foreign **capital**</u> in Asia.	西洋諸国のいくつかの会社はアジアに<u>外資</u>を持っている。
Many people watched the news for <u>the **outcome**</u> of the trial.	多くの人がその裁判の<u>結果</u>のニュースを見た。

notion [nóuʃən] □□ 453	**概念，観念**；見解；意向 ▶ have a notion that ... …という考えを持っている ▶ accept [reject] a notion ある見解を受け入れる[拒否する]
review ㉟ [rɪvjúː] □□ 454	**(書物などの)論評**；再調査；囲 復習 ▶ get [receive] (a) good review (本などが)好評を博する 動 を論評する；を見直す；囲 を復習する □ revíewer 名 評論家，批評家
trait [treɪt] □□ 455	**特性**(≒ féature) ▶ a genetic trait 遺伝特性[形質] ▶ a personality [character] trait 性格特性
diversity 乗 [dəvə́ːrsəti] □□ 456	**多様性**；相違点 ▶ ethnic [cultural] diversity 民族的[文化的]多様性 □ divérse 形 多様な；異なる □ divérsifỳ 動 を多様化する，多角化する □ bìodivérsity 名 生物多様性
victim [víktɪm] □□ 457	**犠牲(者)，被害者** ▶ fall victim to ~ ～の犠牲[えじき]になる □ víctimìze 動 を犠牲にする
occasion [əkéɪʒən] □□ 458	**場合，時**；行事；機会 ▶「何かが起こるとき」の意。 ▶ on occasion(s)「ときどき，折に触れて」 □ occásional 形 時折の；臨時の □ occásionally 副 ときどき
facility ㉟ [fəsíləti] □□ 459	**施設，設備**；機能；才能 ▶ community [sports] facilities コミュニティ[スポーツ]施設 □ fácile 形 容易な，たやすく得られる □ facílitàte 動 を容易にする
stock [stɑ(ː)k] □□ 460	**在庫品**；蓄え；株 ▶ be in [out of] stock 在庫がある[ない] ▶ the stock exchange 証券[株式]取引所 動 を店に置いている；に(～を)仕入れる，補充する (with)

He considers the notion of peace as the absence of war.	彼は平和の概念を戦争のない状態としてとらえている。
I read his review of the newly published book.	私はその新刊書についての彼の論評を読んだ。
She bears physical traits common to the general Japanese population.	彼女は一般的日本人に共通する身体的特徴を備えている。
Racial diversity is a major part of American society.	人種的多様性はアメリカ社会の主要な一部である。
They have been working to aid victims injured by war.	彼らは戦争で負傷した犠牲者を援助するために活動してきている。
I have met him on two separate occasions.	私は別々の時に2度彼に会ったことがある。
The city has decided to increase the number of its day care facilities.	市はデイケア施設の数を増やすことに決めた。
The store held a clearance sale to reduce their old stock.	その店は古い在庫品を減らすために在庫一掃セールを行った。

conference
[アク] [ká(:)nfərəns]
□□ 461

会議；協議
▶ a press conference 記者会見
□ confer [kənfə́ːr] [動] 相談する；協議する；を(～に)授与する(on)

humanity
[アク] [hjumǽnəti]
□□ 462

人類；人間性；人情；〔(the) ～ties〕人文科学
▶ appeal to our common humanity 私たちに共通の人間性に訴える
□ húman [形] 人間の；人間的な　[名] 人間
□ humane [hjuméɪn] [形] 人間味のある
□ humànitárian [形] 人道主義の

dialect
[dáɪəlèkt]
□□ 463

方言
▶ dialect に代わって variety「変種」も用いられる。例：the American variety of English「アメリカ英語」
□ dìaléctic [名] 論法；弁証(法)

proportion
[prəpɔ́ːrʃən]
□□ 464

割合；部分；釣り合い
▶ in proportion to ～ ～に比例して；～のわりには
□ propórtional [形] (～に)比例した(to)
▶ be directly [inversely] proportional to ～ ～に正[反]比例する

tip
[tɪp]
□□ 465

助言, 秘訣（ひけつ）；チップ；先端
▶ the tip of an iceberg 氷山の一角；ほんの一部
[動] をひっくり返す；を傾ける；ひっくり返る

lawyer
[発] [lɔ́ːjər]
□□ 466

弁護士
▶ 弁護士一般を指す。法廷弁護士は [米] counselor, [英] barrister。事務弁護士は [米] attorney, [英] solicitor。

stuff
[stʌf]
□□ 467

(漠然と)物；素材；素質
▶ some powdery stuff 何か粉末状の物
[動] を(～に)詰める(in / into)；を(～で)いっぱいにする(with)
▶ a stuffed animal 縫いぐるみの動物

comfort
[発] [アク] [kʌ́mfərt]
□□ 468

快適さ；慰め
▶ take [draw] comfort from ～ ～から慰めを得る
[動] を慰める；を安心させる
□ cómfortable [形] 快適な；気楽な
□ cómforting [形] 慰めになる

| 0 | 800 | 1500 | 1900 |

I am leaving for Atlanta tomorrow to attend the international **conference**.	私は国際会議に出席するため明日アトランタに向けて出発する。
Humanity is now faced with many environmental problems.	人類は今や多くの環境問題に直面している。
The man learned a new regional **dialect** after moving into the countryside.	その男性は地方に引っ越した後，新しい地域方言を学んだ。
A high **proportion** of the younger population reads no newspapers at all.	若い世代の高い割合が新聞をまったく読まない。
I will give you a useful **tip**: be honest to yourself.	君に役立つアドバイスをあげるよ。自分に正直であれということだ。
He consulted a **lawyer** to discuss filing a lawsuit.	彼は訴訟を起こすことを検討するために弁護士に相談した。
She keeps her personal **stuff** in the cabinet in her office.	彼女は事務所の戸棚の中に私物を保管している。
He has been living **in comfort** and safety since his retirement.	彼は引退以来ずっと快適で安全に暮らしている。

139

philosophy
㋐ [fəlá(:)səfi]
□□ 469

哲学；原理；人生観
▶ philo- 愛する + sophy 知(恵)
□ phìlosóphical 形 哲学(者)の
□ philósopher 名 哲学者

mammal
㋐ [mǽməl]
□□ 470

哺乳動物
▶ スウェーデンの植物学者リンネの造語。mamma はラテン語で「乳房」を意味する。
□ mammálian 形 哺乳類の
□ mammógraphy 名 乳房X線撮影(法)，マンモグラフィ

quantity
[kwá(:)ntəti]
□□ 471

量(⇔ quálity → 69)；分量
▶ a large [small] quantity of ~ 多[少]量の~
□ quántitàtive 形 量の，量的な

landscape
[lǽndskèip]
□□ 472

風景；領域；状況
▶ 名詞 + -scape で「~の景色」という意味の語を作る。
例：snowscape「雪景色」
▶ the political [social] landscape 政治[社会]状況

tribe
[traib]
□□ 473

部族；仲間
▶ 同一の人種から成り，首長に統率される社会集団。
□ tríbal 形 部族の，種族の

organ
㋐ [ɔ́:rgən]
□□ 474

器官，臓器；組織；(パイプ)オルガン
▶ an organ transplant [donor] 臓器移植[提供者]
□ orgánic 形 有機体の；有機栽培による；臓器の
□ órganìsm 名 有機体，(微)生物；有機的組織体

trial
[tráiəl]
□□ 475

試み，(品質・性能などの)試験；裁判；試用期間
▶ on trial for ~ ~の罪で裁判にかけられて
▶ (by [through]) trial and error 試行錯誤(により)
□ try 動 を試みる，(…しようと)努める(to do)

norm
[nɔ:rm]
□□ 476

規範；標準
▶ set a norm ノルマ[基準労働量]を設定する
□ nórmal 形 標準の；正常な

The student took the class of modern **philosophy** just for fun.	その学生は単に楽しみのために現代哲学の授業を取った。
Most **mammals** including human beings can maintain their body temperature naturally.	人間を含むたいていの哺乳動物は自然に体温を保つことができる。
Burning jet fuel releases vast **quantities** of carbon dioxide.	ジェット燃料の燃焼は大量の二酸化炭素を放出する。
The colorful flowers add much beauty to the rural **landscape**.	色彩豊かな花々が田舎の風景に多くの美を添える。
For Native American **tribes**, lacrosse games are major events.	アメリカ先住民の部族にとって，ラクロスの試合は大きな行事である。
The brain is the most advanced **organ** in the known universe.	脳は既知の宇宙において最も進歩した器官である。
Singapore has started the world's first public **trial** of the robo-taxi service.	シンガポールはロボットタクシー運行業務の世界初の公開試験を始めた。
You are expected to adapt to changes in social **norms**.	社会規範の変化に順応することが求められている。

code [koʊd] □□ 477	**規範**；暗号；法典 　動 を暗号にする；を法典化する 　□ encóde 動 を暗号化する
substance ⑦ [sʌ́bstəns] □□ 478	**物質**；実体；趣旨 ▶ there is no substance to [in] ～　～には実体 [根拠] が 　ない 　□ substántial 形 実質的な；(数量が) かなりの

multiple [mʌ́ltɪpl] □□ 479	**多様な**；種々雑多な ▶ multiple-choice questions 多肢選択式の問題 　□ múltiplỳ 動 を増やす；(数を) かける ▶ Two multiplied by four is eight. 2かける4は8。
numerous ⑦ [njúːmərəs] □□ 480	**非常に数の多い** ▶ Examples like these are too numerous to mention. 　このような例は多すぎて全部に言及できない。 　□ innúmerable 形 無数の
narrow [nǽroʊ] □□ 481	**狭い**；細い；限られた ▶ a narrow escape 間一髪で逃れること ▶ by a narrow margin 僅差で 　動 を狭める，を制限する；狭まる 　名 (～s) 幅の狭い所
widespread [wáɪdsprèd] □□ 482	**広範囲にわたる**；広く普及した
sufficient ⑦⑦ [səfíʃənt] □□ 483	(～に；…するのに) **十分な** (for；to do) ▶「何かのために必要な分ちょうど」の意。enough と同義。 　□ sufficíency　名 十分なこと；(通例 a ～) 十分な 　　　　　　　　　　数 [量] (of) 　□ sèlf-sufficiency 名 自給自足 　□ ìnsufficient　形 不十分な，不足している
proper [prɑ́(:)pər] □□ 484	**適切な**；正式の；(名詞の後ろで) 主要な；(～に) 固有の (to) ▶ the species proper to Borneo ボルネオに固有の生物種 　□ próperty 名 財産；不動産；所有権；特性

142

0	800	1500	1900

The local restaurant has a formal dress code.	その地元のレストランは正式な服装規定がある。
Drinking water must be clean and free from harmful substances.	飲料水は清潔で，有害物質なしでなければならない。
The student searched multiple information sources for his project.	その学生は自分の研究課題のために多様な情報源を検索した。
Kyoto is an old capital city with numerous temples and shrines.	京都は非常に多くの寺や神社がある古都である。
The temperature varies only within a narrow range in a cave.	洞窟（どうくつ）の中では気温は狭い範囲内でしか変動しない。
My mother had trouble washing out a widespread stain on my T-shirt.	母は私のTシャツについた広範囲のしみを洗い落とすのに苦労した。
My new house doesn't have the sufficient space to place all my furniture.	私の新しい家にはすべての家具を置くための十分なスペースがない。
We should take proper measures to prevent accidents on highways.	私たちは幹線道路での事故を防ぐために適切な対策をとるべきである。

linguistic

語 [lɪŋgwístɪk]
□□ 485

言語の，言語学の
▶ lingu-(⇐ lingua) 言語 + -ist 人 + -ic の
□ linguístics **名** 言語学
□ línguist **名** 言語学者
□ lìngua fránca **名** 国際共通語；混成語

annual

[ǽnjuəl]
□□ 486

年1回の，例年の；1年間の
▶ annu(⇐ annus) 年 + -al の(性質の)
▶ an annual meeting 年次総会
□ ánnually **副** 毎年，年に1回

contemporary

[kəntémpərèri]
□□ 487

現代の；同時代の；同年輩の
▶ con-(⇐ com-) 共通の + tempor 時間 + -ary の
▶ contemporary Japanese literature 現代日本文学
名 同時代の人；同年輩の人

contrary

語 [ká(:)ntrèri]
□□ 488

(〜と)反対の(to)
▶ contra- 反対 + -ary の
名 (the 〜)反対，逆(のこと)
▶ on the contrary それどころか
▶ to the contrary それと反対の趣旨で，それと逆に

strict

[strɪkt]
□□ 489

(規則などが)厳しい；厳格な
▶ strict discipline[rules] 厳しい規律[規則]
□ stríctly **副** 厳格に；厳密に
▶ strictly speaking 厳密に言えば

civil

[sívəl]
□□ 490

市民の；民間の；民事の(⇔ críminal 刑事の)
▶ a civil case 民事訴訟
□ cívilìze **動** を文明化する；を洗練する
□ cìvilizátion **名** 文明；文明化
□ civílian **名** 民間人 **形** 民間人の
□ civílity **名** 礼儀正しさ

odd

[ɑ(:)d]
□□ 491

奇妙な(≒ strange)**；奇数の**
▶ an odd number 奇数(⇔ an even number 偶数)
□ odds **名** 可能性；勝ち目

unknown

[ʌnnóun]
□□ 492

不明の；(〜に)知られていない(to)**，無名の**
名 未知の人，無名の人；(the 〜)未知のもの[世界]

Translators apply their general and <u>linguistic</u> knowledge.	翻訳者は自らの一般知識と<u>言語</u>の知識を用いる。
My <u>annual</u> medical checkup is coming up soon.	年に1度の健康診断がもうすぐやってくる。
If you prefer <u>contemporary</u> art, you should visit Tate Modern.	現代美術が好みなら，テートモダン美術館を訪れるべきだ。
<u>Contrary</u> to his expectations, the exam was very hard.	彼の期待に<u>反して</u>，その試験はとても難しかった。
Australia has taken <u>strict</u> measures against illegal imports.	オーストラリアは不正輸入に対して<u>厳しい</u>対策をとってきた。
The U.S. Supreme Court often makes decisions concerning <u>civil</u> rights.	合衆国最高裁判所はしばしば<u>公民権</u>にかかわる判断を下す。
The teacher told his students some <u>odd</u> facts about world history.	その教師は生徒たちに世界史に関するいくつかの<u>奇妙な</u>事実を伝えた。
The cause of the accident is still <u>unknown</u>.	その事故の原因はいまだに<u>不明</u>である。

145

superior
[発] [supíəriər]
□□ 493

よりすぐれた (⇔ inférior → 1092)
[TG] **be superior to** ～「～よりすぐれている」
[名] すぐれた人；上役；先輩
□ supèriórity [名] 優越

sensitive
[sénsətɪv]
□□ 494

敏感な；神経質な；微妙な
[TG] **be sensitive to** ～「～に敏感である」
□ sènsitívity [名] 感受性；神経過敏
□ insénsitive [形] 無神経な，冷淡な；無関心な

violent
[váɪələnt]
□□ 495

(人・気質などが)激しい；暴力的な
▶ a violent quarrel [argument] 激しい口論[議論]
□ víolence [名] 暴力；激しさ

virtual
[və́:rtʃuəl]
□□ 496

仮想の；事実上の
▶ virtual reality「仮想現実，バーチャルリアリティー」
▶ a virtual impossibility ほとんど不可能なこと
□ vírtually [副] 事実上，ほとんど

regardless
[rɪgɑ́:rdləs]
□□ 497

(～に)かまわない，無頓着な (of)
[TG] **regardless of** ～「～にかまわず，関係なく」
▶ regardless of whether *A does* Aが…するかどうかに関係なく
[副] かまわず，頓着しないで

immediate
[発] [ɪmí:diət]
□□ 498

即座の；当面の；すぐそばの；直接の
▶ *one's* immediate concerns 当面の関心事
□ immédiately [副] すぐに；直接に
▶ immediately before [after] ～ ～の直前[直後]に

crucial
[発] [krú:ʃəl]
□□ 499

重要な
▶ be crucial in [to] *doing* …するうえで重要である
▶ at a crucial moment 重大な時に

副詞編

somewhat
[アク] [sʌ́mhwʌ̀t]
□□ 500

いくぶん，多少
▶ somewhat of ～ ちょっとした～，多少(≒ sort of, kind of)

It is not easy to determine which kinds of art are **superior** to others.	どの種類の芸術がほかのものよりすぐれているかを決めるのは，容易ではない。
My teeth are extremely **sensitive to cold things**.	私の歯は冷たい物に極めて敏感である。
It is said that American football is a **violent** sport.	アメフトは激しいスポーツであると言われている。
Virtual reality goggles make you unaware of your actual surroundings.	仮想現実ゴーグルをかけると，実際の周囲の状況に気づかなくなる。
The opportunity to work in all careers should be equal **regardless** of gender.	あらゆる職業において働く機会は性別にかかわらず均等であるべきである。
He gave us **an immediate answer** on the matter.	彼は私たちにその問題に関して即答した。
It is **crucial that you are very careful** when checking documents.	書類を確認する際は非常に注意することが重要である。
I'll be **somewhat** late for your birthday party on Friday.	私は金曜日のあなたの誕生パーティーに少し遅れます。

動詞編

interpret

㋐ [ɪntə́ːrprət]

□□ 501

を解釈する；(を)通訳する

TG interpret A as [to be] B「AをBと解釈する」

□ intèrpretátion 图 解釈；通訳

□ intérpreter 图 通訳者；解説者

translate

[trǽnsleɪt]

□□ 502

を翻訳する；を(〜に)変える(into)

TG translate A into B「AをBに翻訳する」

□ translátion 图 翻訳；解釈

□ translátor 图 翻訳者；翻訳機

concentrate

㋐ [ká(ː)nsəntrèɪt]

□□ 503

(を)集中する

TG concentrate on ～「〜に集中する」

▶ concentrate one's attention on ～ 〜に注意を集中する

□ còncentrátion 图 集中，専念

request

[rɪkwést]

□□ 504

に(…するように)頼む(to do)；を要請する

TG request ～ to do「〜に…するように頼む」

▶ A is requested to do の形でも用いられる。

▶ request that A (should) do Aが…するよう要請する

图 要請，依頼；頼み事

▶ at ～'s request 〜の依頼により(= at the request of ～)

criticize

㋰ [krítəsàɪz]

□□ 505

を批判する；を批評する

TG criticize A for B「AをBのことで批判する」

□ críticìsm 图 批評，批判

□ crític 图 批評家；批判者

□ crítical 形 批判的な；決定的な

overcome

㋐ [òʊvərkʌ́m]

□□ 506

を克服する

▶ 活用：overcome - overcame - overcome

▶ be overcome by [with] ～ 〜に圧倒される

obtain

[əbtéɪn]

□□ 507

を得る

▶「自分の努力や技量によって欲しいものを手に入れる」の意。

▶ obtain information from ～ 〜から情報を得る

▶動詞編　p.148　　▶形容詞編　p.166
▶名詞編　p.158

We often **interpret** dreams as a reflection of our true thoughts.	私たちは夢を自分自身の本心の現れとして解釈することが多い。
She **translated** an English essay into French with ease.	彼女は英語のエッセイを容易にフランス語に翻訳した。
In a quiet library I can **concentrate** on studying.	静かな図書館で私は勉強に集中することができる。
The flight attendant **requested** all the passengers to remain seated.	客室乗務員は乗客全員に座ったままでいるように求めた。
Employees **criticized** the company president for poor management.	従業員たちは下手な経営を理由に社長を批判した。
He managed to **overcome** his money problems.	彼はなんとか自らの金銭問題を克服した。
After graduation, he **obtained** a position in a large company.	卒業後，彼は大手企業で職を得た。

inform [ɪnfɔ́ːrm] □□ 508	に**知らせる**；情報を提供する [TG] **inform** *A* **of** *B*「BについてAに知らせる」 ▶ inform ~ that ... ～に…と伝える □ infórmed [形] 博識の(≒ wèll-infórmed)；情報に基づく □ ìnformátion [名] 情報 □ infórmant [名] 情報提供者；資料提供者
ensure [ɪnʃʊ́ər] □□ 509	を**確実にする**(≒ make sure)；を守る [TG] **ensure that ...**「…ということを確実にする」 □ insure [ɪnʃʊ́ər] [動] に保険をかける
announce [ənáuns] □□ 510	を**発表[公表]する，知らせる**；(物事が)を告げる ▶ announce a plan [decision] 計画[決定]を発表する □ annóuncement [名] 発表，公表；告知；通知状
grant [grænt] □□ 511	**(人)に(許可・権利など)を与える**；を認める ▶ take ~ for granted ～を当然のことと思う ▶ granted [granting] that ... 仮に…としても [名] 授与されたもの；助成金，奨学金
freeze [friːz] □□ 512	**凍る**；を凍らせる；(計画・資金など)を凍結する ▶ 活用：freeze - froze - frozen [名] (資産などの)凍結，据え置き □ fréezing [形] 凍るように寒い [名] 凍結；冷凍 □ frózen [形] 凍った；冷凍された
oppose [ア] [əpóuz] □□ 513	に**反対する**；を対抗[対比]させる □ oppósed [形] 反対で，逆で ▶ as opposed to ~ ～に対して，～とは対照的に □ òppositíon [名] 反対，対立；抵抗 ▶ in opposition to ~ ～に反対して；～に対して □ ópposite [形] 反対の；反対側の [名] 反対のもの [前] ～の向かい側に
differ [ア] [dífər] □□ 514	**異なる** [TG] **differ from** ～「～と異なる」 □ dífference [名] 相違(点) ▶ make no difference 差を生じない；重要でない □ dífferent [形] 異なる，違った

Please **inform** us of any change in your plan.	計画のどんな変更も我々にお知らせください。
Please **ensure** that your safety belts are fastened.	確実に安全ベルトが締まっているようにしてください。
The government **announced** a new policy on agriculture.	政府は農業に関する新しい政策を発表した。
A fingerprint scanner can be used to **grant** employees access to certain areas.	指紋スキャナーは社員にある区域への立ち入り権を与えるのに使うことができる。
When water in the ocean **freezes**, layers of ice may form.	海水が凍るとき，氷の層が形成されることもある。
Many voters **opposed** the current law.	多くの有権者は現行法に反対した。
Humans **differ** from other animals mostly due to their large brains.	人間は主としてその大きな脳のためにほかの動物と異なる。

hate [heɪt] □□ 515	**をひどく嫌う**；を残念に思う **to** hate to *do*「…するのを嫌う」 ▶ hate *doing* も同じ意味。 名 嫌悪，憎悪 □ hátred 名 憎しみ，憎悪
emphasize 発 [émfəsàɪz] □□ 516	**を強調する**；を重視する ▶ emphasize the importance of ～ ～の重要性を強調する ▶ emphasize that ... …ということを強調する □ émphasis 名 強調，重視 ▶ put [place, lay] emphasis on ～ ～に重点を置く
employ [ɪmplɔ́ɪ] □□ 517	**を雇う**（≒ give ～ a job）；**を使う**（≒ use） ▶ employ sensors [digital processing] センサー [デジタル処理] を使用する □ emplóyment 　名 雇用；職；使用 □ ùnemplóyment 名 失業（率） □ emplóyee 　　名 従業員 □ emplóyer 　　名 雇い主
credit [krédət] □□ 518	**(功績など)を(～に)帰する**(to)；**を信じる** **to** credit *A* to *B*「*A*(の功績)を*B*のおかげだと思う」 ▶ credit *B* with *A* と言い換えられる。 名 評判；功績；信用；貸付金 ▶ on credit クレジットで，掛け売りで
transform ⑦ [trænsfɔ́ːrm] □□ 519	**を変える**；変わる **to** transform *A* into [to] *B*「*A*を*B*に変える」 ▶ trans- 別の状態へ＋ form 形態 □ trànsformátion 名 変化，変質
construct ⑦ [kənstrʌ́kt] □□ 520	**を建設する**（= build）；**を構成する** ▶ construct a theory (based on data) (データに基づいて) 理論を構成する 名 [ká(:)nstrʌkt] 建造物，構成物；構成概念 □ constrúction 名 建設(工事)；建造物；構成 ▶ under construction 工事中で[の]
arise [əráɪz] □□ 521	**生じる** **to** arise from [out of] ～「～から生じる」 ▶ 活用：arise - arose - arisen

My sister **hates** to practice the piano every day.	私の妹は毎日ピアノの練習をするのをひどく嫌う。
Ecologists are **emphasizing** the need to protect the environment.	生態学者は自然環境を保護する必要性を強調している。
The research center now **employs** more than 100 scientists.	その研究センターは現在100人以上の科学者を雇っている。
Her colleagues **credit** her success to her skill at blocking computer hackers.	彼女の同僚は彼女の成功をコンピューターハッカーの阻止に関する彼女の技術のおかげだと思っている。
Solar panels **transform** the sun's energy into electricity.	太陽電池パネルは太陽エネルギーを電力に変える。
The city plans to **construct** new public transportation facilities.	市は新しい公共輸送施設を建設する計画である。
Social problems may **arise** from cultural differences.	社会問題は文化的な相違から生じることもある。

beat [bíːt] □□ 522	**を打ち負かす**；(を)打つ，たたく ▶ 活用：beat - beat - beaten [bíːt] ▶ beat him unconscious 彼を殴って気絶させる 图 打つ音；拍子；鼓動
regret [rɪgrét] □□ 523	**を後悔する** 🅣 regret *doing* 「…したことを悔やむ」 ▶ regret to *do* 残念ながら…する 图 後悔，残念，遺憾 □ regréttable 形 (事が)残念な，遺憾な □ regrétful 形 (人が)後悔している
alter 🅐 [ɔ́ːltər] □□ 524	**を変える**；変わる(≒ change) ▶「部分的に変えたり改めたりする」の意。 □ àlterátion 图 変更
absorb [əbzɔ́ːrb] □□ 525	**を吸収する**；を併合する；を夢中にさせる ▶ ab- から離れて + sorb 吸い込む ▶ be absorbed in ～ ～に夢中である □ absórption 图 吸収；合併
disappoint [dìsəpɔ́ɪnt] □□ 526	**を失望させる**；(希望など)をくじく 🅣 be disappointed in [with, at, by] ～ 「～に失望する」 ▶ be disappointed that ... …ということに失望する □ dìsappóintment 图 失望，落胆
cure [kjúər] □□ 527	**を治す**；を取り除く；(病気が)治る ▶ cure *A* of *B* *A*(人)から*B*(病気・悪癖など)を取り除く 图 治療(法)，薬；治癒，回復
transport 🅐 [trænspɔ́ːrt] □□ 528	**を輸送する**；を運ぶ ▶ trans- 越えて + port 運ぶ 图 [trǽnspɔːrt] 生に英 輸送；交通機関 □ trànsportátion 图 生に米 輸送，運輸；輸送[交通]機関
rush [rʌ́ʃ] □□ 529	**急いで行く**；性急に行動する；をせき立てる 图 突進，殺到；慌てること；混雑時

0　　　　　　　　800　　　　　　　　1500　　　　　　1900	

Tim hopes to **beat** last year's champion in the next game.

ティムは次の試合で昨年の優勝者を打ち負かしたいと思っている。

The lawyer **regrets** having been unable to help his client.

その弁護士は依頼人を助けられなかったことを悔やんでいる。

An increase in foreigners may **alter** a country's traditional identity.

外国人の増加は国の伝統的な独自性を変えるかもしれない。

The new T-shirt **absorbs** sweat and dries fast.

その新しいTシャツは汗を吸収して速く乾く。

They were **disappointed** with the poor service of the restaurant.

彼らはそのレストランのお粗末なサービスに失望した。

Advanced medical techniques may **cure** certain types of cancer.

先進医療技術はある種の癌を治すことがある。

Ships are used to **transport** most of the world's commercial goods.

船は世界の商品の大半を輸送するのに用いられる。

The ambulance **rushed** to the scene of the accident to help the man.

救急車はその男性を助けるために事故現場に急行した。

hang [hæŋ] □□ 530	を掛ける；を絞首刑にする；垂れ(下が)る ▶ 活用：hang - hung [hanged] - hung [hanged] ▶ The mist hangs over the lake. 霧が湖にかかっている。
blame [bleɪm] □□ 531	を責める；の責任を負わせる **🆂 blame** *A* **for** *B*「AをBのことで責める」 ▶ He is to blame for the accident. 彼にその事故の責任がある。 ▶ blame *A* on *B* Aの責任をBに負わせる
ban [bæn] □□ 532	を(法的に)禁止する；を締め出す ▶ ban ~ from *doing*「～に…することを禁じる」 **图** (～に対する)禁止(令)(on)；(世論による)非難
fascinate 🅐 [fǽsɪnèɪt] □□ 533	を魅了する ▶ be fascinated by [with] ~ ～に魅了される □ fàscinátion **图** 魅力；魅了
recover [rɪkʌ́vər] □□ 534	回復する；を取り戻す **🆂 recover from** ~「～から回復する」 ▶ recover *oneself* 意識[正気]を取り戻す □ recóvery **图** 回復；復旧；回収
celebrate 🅟 [séləbrèɪt] □□ 535	を祝う；を挙行する ▶ celebrate the Requiem Mass 死者のためのミサを挙行する □ cèlebrátion **图** お祝い；祝賀会；賞賛 □ célebràted **形** 有名な，著名な □ celébrity **图** 有名人，セレブ
manufacture 🅐 [mæ̀njufǽktʃər] □□ 536	を製造する；をでっち上げる ▶ manufacture a story [an excuse] 話[口実]をでっち上げる **图** 製造，(大量)生産；〔通例～s〕製品 □ mànufácturer **图** 製造業者
interact 🅐 [ìntərǽkt] □□ 537	影響し合う；相互に作用する **🆂 interact with** ~ 「～と互いに影響し合う，交流する」 □ ìnteráction **图** 相互作用 □ ìnteráctive **形** 相互に作用し合う；双方向の

He **hung** his jacket on the back of his chair.

彼は椅子の背に自分の上着を<u>掛けた</u>。

We often **blame** a politician for having made a careless remark.

私たちは<u>不注意な発言をしたことでよく政治家を責める</u>。

Today, many restaurants **ban** smoking inside.

今日，多くのレストランが店内での喫煙を<u>禁止している</u>。

Picasso's paintings have long **fascinated** people in the world.

ピカソの絵画は長い間世界中の<u>人々を魅了してきた</u>。

John used Chinese medicine to **recover** from his injuries.

けがから<u>回復する</u>ためにジョンは漢方医学を使った。

My parents **celebrated** their 25th wedding anniversary in December.

私の両親は12月に結婚25周年を<u>祝った</u>。

The electronics company **manufactures** large quantities of smartphones.

その電子機器会社は<u>大量のスマートフォンを製造している</u>。

Ecologists study how **organisms** interact with their environment.

生態学者は<u>生物がどのように自らの環境と影響し合っている</u>かを研究する。

arrange
楽 [əréɪndʒ]
☐☐ 538

の段取りをつける；を手配する；を配置する
▶ arrange for ~ to do ~が…するよう取り計らう
☐ arrángement 图 手配；配置；取り決め

adjust
[ədʒʌ́st]
☐☐ 539

を調整する；を適合させる；順応する
▶ adjust A to B AをBに合わせて調整する
▶ adjust to ~ ~に順応する
☐ adjústment 图 調整；(~への)適応(to)

confirm
[kənfə́ːrm]
☐☐ 540

を確認する；を裏づける
▶ confirm his judgment 彼の判断を裏づける
☐ cònfirmátion 图 確認；承認
☐ confírmed 形 確認された；根深い

名詞編

insight
⑦ [ínsàɪt]
☐☐ 541

見識，理解(力)；洞察力
▶ give A insights into B
「Bに対する見識をAに与える」
▶ a person of great insight すぐれた洞察力を持つ人
☐ ínsìghtful 形 洞察に満ちた

innovation
[ìnəvéɪʃən]
☐☐ 542

革新；新機軸
▶ introduce technical innovations 技術的新案を導入する
☐ ínnovàte 動 革新する
☐ ínnovàtive 形 革新的な

budget
[bʌ́dʒət]
☐☐ 543

予算；経費
▶ below [under, within] budget 予算内で
形 安い，お徳用の
▶ a budget flight 格安航空便
動 を予算に計上する

fee
[fiː]
☐☐ 544

料金；謝礼
▶ 入場・入会のための料金や各種専門職に払う料金を指す。サービスに対する料金は charge，交通機関の料金は fare。
▶ charge a fee 料金を請求する

expense
⑦ [ɪkspéns]
☐☐ 545

〔~s〕経費；費用；犠牲
▶ at the expense of ~「~を犠牲にして；~の費用で」
☐ expénd 動 を費やす
☐ expénsive 形 高価な；ぜいたくな

158

She **arranged** a surprise party for her daughter.	彼女は娘のためのサプライズパーティーの段取りをつけた。
The chef **adjusted** the seasoning just before serving the soup.	シェフはスープを出す直前に味つけを調整した。
The postal worker **confirmed** my identity before handing me the express letter.	その郵便局員は速達の手紙を私に渡す前に私の身元を確認した。
The research gave him new **insights** into human behavior.	その研究は人間の行動に対する新たな見識を彼に与えた。
We can use the Internet anywhere thanks to technological **innovations**.	私たちは技術革新のおかげでどこでもインターネットを使うことができる。
The public library was closed on account of **budget** cuts.	その公立図書館は予算削減のために閉鎖された。
On weekends, the City Museum reduces the entrance **fee** for children.	週末に、市博物館は子供の入館料を下げる。
The manager aims to cut down personnel **expenses**.	その経営者は人件費を削減しようとしている。

debt 闥 [det] □□ 546	借金，負債；恩義 🔟 be in debt (to ～)「(～に)借金[恩]がある」 ▶ the national debt 国債 ▶ pay off *one's* debt 借金を完済する □ indébted 厖 借りがある
loan [loun] □□ 547	貸付金，融資；貸すこと ▶ take out a home loan 家のローンを組む 쮅 (人)に(金など)を貸し付ける
duty [djúːti] □□ 548	義務；〔しばしば～ties〕職務；関税 ▶ on duty 勤務時間中で(⇔ off duty 勤務時間外で) □ dútiful 厖 忠実な，義務を果たす
alarm [əláːrm] □□ 549	不安，恐れ；警報装置 ▶ express[feel, cause] alarm 不安を表す[抱く，引き起こす] ▶ a fire alarm 火災報知器 쮅 をぎくりとさせる；に警戒させる
emergency [ɪmɚːrdʒənsi] □□ 550	緊急(事態) 🔟 in an emergency「緊急の場合に」 ▶ cope with an emergency 緊急事態に対処する □ emérgent 厖 緊急の；新興の
democracy ⑦ [dɪmɑ́(ː)krəsi] □□ 551	民主主義，民主政治；民主国家 ▶ demo- 民衆 + cracy 政体 ▶ a parliamentary democracy 議会制民主主義 □ démocràt 名 民主主義者；(D-) 囲 民主党支持者 □ dèmocrátic 厖 民主主義の；民主的な
minister [mínɪstər] □□ 552	大臣；(プロテスタント系の)聖職者 🔟 the prime minister「総理大臣，首相」 ▶ カトリック系およびキリスト教以外の聖職者は priest, 英国国教会では vicar。 □ mínistry 名 省
fellow [félou] □□ 553	仲間，同僚；同級生；男 厖 仲間の，同僚の ▶ my fellow merchants 私と同じ商人たち □ féllowshìp 名 仲間意識；集団

I <u>am 500,000 yen in debt</u> to my parents.	私は両親に<u>50万円の借金</u>がある。
He spent ten years <u>paying back the bank loan</u>.	彼は銀行の<u>貸付金を返済</u>するのに10年を費やした。
He was blamed for not <u>doing his duty</u> as a parent.	彼は親としての<u>義務</u>を果たさないことで責められた。
When she heard a strange sound, she <u>looked around in alarm</u>.	彼女は奇妙な物音を聞いたとき, <u>不安を感じて辺りを見回した</u>。
You need to know what to do <u>in an emergency</u>.	君は<u>緊急の場合に</u>どうすべきかを知っておく必要がある。
Majority rule is <u>the basic principle of democracy</u>.	多数決原理は<u>民主主義の基本原則</u>である。
The Prime <u>Minister</u>'s explanations were sometimes inconsistent.	総理<u>大臣</u>の説明はときに首尾一貫していなかった。
You should <u>get along with your fellows at work</u>.	職場の<u>同僚とうまくやっていくべき</u>である。

candidate [アク] [kǽndɪdèɪt] □□ 554	(～の)**候補(者)**(for);志願者 ▶ put up a candidate 候補者を立てる ▶ a poor candidate for ～ ～にふさわしくない人 □ cándidacy [名] 立候補(資格)
corporation [kɔ̀ːrpəréɪʃən] □□ 555	**(大)企業**;法人 ▶ a multinational corporation 多国籍企業 ▶ corporation tax 法人税 □ córporate [形] 法人の;会社の;共同の
stereotype [アク] [stériətàɪp] □□ 556	**固定観念**;決まり文句 [動] を型にはめる,お決まりの方法で見る □ stèreotýpical [形] 紋切り型の(≒ stéreotỳped)
route [発] [ruːt] □□ 557	**道(筋)**;路線,ルート;(～の)手段(to) ▶ take a new route to ～ ～までの新しいルートを取る [動] を特定の経路で輸送する
disorder [dɪsɔ́ːrdər] □□ 558	**障害,(心身の)不調**;混乱 ▶ (be) in disorder 混乱して(いる) ▶ an eating disorder 摂食障害 [動] を混乱させる;の調子を狂わせる
depression [dɪpréʃən] □□ 559	**憂うつ**;うつ病;不況;低気圧 □ depréss [動] を意気消沈させる □ depréssed [形] ふさぎ込んだ;不況の
weapon [発] [wépən] □□ 560	**兵器,武器**(≒ arms) ▶ arms は「戦争用の武器」, weapon は「攻撃・防御に用いられる道具全般」の意。 ▶ weapons of mass destruction 大量破壊兵器 ▶ nuclear weapons 核兵器
immigration [ìmɪgréɪʃən] □□ 561	**(他国からの)移民,移住**;入国管理 ▶ immigration control 入国管理 ▶「(他国への)移民」には emigration を用いる。 □ ímmigrant [名] (他国からの)移住者,移民 □ ímmigràte [動] (他国から)移住する □ mígrate [動] 移動する,渡る

Today she interviewed four **candidates** for the new position.	今日，彼女は新しい職に対する4人の候補者を面接した。
Giant **corporations** control the worldwide industry of computer services.	巨大企業が世界中のコンピューターサービス産業を支配している。
Most foreigners have a positive **stereotype** of Japan.	たいていの外国人は，日本に対して肯定的な固定観念を持っている。
The GPS can plan the best **route** for the driver.	GPSは運転者にとっての最善の道筋を計画することができる。
Normal human emotions like temporary sadness are sometimes treated as mental **disorders**.	一時的な悲しみのような通常の人間的感情が，ときに精神障害と見なされる。
Experts say that aerobic exercise reduces stress and **depression**.	専門家は有酸素運動がストレスや憂うつを軽減すると言う。
Several international treaties ban the use of biological and chemical **weapons**.	いくつかの国際条約が生物・化学兵器の使用を禁じている。
Labor shortages were the main driving force of **immigration** from other countries.	労働力不足は他国からの移民の主要な推進力であった。

barrier [bǽriər] □□ 562	(〜に対する)**障壁**(against / to);防壁 ▶ the removal of trade barriers 貿易障壁の撤廃 □ bàrrier-frée [形] 障壁がない;(段差などの)障害がない
disadvantage [発][dìsədvǽntɪdʒ] □□ 563	**不利(な点)**;障害;(信用などの)損失 ▶ at a disadvantage 不利な立場で[に] ▶ to 〜's disadvantage 〜の不利になるように □ dìsàdvantágeous [形] 不利な,不都合な
mood [発][mu:d] □□ 564	**気分**;機嫌;雰囲気 ▶ in a good [bad] mood 上[不]機嫌の □ móody [形] 不機嫌な;気分屋の
motion [móuʃən] □□ 565	**動き,動作**;運動;動議 ▶ set [put] 〜 in motion 〜を動かす;〜を始める ▶ in motion 動いている,運動中の [動] 身振りで合図する;に合図して伝える □ mótionless [形] 動かない,静止した
routine [発][アク][rù:tí:n] □□ 566	**決まり切った仕事**;いつもの手順 ▶ (a) daily routine「日課」 [形] 決まり切った;日常の
discipline [発][dísəplɪn] □□ 567	**規律,しつけ**;訓練;懲戒;学問分野 ▶ self-discipline 自己訓練 [動] をしつける,を訓練する □ dísciplinàry [形] 規律上の;懲戒的な;訓練の
myth [mɪθ] □□ 568	**作り話**;神話 ▶ an urban myth 都市伝説 □ mythólogy [名] (集合的に)神話;通説
hypothesis [アク][haɪpá(:)θəsɪs] □□ 569	**仮説**;憶測 ▶ 複数形は hypotheses [haɪpá(:)θəsì:z]。 ▶ prove [support] a hypothesis 仮説を証明[支持]する □ hỳpothétical [形] 仮定の
physician [fɪzíʃən] □□ 570	[主に米] **医師**(≒ dóctor);内科医 ▶ physicist「物理学者」と区別。 ▶「外科医」は surgeon。

They finally overcame the language barrier against each other.	彼らはついにお互いの言語の障壁を克服した。
Poor children tend to suffer educational and social disadvantages.	貧しい子供たちは教育的・社会的不利を被る傾向がある。
Today, I am in the mood for an Italian meal.	今日はイタリア料理の気分だ。
Exercise may improve your body's range of motion.	運動は身体の可動域を改善し得る。
You need an occasional break from your daily routine.	あなたは決まり切った日々の仕事からときにはひと休みが必要だ。
Teachers often deal with the discipline problems of their students.	教師はよく生徒のしつけの問題に対処する。
It is a total myth that men are better drivers than women.	男性が女性より車の運転が上手であるというのはまったくの作り話である。
The scientist developed a logical hypothesis for his next experiment.	その科学者は彼の次の実験のために論理的な仮説を立てた。
The physician at the hospital has special knowledge of food allergies.	その病院のその医師は食物アレルギーについて特別な知識を持っている。

client
[kláɪənt]
□□ 571

顧客(≒ cústomer)；(弁護士などの)依頼人
▶ 一般に client は「サービスを買う客」，customer は「商品を買う客」。

colony
[ká(:)ləni]
□□ 572

植民地；集団居住地；(動植物の)コロニー
□ colónial 形 植民地の
□ cólonìze 動 を植民地化する

statistics
⑦ [stətístɪks]
□□ 573

統計；統計学
▶ 「統計」の意味では複数扱い，「統計学」の意味では単数扱い。
▶ 単数形 statistic は「統計値，統計項目」の意。
□ statístical 形 統計(上)の；統計学(上)の

grain
[greɪn]
□□ 574

穀物；粒；きめ
▶ a grain of ~ 〔否定文で〕ほんのわずかな~(もない)

ingredient
⑦ [ɪngrí:diənt]
□□ 575

材料，成分；(成功の)要因
▶ cook meals from raw ingredients 生の食材から食事を作る

treasure
⑦ [tréʒər]
□□ 576

宝物，財宝；財産
動 を大切にする
□ tréasury 名 宝庫；国庫，公庫
▶ the Treasury 英 財務省；米 大蔵省

contract
⑦ [ká(:)ntrækt]
□□ 577

契約(書)；協定
動 [kəntrækt] を契約する；(協定・同盟など)を結ぶ；を縮小する
□ cóntractor 名 契約者；請負業者

welfare
⑦ [wélfèər]
□□ 578

福祉，幸福
▶ social welfare 社会福祉
▶ be on welfare 英 生活保護を受けている

形容詞編

prime
[praɪm]
□□ 579

主要な，最も重要な；最適な；極上の
▶ a matter of prime importance 最も重要な問題
名 〔通例 the ~〕全盛期
□ prímàry 形 最も重要な；第 1 の；初等教育の

She had a business meeting with an important **client**.	彼女は重要な顧客との商談を持った。
In former British **colonies** such as Australia, they drive on the left.	オーストラリアなどのかつてのイギリス植民地では，車は左側を走行する。
Statistics show that school uniforms have **positive effects** on students' behavior.	学校の制服が生徒の行動にプラスの効果を及ぼすことを統計は示す。
Dr. Willett recommends eating whole **grains** for breakfast.	ウィレット博士は全粒穀物を朝食に食べることを勧める。
He wanted to know the calories and the **ingredients** of the dish.	彼はその料理のカロリーと材料を知りたがった。
The painting of Christ in the museum is a national **treasure**.	その美術館にあるキリストの絵画は国宝である。
He has made a three-year **contract** with a professional soccer team.	彼はプロサッカーチームとの３年契約を結んだ。
The local government in our city is concerned with child **welfare**.	私たちの市の地方自治体は児童福祉を重視している。
Staring at your computer monitor is the **prime** cause of dry eye.	コンピューター画面をじっと見ることはドライアイの主要な原因である。

curious

[kjúəriəs]

□□ 580

好奇心の強い；奇妙な
- □ cùriósity 名 好奇心
- ▶ out of curiosity 好奇心から
- □ cúriously 副 好奇の目で；奇妙に

dramatic

[drəmǽtik]

□□ 581

劇的な；演劇の
- ▶ dramatic irony 劇的皮肉(観客にはわかるが，登場人物にはわからない皮肉なせりふや状況)
- □ dráma 名 演劇；ドラマ
- □ drámatist 名 劇作家，脚本家

distinct

[distíŋkt]

□□ 582

明らかに異なる；明瞭な
- ▶ be distinct from ～ ～とまったく異なる
- □ distínction 名 区別；差異；卓越
- □ distínctive 形 ほかと異なった；独特の
- □ distínguish 動 を(～と)区別する(from)

anxious

[ǽŋkʃəs]

□□ 583

心配して；切望して
- **To** be anxious about ～「～を心配している」
- ▶ be anxious to *do* …することを切望している
- □ anxiety [æŋzáiəti] 名 不安，心配；切望

vital

発 [váitəl]

□□ 584

必要不可欠な；活気のある；生命にかかわる
- **To** be vital to ～「～にとって必要不可欠である」
- ▶ It is vital that *A* (should) *do* = It is vital for *A* to *do* *A*が…することは必要不可欠だ
- □ vitálity 名 活力；活気
- □ vítalize 動 に生命を与える；を活気づける

conventional

[kənvénʃənəl]

□□ 585

従来の；月並みな
- ▶ conventional wisdom 一般通念
- □ convéntion 名 慣習；伝統的手法；大会

abstract

[ǽbstrækt]

□□ 586

抽象的な(⇔ concréte → 783)
- ▶ abstract art 抽象芸術
- 名 抜粋，要約
- 動 [æbstrǽkt] を抽出する；を要約する
- □ abstráction 名 抽象概念；放心(状態)

0	800

Students should be **curious** about the world around them.	学生は自分の周りの世界に関して好奇心旺盛であるべきだ。
The IT industry has achieved **dramatic growth** over the past decade.	IT産業は過去10年間に劇的な発展を遂げた。
The four **distinct** seasons in Japan attract many foreign tourists.	日本の明らかに異なる4つの季節は多くの外国人旅行者を引きつける。
Young people are often **anxious** about their future.	若者はよく自分の将来を心配している。
A long-term **defense** strategy is **vital** to national security.	長期的な防衛戦略は国家の安全保障にとって必要不可欠である。
This product is far superior to **conventional** models.	この製品は従来型よりはるかにすぐれている。
Human language allows us to talk about **abstract** concepts.	人間の言語は私たちが抽象的概念について語るのを可能にする。

minor

[máɪnər]

□□ 587

重要でない；小さい(⇔ májor ➡ 88)

▶ a minor problem ささいな問題

名 未成年者

□ minórity 名 少数派(⇔ majórity 多数派)；少数民族

▶ be in a [the] minority 少数派である

extraordinary

発 [ɪkstrɔ́:rdənèri]

□□ 588

並はずれた；異常な，驚くべき

▶ an extraordinary amount of work 異常な量の仕事

□ extraòrdinárily 副 並はずれて

stable

[stéɪbl]

□□ 589

安定した(⇔ ùnstáble 不安定な)；動じない

名 馬小屋；同一組織に属する人々

□ stábilize 動 を安定させる

□ stabílity 名 安定(性)(⇔ instabílity 不安定)

flexible

[fléksəbl]

□□ 590

融通の利く，柔軟な

□ flèxibílity 名 柔軟性；順応性

□ flex 動 を曲げる；曲がる

□ fléxtìme 名 フレックスタイム(制)

brief

[bri:f]

□□ 591

簡潔な；短い

▶ to be brief 手短に言えば(≒ in brief)

名 摘要，概要

動 を要約する；に事前に指示を与える

□ bríefly 副 少しの間；手短に

□ bríefing 名 事前の説明

aggressive

[əgrésɪv]

□□ 592

攻撃的な；意欲的な

□ aggréssion 名 侵略；侵害

visible

[vízəbl]

□□ 593

(目に)見える(⇔ invísible 見えない)；明白な

▶ be visible to the naked eye 肉眼で見える

□ vìsibílity 名 目に見えること；視野

□ vísion 名 視力；展望

unexpected

[ʌ̀nɪkspéktɪd]

□□ 594

思いがけない，不意の

▶ an unexpected guest 不意の客

□ ùnexpéctedly 副 思いがけなく，不意に

□ expéct 動 を予期する；を期待する

The mechanic found that there were **minor** problems with the car.	整備士はその車にささいな問題があるのを見つけた。
He has **extraordinary** knowledge in the area of organic chemistry.	彼は有機化学の分野において並はずれた知識を持っている。
Fair-trade helps workers in coffee farms live more **stable** lives.	フェアトレードはコーヒー農園の労働者がより安定した生活を送るのを助ける。
Many IT companies are adopting **flexible** working hours.	多くのIT企業は融通の利く勤務時間制を採用しつつある。
I have tried to keep my explanation **brief**.	私は自分の説明を簡潔にしておこうと努めた。
She has an **aggressive** attitude to her junior colleagues.	彼女は職場の後輩に対し攻撃的な態度をとる。
The shampoo had a clearly **visible** effect on her hair.	そのシャンプーは彼女の髪の毛にはっきりと目に見える効果があった。
There was an **unexpected** delay in the arrival of my train.	私が乗る列車の到着に思いがけない遅れがあった。

ethnic [éθnɪk] □□ 595	民族の，人種の；民族特有の ▶ an ethnic minority（ある社会の）少数民族集団 □ ethnícity 图 民族性
alien 🔈 [éɪliən] □□ 596	（～にとって）異質の(to)；外国の；宇宙人の ▶ an alien culture 外国文化 图 外国人；宇宙人 □ álienàte 動 を疎外させる
initial 🔈 [ɪníʃəl] □□ 597	初めの 图 頭文字，イニシャル □ inítially 副〔文修飾〕初めは[に] □ inítiàte 動 を新たに始める；に手ほどきをする □ inìtiátion 图 開始；入会(式) □ inítiative 图 主導権；新構想[計画]
exact [ɪgzǽkt] □□ 598	正確な；まさにその ▶ to be exact 厳密に言えば □ exáctly 副 正確に；まさに；（返答で）まさにそのとおり
precise 🔈 [prɪsáɪs] □□ 599	正確な(≒ exáct)；精密な；まさにその ▶ to be precise 正確に言うと □ precísely 副 正確に；まさしく □ precísion 图 正確；精度
latter [lǽtər] □□ 600	後者の(⇔ fórmer 前者の)，後半の ▶ the latter half of the 20th century 20世紀後半 图（the ～）(二者のうちの)後者(⇔ the former 前者) ▶ 受ける名詞が単数なら単数扱い，複数なら複数扱い。

Britain is a society with a rich ethnic diversity.	イギリスは豊かな民族的多様性を有する社会である。
Giving a tip at a restaurant is a habit alien to most Japanese people.	レストランでチップを渡すことはたいていの日本人にとって異質の習慣である。
Initial treatment is crucial for those with breast cancer.	初期の治療が乳癌にかかった人にとって重大である。
She tried to make an exact copy of the Mona Lisa.	彼女はモナ・リザの正確な模写を描こうとした。
The precise height of the tower is 634 meters.	そのタワーの正確な高さは634メートルである。
The latter group in the experiment showed better results than the other group.	実験の後半のグループのほうがもう一方のグループよりよい結果を出した。

動詞編

commit
[kəmít]
□□ 601

〔commit *oneself* または受身形で〕献身する；(罪など)を犯す；を投入する

TG be committed to 〜「〜に献身する」

▶ commit *oneself* to 〜 と言い換えられる。
▶ commit a crime [an offense] 罪を犯す
□ commitment 图 約束；かかわり；献身，傾倒
▶ make a commitment to *do* [*doing*] …すると約束する
□ commíssion 图 委員会；委任
□ committee 图 委員会

stimulate
⑦ [stímjulèit]
□□ 602

を刺激する

▶ simulate「をシミュレーションする，まねる」と区別。
□ stímulus 图 刺激
▶ 複数形は stimuli [stímjulài]。

enhance
[ɪnhǽns]
□□ 603

(価値など)を高める，増す

▶ improve, increase の意味を持つ。
□ enhancement 图 (価値などの)向上，増強
□ enhanced 形 (価値や性能が)強化された

pursue
⑦ [pərsjúː]
□□ 604

を追求する；に従事する

▶ pursue a career in 〜 〜(の分野)で仕事に従事する
□ pursuit 图 追求；遂行
▶ in pursuit of 〜 〜を追求[追跡]して

react
[riǽkt]
□□ 605

反応する；化学反応を起こす

TG react to 〜「〜に反応する」

▶ react against 〜 に反発する
□ reaction 图 反応；反発
□ reactive 形 反応型の，受け身の；反応する

disagree
⑦ [dìsəgríː]
□□ 606

不賛成である；意見が食い違う

▶ disagree with 〜「〜と意見が合わない」
□ dìsagréeable 形 不愉快な，不快な
□ dìsagréement 图 不一致，不賛成

She is **committed** to managing her company.	彼女は自分の会社の経営に専念している。
A good foreign policy **stimulates** the economy.	すぐれた外交政策は経済を刺激する。
Some say that traveling abroad will **enhance** your job opportunities.	海外旅行が仕事の機会を増やすことになると言う人がいる。
I hope to **pursue** my own interests at a university.	私は大学で自分自身の興味を追求することを望んでいる。
Life is decided by how you **react** to what happens to you.	人生は自分の身に起こることにどう反応するかによって決定される。
Most of the audience **disagreed** with the speaker's opinions.	聴衆の大半は演説者の意見に不賛成であった。

stare
[steər]
□□ 607

じっと見る；を見つめる
[TG] **stare at** ～「～をじっと見る」
▶ stare him in the face 彼の顔を見つめる
[名] じっと見つめること

abandon
[əbǽndən]
□□ 608

を捨てる；を放棄する，断念する
▶ abandon *one's* own child 自分の子供を捨てる
□ abándonment [名] 遺棄，放棄

quit
[kwɪt]
□□ 609

をやめる；(場所)を去る
▶ 活用：quit - quit - quit (quitted はまれ)
▶ quit *doing* …するのをやめる

capture
[kǽptʃər]
□□ 610

をとらえる；をとりこにする
▶ a captured soldier 捕虜になった兵士
[名] 捕獲，逮捕；捕虜
□ cáptive [形] とらわれた　[名] 捕虜

transfer
[アク] [trænsfə́ːr]
□□ 611

を移す；を伝える；移る；乗り換える
[名] [trǽnsfəːr] 移動；乗り換え

bother
[bɑ́(ː)ðər]
□□ 612

を悩ます；(～を)気にかける(about / with)
▶ bother to *do* 〔通例否定文で〕わざわざ…する(≒ bother *doing*)
▶ Don't bother. それには及びません。
[名] 面倒；厄介な事[人]

persuade
[発] [pərswéɪd]
□□ 613

を説得する；に確信させる
[TG] **persuade** ～ **to** *do*「～を説得して…させる」
▶ 説得が成功してその行動をとらせたことを意味する。成功したかどうかわからない場合は try to persuade と言う。
▶ persuade ～ into *doing* と言い換えられる。
□ persuásion [名] 説得(力)
□ persuásive [形] 説得力のある

rent
[rent]
□□ 614

を賃借りする；を賃貸しする
▶ rend(を引き裂く)の過去(分詞)形と区別。
[名] 地代，家賃；レンタル料
□ réntal [名] 賃貸料　[形] 賃貸の

She **stared** at the unexpected visitor for a while.	彼女はしばらくの間その思いがけない訪問者をじっと見た。
Some of the population is likely to **abandon** the polluted city.	住民の一部は汚染された都市を見捨てる可能性がある。
He had to **quit** the job due to his poor health.	彼は体調不良により仕事を辞めなくてはならなかった。
His approach seems to **capture** the essential characteristics of visual art.	彼の手法は視覚芸術の本質的特徴をとらえているように思える。
The gallery will **transfer** one item of its collection to a Tokyo art museum.	その美術館は収蔵品の1点を東京の美術館に移す予定である。
The high **humidity** in this country sometimes **bothers** foreign visitors.	この国の高い湿度は外国人観光客を悩ませることがある。
I managed to **persuade** her to accept our offer.	私はなんとか彼女を説得して私たちの申し出を受け入れさせた。
I need to **rent** an apartment in Osaka.	私は大阪でマンションの一室を賃借りする必要がある。

breed [briːd] □□ 615	を**繁殖させる，育てる**；繁殖する ▶ 活用：breed - bred - bred ▶ be bred to *do* …するように育てられる 图 品種，系統；種類
invest [ɪnvést] □□ 616	(を)**投資する**；に(〜を)与える(with) **TG** invest *A* in *B*「A(金など)をBに投資する」 ▶ invest in 〜 〜に投資する □ invéstment 图 投資；投入 □ invéstor 图 投資家
reserve ⑱ [rɪzə́ːrv] □□ 617	を**予約する**；を取っておく；(判断など)を保留する ▶ reserve a good spot for her 彼女のためにいい場所を取っておく 图 蓄え；遠慮；保護区 □ resérved 圏 遠慮した；予約した □ rèservátion 图 予約；遠慮
trace [treɪs] □□ 618	(足跡・起源など)を**たどる**；を捜し出す **TG** be traced back to 〜「〜までさかのぼる」 图 形跡，痕跡；微量 ▶ a trace of 〜 ごくわずかの〜 □ tràceabílity 图 追跡可能性，トレーサビリティ
illustrate ⑦ [íləstrèɪt] □□ 619	を**説明する**；に挿絵を入れる □ ìllustrátion 图 挿絵；例；説明
advise ⑱ [ədváɪz] □□ 620	に**忠告[助言]する**；(を)助言する ▶ advise 〜 to *do*「〜に…するよう忠告する」 ▶ advise (〜) that *A* (should) *do* (〜に)Aが…するように助言する □ advíce 图 忠告，助言；勧告 ▶ ask 〜 for advice 〜に助言を求める □ advísedly [ədváɪzɪdli] 圖 熟慮の上で
convey ⑦ [kənvéɪ] □□ 621	を**伝える**；を運ぶ，運搬する ▶ convey a message to 〜 〜にメッセージを伝える □ convéyance 图 運搬；伝達

It can be difficult to **breed** wild animals in a zoo.	動物園で野生動物を繁殖させるのは難しいことがある。
He **invested** some of his money in high-tech stocks.	彼は自分の金の一部をハイテク株に投資した。
She **reserved a flight** for New York three months ahead of time.	彼女は出発日の3か月前にニューヨーク行きの航空便を予約した。
The history of Western theater can be **traced** back to ancient Greece.	西洋演劇の歴史は古代ギリシャにまでさかのぼることができる。
The professor **illustrated** his theory with diagrams.	教授は図を使って自身の理論を説明した。
The doctor **advised** Ella to avoid eating dairy products.	医師はエラに乳製品をとるのを避けるように忠告した。
It is said that smiles **convey** many different emotions.	ほほえみは多くの異なる感情を伝えると言われる。

attach
[ətǽtʃ]
□□ 622

を(取り)付ける；を付与する
[TG] attach *A* to *B*「BにAを付ける」
▶ be attached to ～ ～に愛着を抱いている
▶ attach importance to ～ ～を重視する
□ attáchment [名] 取り付け；付属品；愛着

stretch
[stretʃ]
□□ 623

を伸ばす；を広げる；伸びる；及ぶ
▶ stretch *one's* patience to the limit 我慢の限界に達する
[名] (一続きの)広がり；期間；伸ばす[伸びる]こと
□ strétcher [名] 担架，ストレッチャー

puzzle
[pʌ́zl]
□□ 624

を当惑させる
▶ be puzzled by [about, as to, at] ～ ～に当惑する
[名] なぞ，難問；パズル

disturb
[dɪstə́ːrb]
□□ 625

をかき乱す；を妨害する；を動揺させる
▶ I'm sorry to disturb you (, but ...) お邪魔してすみません(が…)
□ distúrbance [名] 妨害；動揺；騒動

crash
[kræʃ]
□□ 626

衝突する，墜落する；をぶつけて壊す
[TG] crash into ～「～に衝突する」
▶ clash「対立する；ぶつかる」，crush「を押しつぶす」と区別。
[名] 衝突；墜落

cope
[koup]
□□ 627

うまく処理する
[TG] cope with ～「～に対処する」

permit
[アク] [pərmít]
□□ 628

を許可する(≒ allów)(⇔ forbíd ➡ 1013)
[TG] permit ～ to *do*「～に…するのを許す」
[名] 許可証；免許証
□ permíssion [名] 許可

impress
[アク] [ɪmprés]
□□ 629

を感動させる；に印象を与える
[TG] be impressed with [by] ～「～に感動する」
□ impréssion [名] 印象；感銘
□ impréssive [形] 印象的な

To apply for a passport, he **attached** his photo to the form.	パスポートを申請するのに，彼は申請書に写真を貼り付けた。
She stood up and **stretched** her arms forward.	彼女は立ち上がり両腕を前に伸ばした。
Her strange behavior at the party **puzzled** us.	パーティーでの彼女の奇妙な行動は私たちを当惑させた。
Humans should never **disturb** the balance of the natural world.	人間は決して自然界のバランスをかき乱してはならない。
He drove off the road and **crashed** into a tree.	彼の車は道路をはずれて，木に衝突した。
I have no idea how to **cope** with this problem.	この問題にどう対処すればよいか私にはまったくわからない。
The guard didn't **permit** us to enter the building.	守衛は私たちがビルに入るのを許さなかった。
I was **impressed** by the beautiful view from the top of the mountain.	私は山頂からの美しい景色に感動した。

suspect ⑰ [səspékt] □□ 630	**ではないかと思う；(人)を疑う** **⑯ suspect that ...**「…ではないかと思う」 ▶ suspect A of B　A に B の疑いをかける 名 [sʌ́spekt] 容疑者 形 [sʌ́spekt] 疑わしい；不審な □ suspícion 名 疑い □ suspícious 形 疑わしい
upset ⑰ [ʌ̀psét] □□ 631	**を動揺させる；をだめにする** ▶ 活用：upset - upset - upset ▶ be upset about [by] ~　~に取り乱す，動揺する 名 動揺；混乱 形 動揺して；(胃腸が)具合の悪い
frighten 発 [fráitən] □□ 632	**(人)を怖がらせる** ▶ be frightened at [by] ~ 「~にぎょっとする，おびえる」 ▶ be frightened of ~　~を怖がっている □ fríghtening 形 恐ろしい □ fright　　名 激しい恐怖
import ⑰ [ɪmpɔ́ːrt] □□ 633	**を輸入する**(⇔ expórt (を)輸出する)；**を取り込む** 名 [ímpɔːrt] 輸入(品)；(通例 the ~)趣旨；重要性 ▶ the import of his speech 彼の演説の趣旨 □ importátion 名 輸入
export ⑰ [ɪkspɔ́ːrt] □□ 634	**(を)輸出する**(⇔ impórt を輸入する) 名 [ékspɔːrt] 輸出(品) □ èxportátion 名 輸出
investigate ⑰ [ɪnvéstɪgèɪt] □□ 635	**を調査する；を究明する；(~を)調査する**(into) □ invèstigátion 名 調査，捜査 ▶ the Federal Bureau of Investigation (米国)連邦捜査局(FBI) □ invéstigàtor 名 捜査員
monitor [má(:)nətər] □□ 636	**を監視する；を傍受する** ▶ Your phone calls are monitored. あなたの通話は傍受されている。 名 監視テレビ；監視員

I **suspect** that she told a lie.	私は彼女がうそをついたのではないかと思う。
Don't **upset** yourself over such a tiny mistake.	そんな小さなミスで動揺しないでください。
The little girl was **frightened** by the big dog.	その小さな女の子は大きな犬におびえた。
Japan **imports** most of its energy resources from other countries.	日本はエネルギー資源の大半を他国から輸入している。
Japan mainly **exports** cars and electronic components to the world.	日本は主に自動車と電子部品を世界に輸出している。
Many scientists have **investigated** various types of strange phenomena.	多くの科学者がさまざまなタイプの奇妙な現象を調査してきた。
People may be **monitored** by cameras set all around the city.	人々は市内中に設置されたカメラによって監視されているかもしれない。

calculate アク [kǽlkjulèɪt] □□ 637	を**計算する**；を予測する □ càlculátion 名 計算；予測 ▶ make [do] a calculation 計算する □ cálculàtor 名 計算機
eliminate アク [ɪlímɪnèɪt] □□ 638	を**取り除く** ▶ eliminate *A* from *B*「B から A を取り除く」 □ elìminátion 名 除去，排除
ease 発 [iːz] □□ 639	を**軽減する**；和らぐ；緩む 名 容易さ；気楽さ；軽減 ▶ with ease 容易に ▶ at (*one's*) ease くつろいで
launch 発 [lɔːntʃ] □□ 640	を**開始する**；を売り出す；を発射する 名 発射；進水；開始

名詞編

sequence [síːkwəns] □□ 641	**連続**；一連(のもの) ▶ in [out of] sequence 順番に[順番が狂って] 動 の配列を決定する；を順番に並べる □ sequéntial 形 連続的な
therapy [θérəpi] □□ 642	**療法**；心理療法 ▶ pet therapy ペット療法 □ thérapist 名 治療士 □ thèrapéutic 形 治療の
symptom 発 [sím*p*təm] □□ 643	**症状**；兆候(≒ sign) ▶ a subjective symptom 自覚症状
incident アク [ínsɪdənt] □□ 644	**出来事，事件**；紛争 形 (〜に)付随する，つきものの(to) □ ìncidéntal 形 付随的な，二次的な □ ìncidéntally 副〔文修飾〕ところで □ íncidence 名 (事件・病気などの)発生(率)

| 0 | 800 | 1500 | 1900 |

I have **calculated** the remaining amount of my car loan.	私は車のローンの残額を計算した。
We must figure out measures to **eliminate** crime from society.	私たちは社会から犯罪を取り除く方策を考え出さなくてはならない。
This medicine is used to **ease** stomach pain.	この薬は胃痛を軽減するのに用いられる。
We have sufficient financial resources to **launch** a new business.	私たちは新しいビジネスを始めるのに十分な資金源を持っている。
Identical twins have the same **gene sequence**.	一卵性の双子は同じ遺伝子配列を持っている。
Music therapy has been used for nearly 2,000 years.	音楽療法はほぼ2,000年もの間用いられてきている。
The **symptoms** of cholera are similar to those of Ebola fever.	コレラの症状はエボラ出血熱の症状に似ている。
Many strange **incidents** have happened to me recently.	最近私に多くの奇妙な出来事が起こっている。

witness

[wítnəs]

☐☐ 645

目撃者(≒ éyewìtness)；証人；証拠，証言
- ▶ give [bear] witness to ～ ～の証言をする，～の証拠となる
- 動 を目撃する

---

sum

[sʌm]

☐☐ 646

(金)額；合計；要点
- ▶ a large [small] sum of money 多[少]額の金
- ▶ in sum 要するに
- 動 〔sum up で〕を要約する
- ▶ to sum up 要するに
- ☐ súmmary 名 要約，まとめ
- ☐ súmmarìze 動 (を)要約する

---

burden

[bə́ːrdən]

☐☐ 647

負担；(重い)義務；積み荷
- ▶ bear [carry] a burden 重荷を背負う；責任を負う
- ▶ share a burden 責任[負担]を分担する
- 動 に負担をかける；を悩ます

---

tone

[toun]

☐☐ 648

口調；音色；雰囲気；色調
- 🔟 a tone of voice「口調」
- 動 (身体・筋肉など)を引き締める；の調子を変える
- ☐ mónotòne 名 (話し方・文体などの)単調

---

honor

🔺 [ɑ́(ː)nər]

☐☐ 649

光栄；名誉(⇔ dishónor 不名誉)；敬意
- ▶ in honor of ～ ～を記念して；～に敬意を表して
- ▶ do ～ the honor of *doing* …して～の名誉を保つ
- ▶ graduate with honors 優等で卒業する
- 動 に栄誉を与える；を敬う
- ☐ hónorable 形 尊敬すべき

---

award

🔺 [əwɔ́ːrd]

☐☐ 650

(～の)賞(for)；(証書などの)授与
- ▶ an Academy Award アカデミー賞
- 動 に(～の)賞を与える，授与する
- ▶ award *A B* A(人)に B(賞など)を与える(= award *B* to *A*)

---

priority

🔺 [praiɔ́(ː)rəti]

☐☐ 651

優先(事項)
- ▶ a top [first] priority 最優先事項
- ☐ príor 形 先の，前もっての；優先する

The police are searching for the **witnesses** to the accident.	警察はその事故の目撃者を捜索している。
The government spent a large **sum** of money on energy projects last year.	政府は昨年エネルギー事業に多額の金を費やした。
The government should lighten the tax **burden** on low-income earners.	政府は低所得者に対する税負担を軽減すべきである。
You need to use an appropriate **tone** of voice when you speak.	話すときは適切な口調を用いる必要がある。
She considered it an **honor** to give a speech at the wedding.	彼女は結婚式でスピーチをすることを光栄だと思った。
He won a major **award** for his painting.	彼は自作の絵画で主要な賞を獲得した。
The newspaper gives **priority** to providing accurate information.	その新聞は正確な情報を提供することを優先させる。

logic
[lá(:)dʒɪk]
□□ 652

論理；道理；論理学
▶ 語源はギリシャ語の logike「理性的思考の技法」。
□ lógical 形 論理的な；当然の

minimum
[mínɪməm]
□□ 653

最小限度(⇔ máximum → 965)
▶ at a minimum 最低でも
形 最小(限度)の，最低限の
□ mínimal 形 最小の
□ mínimalìsm 名 ミニマリズム，最小限主義

exception
俚 [ıksépʃən]
□□ 654

(〜の)例外(to)
▶ without exception 例外なく
□ excépt 前 〜を除いて 動 を除外する
▶ except for 〜 〜を除いては
□ excéptional 形 例外的な
□ excéptionally 副 並はずれて，例外的に

clue
[klu:]
□□ 655

(〜の)手がかり(to / about)；(パズルの)ヒント
▶ not have a clue about 〜 〜について何も知らない
□ clúeless 形 何も知らない，愚かな

bond
[bɑ(:)nd]
□□ 656

絆；債券；束縛；接着剤
動 (を)接着する
□ bóndage 名 奴隷の境遇；束縛(状態)

virus
俚 [váɪərəs]
□□ 657

ウイルス；(感染症の)病原体
▶ computer virus コンピューターウイルス
□ víral 形 ウイルスの[による]

surgery
俚 [sə́:rdʒəri]
□□ 658

(外科)手術；外科，外科医学
▶ have [undergo] surgery「(外科)手術を受ける」
▶ cosmetic surgery 美容外科
□ súrgical 形 外科の，外科的な；外科医の
□ súrgeon 名 外科医

insurance
[ınʃúərəns]
□□ 659

保険；保険料；保険金
▶ car [unemployment] insurance 自動車[失業]保険
形 保険の
□ insúre 動 に保険をかける

The speaker explained his main point using clear logic.	その演説者は明快な論理を使って自身の要点を説明した。
People riding trains usually try to keep the noise level to a minimum.	電車に乗っている人は普通，雑音レベルを最小限に保とうとする。
There is no exception to his regular life.	彼の規則正しい生活に例外はない。
Research in physics may give us clues to understanding the universe.	物理学の研究は宇宙を理解する手がかりを私たちに与えるかもしれない。
The bond between the two sisters is very strong.	その2人姉妹の間の絆は非常に強い。
She might have been infected with the influenza virus.	彼女はインフルエンザウイルスに感染したかもしれない。
One's eyesight might be improved with laser surgery.	レーザー手術により視力が改善されることもある。
Foreign workers in Japan easily get access to Japanese health insurance.	日本在住の外国人労働者は容易に日本の健康保険を利用することができる。

frame

[freim]

□□ 660

枠，（額）縁；骨組み；体格

▶ a frame of mind「心の状態，考え方」
▶ a frame of reference 準拠体系，価値観

動 を枠にはめる；を組み立てる

shelter

[ʃéltər]

□□ 661

避難（所），保護

🆀 find [take] shelter「避難する」
▶ provide shelter for ～ ～を保護する
▶ food, clothing and shelter 衣食住

動 を保護する；をかくまう

territory

[térətɔ̀ːri]

□□ 662

領土；（活動の）領域；（動物の）テリトリー

▶ an occupied territory 占領地域
□ tèrritórial 形 領土の；土地の

boundary

[báundəri]

□□ 663

境界（線）；〔通例～ries〕限界

▶ draw a boundary 境界線を引く

habitat

[hǽbitæt]

□□ 664

生息地；（人の）居住地

□ hàbitátion 名 居住
□ inhábit 動 に住んでいる，生息する
□ inhábitant 名 住民；生息動物

district

⑦ [dístrikt]

□□ 665

地区；行政区

▶ a residential district 住宅地区
▶ a district court 图 地方裁判所
▶ the District of Columbia コロンビア特別区（D.C.）

conservation

[kà(ː)nsərvéiʃən]

□□ 666

（動植物などの）保護；保存

□ cònservátionist 名 自然保護論者
□ consérve 動 （環境・資源）を保護する
□ consérvative 形 保守的な 名 保守的な人

harvest

⑦ [háːrvist]

□□ 667

収穫（物）；収穫期；漁獲高

▶ a bumper [poor] harvest 豊作[不作]
▶ the harvest of the sea 漁獲高

動 を収穫する；（成果など）を収める

He put his most recent photo in a **frame**.	彼は自分のごく最近の写真を額縁に入れた。
People took **shelter** from sudden hard rain in a roofed structure.	人々は突然の激しい雨から屋根付きの建物に避難した。
Singapore has increased the size of its **territory** by 20 percent using sand.	シンガポールは砂を使って領土面積を20パーセント増やした。
Social media has broken down the **boundary** between the public and private.	ソーシャルメディアは公私の境界線をなくした。
We have destroyed the natural **habitat** of animals for human development.	私たちは人間による開発のために動物の自然生息地を破壊してきた。
Thirty percent of driving in business **districts** is spent looking for parking.	商業地区での車の運転の30%は駐車スペースを探すことに費やされる。
We should spend more time and money on nature **conservation**.	私たちは自然保護にもっと多くの時間と金を費やすべきである。
We expect to have a good **harvest** of crops this year.	私たちは今年，作物の収穫が多いことを期待している。

predator
[prédətər]
□□ 668

捕食動物；略奪者
□ prédatòry [形] 捕食性の；略奪の

trap
[træp]
□□ 669

わな；苦境
▶ fall into a trap「わなにはまる」
▶ set a trap for ～ ～にわなをしかける
[動] を閉じ込める；をわなで捕らえる

trick
[trɪk]
□□ 670

こつ；策略；いたずら；芸当
▶ play a trick on ～ ～にいたずらをする
[動] をだます；をだまして(～)させる(into)
□ trícky [形] 慎重な扱いを要する；巧妙な；ずるい

fault
[発] [fɔːlt]
□□ 671

〔通例 *one's* ～〕**責任**；欠点；誤り
▶ at fault (for ～) (過失などに)責任があって
▶ find fault with ～ ～の欠点を指摘する，あらを探す
[動] を非難する

discount
[アク] [dískaunt]
□□ 672

割引
▶ at a discount「割引して」
[動] を割り引く；を軽視する

bias
[báɪəs]
□□ 673

偏見；傾向
▶ have a strong bias against ～ ～に強い偏見を持つ
[動] を偏らせる
▶ be biased (against ～) (～に対して)偏見を持っている

cooperation
[kouà(:)pəréɪʃən]
□□ 674

協力，共同
▶ international cooperation 国際協力
□ coóperàte [動] 協力する
□ coóperative [形] 協力的な

patent
[発] [アク] [pǽtənt]
□□ 675

特許(権)；特許品
▶ apply for a patent 特許を申請する
▶ hold a patent 特許権を持つ
[形] 特許の
[動] の特許を得る

Small animals need to protect themselves from large **predators** like tigers.	小さな動物はトラのような大きな捕食動物から身を守る必要がある。
Don't fall into the trap of buying something just because it is on sale.	ただ安売りされているというだけで何かを買うというわなにはまってはいけない。
I know some **tricks** for studying effectively before the test.	私はテスト前に効果的に勉強するためのいくつかのこつを知っている。
It is my **fault** that we are late for the concert.	私たちがコンサートに遅れたのは私の責任です。
Customers with store membership can buy books at a 20 percent **discount**.	店の会員客は20パーセント割引で本を購入することができる。
She suspects gender **bias** in the company's salaries for women.	彼女は会社の女性の給料に性別による偏見があるのではと疑っている。
Laughter promotes **cooperation** and positive communication with one another.	笑いはお互いの協力と積極的な意思の疎通を促進する。
Edison obtained his first **patent** for his invention in his early twenties.	エジソンは20代前半に彼の発明に対する最初の特許を取得した。

dialogue [dáɪəlɔ̀(ː)g] ☐☐ 676	対話，会話；意見の交換
	動 対話[交渉]する；を会話体で表現する
	☐ mónològue 名 独白；長話

component [kəmpóʊnənt] ☐☐ 677	構成要素；部品
	形 構成要素としての

reputation [rèpjutéɪʃən] ☐☐ 678	評判；名声
	▶ have a reputation for ～「～という評判がある」
	☐ repúte 動 (be reputed to be で)～であると評される 名 評判；名声

形容詞編

verbal [vɔ́ːrbəl] ☐☐ 679	言葉の；口頭での；動詞の
	▶ verbal communication 言語による意思疎通
	☐ vérbally 副 口頭で；言葉で
	☐ nònvérbal 形 言葉によらない

internal ⑦ [ɪntɔ́ːrnəl] ☐☐ 680	内部の(⇔ extérnal → 989)；国内の；内面的な
	▶ internal affairs 国内事情
	☐ intérnally 副 内部に；国内で

solid [sá(ː)ləd] ☐☐ 681	しっかりした；硬い；固体の
	▶ solid fuel 固形燃料；(ロケットの)固体燃料
	名 固体；固形物
	☐ solídifỳ 動 を固める；固まる

remote [rɪmóʊt] ☐☐ 682	(～から)遠く離れた(from)；かけ離れた
	▶ a remote relative 遠い親戚

principal [prínsəpəl] ☐☐ 683	主要な；資本金の
	▶ principle「原則」と同音。
	名 囲 校長；上司；当事者；元金

sophisticated ⑦ [səfístɪkèɪtɪd] ☐☐ 684	高性能の，精巧な；洗練された
	▶ a smart, sophisticated woman 賢い，洗練された女性
	☐ sophìsticátion 名 洗練；教養

| 0 | 800 | 1500 | 1900 |

The **dialogue** between two characters in the play was very funny.	その劇の中での2人の登場人物の会話はとてもおかしかった。
Carbon is an essential **component** of all living cells.	炭素はすべての生細胞に不可欠な構成要素である。
British food has a **reputation** for not being tasty.	イギリスの食べ物はおいしくないという評判がある。
To receive **verbal** messages clearly, you need good listening skills.	言葉によるメッセージをはっきりと受け取るには，すぐれた聞き取りの技能が必要である。
Some Japanese firms are making English their **internal** office language.	一部の日本の会社は英語を自分たちの社内言語にしつつある。
At present, we have no **solid** evidence of life on other planets.	目下のところほかの惑星に生物が存在するという確たる証拠はない。
My hometown lies **remote** from cities.	私の故郷は都市から離れた所にある。
Computer programming is his **principal** source of income.	コンピュータープログラミングが彼の主要な収入源である。
There is a huge demand for **sophisticated** translation software.	高性能な翻訳ソフトに対する大きな需要がある。

equivalent [アク] [ɪkwívələnt] □□ 685	**等しい，相当する** [TG] **be equivalent to ～** 「～と等しい，～に相当する」 [名] (～に)相当する[等しい]もの(for / of) ▶ FRB is the American equivalent of the Bank of Japan. FRBはアメリカで日本銀行に相当するものである。
rational [rǽʃənəl] □□ 686	**理性的な**；合理的な □ rátionalìsm [名] 合理主義 □ rátionalìze [動] を合理化する □ irrátional [形] 不合理な；分別のない
relevant [アク] [réləvənt] □□ 687	**関係がある**；適切な ▶ be relevant to ～「～と関係がある」 □ rélevance [名] 関連(性)；妥当性 □ irrélevant [形] (～と)無関係の(to)；不適切な
absolute [ǽbsəljù:t] □□ 688	**絶対的な**(⇔ rélative 相対的な) ▶ in absolute terms それだけで見れば ▶ absolute pitch 絶対音高；絶対音感 □ ábsolùtely [副] 完全に；〔返答で〕まったくそのとおり
frequent [アク] [frí:kwənt] □□ 689	**頻繁な** [動] [frɪkwént] をよく訪れる □ fréquently [副] しばしば，頻繁に □ fréquency [名] 頻度；頻発；周波数
permanent [pə́:rmənənt] □□ 690	**永続的な**(⇔ témporàry ➡ 793) □ pérmanently [副] 永久に；いつも
intense [ɪnténs] □□ 691	**強烈な**；熱烈な □ inténsity [名] 強烈さ □ inténsifỳ [動] を強化する，増す □ inténsive [形] 集中的な
meaningful [mí:nɪŋfəl] □□ 692	**意味のある** ▶ a meaningful smile 意味ありげなほほえみ □ méaningless [形] 無意味な；重要でない

| 0 | 800 | 1500 | 1900 |

The price of this painting is **equivalent** to his month's salary.	この絵画の値段は彼の月収に相当する。
In decision-making, we should use the **rational** part of the mind.	決定を下すとき，私たちは精神の理性的な部分を使うべきである。
The police are collecting **relevant** information for solving the case.	警察はその事件を解決するために関連情報を集めている。
A car is an **absolute** necessity for people living in the countryside.	田舎に住んでいる人々にとって車は絶対に必要なものである。
Human brains seem to be changing due to **frequent** use of the Internet.	人間の脳はインターネットの頻繁な使用のせいで変化しているように思える。
The accident caused **permanent** damage to the man's back.	その事故はその男性の背中に永続的な損傷を与えた。
Fear is such an **intense** emotion that you can feel your heart pumping fast.	恐怖は非常に強烈な感情なので，自分の心臓が速く鼓動するのを感じることができる。
He started doing volunteer activities to make his life more **meaningful**.	彼は人生をより意味のあるものにするためにボランティア活動をし始めた。

evil	邪悪な；有害な
発 [íːvəl]	▶ be possessed by an evil spirit 悪霊にとりつかれる
□□ 693	名 害悪；悪
	▶ a necessary evil 必要悪

extinct	絶滅した；廃止された
[ɪkstíŋkt]	飛 become [go] extinct「絶滅する」
□□ 694	▶ an extinct species 絶滅種
	□ extínguish 動 を絶滅させる；を消す
	□ extínction 名 絶滅

random	無作為の；手当たり次第の
[rǽndəm]	▶ a random guess 当て推量
□□ 695	▶ at random 無作為に；手当たり次第に

raw	生の；未加工の
発 [rɔː]	▶ raw material 原(材)料
□□ 696	▶ eat meat raw 肉を生で食べる

rude	無礼な(⇔ políte 礼儀正しい)；粗野な
[ruːd]	▶ It is rude of A to do「…するとは A は失礼である」
□□ 697	(= A is rude to do)

mere	単なる，ほんの
発 [mɪər]	□ mérely 副 単に(≒ ónly)
□□ 698	

tropical	熱帯の
[trɑ́(ː)pɪkəl]	▶ a tropical (rain) forest 熱帯(雨)林
□□ 699	□ trópic 名 回帰線；(the ~s)熱帯地方

forth	前へ，先へ；それ以降
[fɔːrθ]	▶ back and forth「前後に，行ったり来たり」
□□ 700	▶ ~ and so forth ～など
	□ fòrthcóming 形 来るべき，今度の

He believes that no one would willingly commit an **evil** act.	だれも進んで邪悪な行為をすることはないと彼は信じている。
Every year an increasing number of animals are becoming **extinct**.	毎年ますます多くの動物が絶滅している。
The research team collects their samples using **random** selection.	その研究チームは無作為抽出を使ってサンプルを集める。
She has never eaten **raw** fish.	彼女は一度も生魚を食べたことがない。
To talk without making any eye contact is a **rude** behavior.	アイコンタクトをまったくせずに話をすることは無礼な行為である。
He is a **mere** child, so he said some silly things.	彼はほんの子供なのでばかげたことを言った。
She was born and brought up in a **tropical** country.	彼女は熱帯の国で生まれ育った。
When you read, your eyes **move back and forth** across a sentence.	本を読むとき，目はセンテンスの上を前後に動く。

動詞編

possess
宙 ⑦ [pəzés]
□□ 701

を**所有している**；の心をとらえる
▶ be possessed by [with] ～　～に取りつかれている
□ posséssion 名 所有；(～s)財産

dominate
[dá(:)mɪnèɪt]
□□ 702

を**支配する**；(～より)優勢である(over)
▶ dominate the oil industry　石油産業を支配する
□ dòminátion 名 支配；優勢
□ dóminant 形 支配的な，優勢な
□ dóminance 名 優勢

guarantee
宙 ⑦ [gæ̀rəntíː]
□□ 703

を**保証する**
▶ guarantee that ...　…ということを保証する
名 保証(書)；確約；担保
▶ under guarantee　保証期間内で

melt
[melt]
□□ 704

溶ける；なごむ；を溶かす
▶ a melting pot　(人種の)るつぼ
□ méltdòwn 名 炉心溶融；株価の大暴落

embarrass
[ɪmbǽrəs]
□□ 705

に**恥ずかしい思いをさせる**
▶ be embarrassed (about [at] ～)
　「(～に)恥ずかしい思いをする」
□ embárrassment 名 当惑，困惑

discourage
[dɪskə́ːrɪdʒ]
□□ 706

(人)に**やる気をなくさせる**；を落胆させる
(⇔ encóurage ➡ 30)
囮 discourage ～ from doing
　「～に…する気をなくさせる」
▶ be discouraged at ～　～に落胆する
□ discóuragement 名 落胆

detect
[dɪtékt]
□□ 707

を**感知する**；を見つけ出す；に気づく
□ detéction 名 発見；捜査
□ detéctive 名 刑事；探偵　形 探偵の；探知用の
□ detéctable 形 探知できる

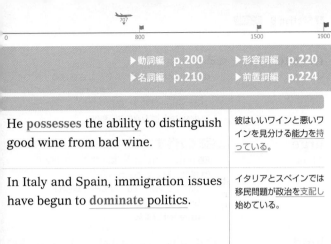
He **possesses** the ability to distinguish good wine from bad wine.	彼はいいワインと悪いワインを見分ける能力を持っている。
In Italy and Spain, immigration issues have begun to **dominate** politics.	イタリアとスペインでは移民問題が政治を支配し始めている。
The book's popularity **guaranteed** the success of the film version.	その本の人気は映画版の成功を保証した。
Metal **melts** at a certain temperature.	金属はある温度で溶ける。
We need not be **embarrassed** about what we don't know.	私たちは知らないことについて恥ずかしい思いをする必要はない。
Low interest rates **discourage** people from putting money in a bank.	低金利は人々に銀行に預金する気をなくさせる。
A smoke alarm is used to **detect** a fire.	煙探知器は火事を感知するのに使われる。

devote
[dɪvóʊt]
□□ 708

をささげる

TC devote A to B「AをBにささげる, 充てる」
- devote *oneself* to ~ ~に専念する
- □ devótion 名 献身, 専心
- □ devóted 形 献身的な；熱烈な

urge
発 [ə:rdʒ]
□□ 709

に(強く)促す；を強く主張する；を駆り立てる

TC urge ~ to *do*「~に…するように促す」
名 衝動, 駆り立てる力
- have an urge to *do* …する衝動に駆られる
- □ úrgent 形 緊急の
- □ úrgency 名 緊急

lend
[lend]
□□ 710

を貸す(⇔ bórrow を借りる)；(人)に(助言・援助など)を与える
- 活用：lend - lent - lent
- lend A B「AにBを貸す, 与える」(= lend B to A)
- lend a hand (in[with] ~) (~に)手を貸す, 手伝う
- a lending rate 金利, 利率

restrict
[rɪstríkt]
□□ 711

を制限する
- be restricted to ~「~に制限[限定]されている」
- □ restríction 名 制限；規制
- □ restríctive 形 制限する

isolate
[áɪsəlèɪt]
□□ 712

を孤立させる
- be isolated from ~ ~から孤立している
- □ ìsolátion 名 孤立, 分離
- in isolation ほかと切り離して；孤立して
- □ ísolàted 形 孤立した

accompany
[əkámpəni]
□□ 713

に同行する；に付随する
- be accompanied by ~
  「~に付き添われる；~が伴う」
- □ accómpaniment 名 伴奏；添え物

exhaust
発 [ɪgzɔ́:st]
□□ 714

を疲れ果てさせる；を使い尽くす；排気する
- be exhausted by[from] ~「~で疲れ果てる」
- 名 排気(ガス)
- □ exháustion 名 疲労困憊

She has **devoted** a lot of her time to the team's project.	彼女は自分の時間の多くをチームのプロジェクトにささげてきた。
The doctor **urged** the patient to stop eating sweets.	医師は患者に甘い物を食べるのをやめるように促した。
He was kind enough to **lend** me some money.	彼は親切にも私にいくらかのお金を貸してくれた。
The Netherlands **restricted** the use of drugs on farm animals.	オランダは家畜に対する薬品の使用を制限した。
The country has **isolated** itself from the rest of the world.	その国は世界の他の国々から自ら孤立した。
The secretary always **accompanies** the president on business trips.	出張の際，その秘書は常に社長に同行する。
She was **exhausted** from walking all day.	彼女は一日中歩いて疲れ果てた。

annoy [ənɔ́ɪ] □□ 715	を悩ます；〔受身形で〕腹が立つ
	▶ be annoyed about [at, by] ~ ～にいらいらする, 腹が立つ
	□ annóyance 图 いら立ち；腹立たしい事[人]

endanger [ɪndéɪndʒər] □□ 716	を危険にさらす
	□ endángered 形 絶滅の危機にある
	▶ an endangered species 絶滅危惧種
	□ dánger 图 危険
	▶ be in danger (of ~) (～の)危険にさらされている

acknowledge 発 [əkná(ː)lɪdʒ] □□ 717	(事実など)を認める (≒ admít → 406)；に謝意を表す
	▶ acknowledge that ... …だと認める
	□ acknówledgment 图 承認；謝辞

admire [ədmáɪər] □□ 718	に(～のことで)敬服[感心]する (for)
	▶ admire what *one* sees 自分の目に入るものに見とれる
	□ àdmirátion 图 感嘆；賞賛(の的)
	□ admírer 图 崇拝者
	□ admirable [ǽdmərəbl] 形 賞賛に値する

evaluate [ɪvǽljuèɪt] □□ 719	を評価する；を査定する
	▶ evaluate a property 不動産物件を査定する
	□ evàluátion 图 評価, 査定

declare [dɪkléər] □□ 720	を宣言する；を申告する
	▶ declare martial law 戒厳令を布告する
	□ dèclarátion 图 宣言；公表；申告
	▶ the Declaration of Independence (米国)独立宣言

secure ⑦ [sɪkjúər] □□ 721	を確保する；を守る
	▶ secure A B Aのために B を手に入れる (= secure B for A)
	形 確かな；安全な；安心した
	□ secúrity 图 安全(保障)；警備

specialize [spéʃəlàɪz] □□ 722	専門とする；國 (～を)専攻する (in) (≒ 米 májor)
	🔘 specialize in ～「～を専門に扱う」
	□ spécialist 图 専門家
	□ spécialty 图 専門；名物；特色
	□ spécially 副 特に

Linda **annoys** me by telling me her frequent complaints.	リンダは頻繁に不平を言って私を悩ます。
Water pollution can **endanger** people's health.	水質汚染は人々の健康を危険にさらす可能性がある。
Stephen found it difficult to **acknowledge** his mistakes.	スティーブンは自らの過ちを認めるのが難しいことに気づいた。
I **admire** the poet for his unique description of human existence.	私は人間存在に関する特異な描写ゆえにその詩人に敬服する。
Teachers should **evaluate** a student's ability from multiple aspects.	教師は多くの側面から学生の能力を評価するべきである。
The corporation **declared** that they will enter the space industry.	その企業は宇宙産業へ参入することを宣言した。
The government has **secured** a new source of water for its people.	政府は国民のために新しい水源を確保した。
His company **specializes** in the importing of medical equipment.	彼の会社は医療機器の輸入を専門に扱う。

attribute 動 [ətríbjùːt] ☐☐ 723	**(結果など)を(～に)帰する**(to) **熟 attribute A to B**「AをBのせいにする，AをBのおかげと見なす」 名 [ǽtrɪbjùːt] 属性，特性；象徴 ☐ àttribútion 名 帰属；属性；権限
pretend 動 [prɪténd] ☐☐ 724	**(の)ふりをする** **熟 pretend to do**「…するふりをする」 ☐ pretense [príːtens] 名 ふり，見せかけ；弁明
bury 発 [béri] ☐☐ 725	**を埋める**；を埋葬する；を隠す ▶ be buried in a graveyard 墓地に埋葬される ☐ burial [bériəl] 名 埋葬
reverse [rɪvə́ːrs] ☐☐ 726	**を逆転させる**；を反対にする 形 逆の；裏の；(社交ダンスで)左回りの ▶ in reverse order 逆の順序で 名 (the ～)逆，反対；逆転；(車の)バックギア ☐ revérsible 形 逆[裏返し]にできる
resist 発 [rɪzíst] ☐☐ 727	**に抵抗する**；(通例否定文で)を我慢する ▶ resist temptation 誘惑に負けない ☐ resístance 名 抵抗，反抗，妨害 ☐ resístant 形 抵抗力のある，耐性のある
scare [skeər] ☐☐ 728	**をおびえさせる**；を脅す ▶ be scared of ～ ～を怖がる ▶ scare ～ into doing ～を脅して…させる 名 (突然の)恐怖；(多くの人が抱く)不安 ☐ scáry 形 怖い，恐ろしい
imitate 動 [ímɪtèɪt] ☐☐ 729	**をまねる**；を模造する ▶ imitate one's parents 親を見習う ☐ ìmitátion 名 模倣；模造品
assist [əsíst] ☐☐ 730	**(を)援助する**；を手伝う ▶ assist A with [in] B BのことでAを助ける 名 援助；(サッカー・バスケットなどの)アシスト ☐ assístant 名 助手，補佐 ☐ assístance 名 援助，支援

He **attributed** his success in business to good luck.	彼はビジネスでの成功を幸運のおかげと考えた。
She closed her eyes and **pretended** to be asleep.	彼女は目を閉じて眠っているふりをした。
The students **buried** time capsules in a corner of the school grounds.	生徒たちは校庭の一角にタイムカプセルを埋めた。
He got angry and **reversed** his attitude completely.	彼は怒って完全に態度を逆転させた。
Some countries are **resisting** the current trend toward free trade.	自由貿易に向かう現在の傾向に抵抗している国もある。
The **nightmares** that she has been having lately **scared** her.	彼女が最近見ている悪夢が彼女をおびえさせた。
Children **imitate** the actions of others.	子供は他人の行動をまねる。
There are many government programs for **assisting** the elderly.	高齢者を援助する政府の施策はたくさんある。

resemble
[rɪzémbl]
□□ 731

に似ている
▶ resemble ~ in character 「性格が~に似ている」
□ resémblance 图 類似(点)；似ている人[物]
▶ bear[have] a resemblance to ~ ~に似ている

retire
[rɪtáɪər]
□□ 732

(~から)引退する，退職する(from)；退く
▶ retire into the country 田舎に引っ込む
□ retírement 图 引退，退職
▶ go into retirement 隠居する
□ retiree [rɪtàɪərí:] 图 (定年)退職者

neglect
⑦ [nɪglékt]
□□ 733

をおろそかにする，怠る；を無視する
▶ neglect to do …するのを怠る
图 放置，怠慢；無視
▶ child neglect 育児放棄
□ négligence 图 怠慢，手抜かり
□ négligent 形 怠慢な，不注意な

collapse
⑧ [kəlǽps]
□□ 734

崩壊する；(人が)倒れる；を折り畳む
▶ collapse on a sofa ソファーに倒れ込む
图 崩壊；衰弱
▶ the collapse of prices 物価の大暴落

reform
[rɪfɔ́:rm]
□□ 735

を改革する；を改心させる
▶ reform a criminal 犯罪者を改心させる
图 改革；改善
▶ political reforms 政治改革
□ rèformátion 图 改良；改革

protest
⑦ [prətést]
□□ 736

(に)抗議する；を主張する
⑯ protest against ~ 「~に抗議する」
图 [próutest] 抗議(運動)，異議
▶ express a protest 異議を唱える

owe
⑧ [ou]
□□ 737

に借りがある；のおかげである
⑯ owe A B 「AにBを借りている」
▶ owe B to A と書き換えられる。また，「B は A のおかげで
ある」の意味にもなる。
▶ I owe my success to him. 私が成功したのは彼のおか
げだ。
▶ IOU 借用証書(I owe you. と読む)

| 0 | 800 | 1500 | 1900 |

She **resembles** her mother in appearance.	彼女は外見が母親に似ている。
He **retired** from his company at the age of 70.	彼は70歳で会社を退職した。
When we are busy, we tend to **neglect** our health.	私たちは忙しいとき，健康をおろそかにする傾向がある。
If selfishness were seen everywhere, public order would **collapse**.	わがままが至る所で見られるようになったら，社会秩序は崩壊するだろう。
Japan **reformed** its educational system after World War II.	日本は第二次世界大戦後に教育制度を改革した。
He **protested** against the board's decision to close the Osaka office.	彼は大阪支社をたたむという役員会の決定に抗議した。
I know I **owe** you $30 in total.	私はあなたに全部で30ドルの借りがあることはわかっている。

sustain [アク] [səstéɪn] □□ 738	**を持続させる**；を支える ▶ sustain *one's* family 家族を養う □ sustáinable [形] 持続可能な，環境を壊さずに活動が続けられる □ sustàinabílity [名] 持続可能性
assign [発] [əsáɪn] □□ 739	**を割り当てる**；を(～に)配属する(to) ▶ assign *A B*「A に B を割り当てる」(= assign *B* to *A*) □ assígnment [名] 仕事；課題 □ assìgnée [名] 受託者
accomplish [əká(:)mplɪʃ] □□ 740	**を成し遂げる** ▶ be accomplished in [at] ～ ～に熟達している □ accómplishment [名] 達成；業績

名詞編

wisdom [wízdəm] □□ 741	**知恵**；賢明さ；学識 ▶ a man of wisdom 賢人 ▶ a wisdom tooth 親知らず，知恵歯 □ wise [形] 賢明な；博識の
literacy [lítərəsi] □□ 742	**読み書きの能力**；(特定分野の)知識 ▶ computer literacy コンピューター運用能力 □ líterate [形] 読み書きのできる；教養のある □ illíteracy [名] 読み書きできないこと；無学
heritage [発] [hérətɪdʒ] □□ 743	**遺産** ▶ 後世に残すべき文化，自然環境など。 ▶ a World Heritage (site)「世界遺産」
mission [míʃən] □□ 744	**使命**；(外交)使節団；布教 ▶ a diplomatic [trade] mission 外交[通商]使節団 □ míssionàry [名] 宣教師 [形] 伝道の，布教の
license [láɪsəns] □□ 745	**免許(証)**；許可 ▶ grant a license to him 彼に免許を与える [動] を認可する，に許可を与える

The brain, heart and lungs are the vital organs for sustaining human life.	脳，心臓，肺は人間の生命を持続させる必須器官である。
University professors often assign their students group work activities.	大学の教授はよく自分の学生に共同作業活動を割り当てる。
The robot accomplished the task without any help from humans.	そのロボットは人間のいっさいの助けなしでその作業を成し遂げた。
In America, the owl is the symbol of wisdom.	アメリカでは，フクロウは知恵の象徴である。
Literacy rates vary considerably from country to country.	識字率は国によってかなり異なる。
Mt. Fuji was registered as a World Heritage in 2013.	富士山は2013年に世界遺産に登録された。
The research team carried out the mission to discover new plants in the jungle.	その研究チームはジャングルで新しい植物を発見するという使命を遂行した。
He had his driver's license taken away for speeding.	彼はスピード違反で運転免許を取り上げられた。

elite
[ɪlíːt]
□□ 746

〔通例 the 〜〕〔集合的に〕エリート
▶ He is an elite. は誤り。He is one [a member] of the elite. と言う。
形 エリートの，えり抜きの
▶ an elite corps えり抜きの集団

layer
[léɪər]
□□ 747

層
▶ the ozone layer オゾン層
動 を層にする

motor
[móʊtər]
□□ 748

モーター；原動力
▶ start a motor モーターを始動させる
形 モーターの；運動神経の
▶ a motor nerve [muscle] 運動神経[筋]
▶ the motor system 運動神経系
動 自動車で行く；を自動車で送る

protein
🟩 🟨 [próʊtiːn]
□□ 749

たんぱく質
▶ animal [vegetable] protein 動物性[植物性]たんぱく質
▶ 「炭水化物」は carbohydrate，「脂肪」は fat と言う。

profession
[prəféʃən]
□□ 750

職業；専門職；同業者仲間
▶ enter the teaching profession 教職に就く
□ proféssional 形 職業的な，専門的な 名 専門家
▶ turn professional プロに転向する

editor
[édətər]
□□ 751

編集者；編集長
▶ an editor in chief 編集責任者(= a chief editor)
□ édit 動 を編集する
□ edítion 名 (刊行物の)版
□ èditórial 名 社説 形 編集の

agent
[éɪdʒənt]
□□ 752

仲介者，代理人；薬剤
▶ a real estate agent 不動産業者
□ ágency 名 代理店；(行政府の)局，庁

globe
[gloʊb]
□□ 753

地球(≒ earth)；世界；球
□ glóbal 形 全世界的な
▶ protect the global environment 地球環境を守る
□ glóbalìsm 名 グローバリズム，世界主義
□ glòbalizátion 名 グローバル化

0	800	1500	1900

The American economy seems to be dominated by the business elite.	アメリカ経済はビジネスエリートに支配されているように思える。
She made the dessert by adding layers of cake and cream.	彼女はケーキとクリームの層を重ねることでデザートを作った。
The automobile industry is developing a new electric motor.	その自動車産業は新しい電気モーターを開発中である。
He keeps his muscular body by eating food high in protein.	彼はたんぱく質の多い食物を食べることで筋肉質の体を維持している。
She decided to make her hobby into her profession.	彼女は趣味を職業にすることに決めた。
He is famous as a magazine editor.	彼は雑誌編集者として有名である。
The travel agent asked whether I wanted to go by air or by sea.	その旅行業者は私が飛行機で行きたいのか船で行きたいのか尋ねた。
The news traveled around the globe quickly.	そのニュースはすぐに世界中に広まった。

haven 発 [héɪvən] ☐☐ 754	避難所，保護区；港 ▶ a tax haven 租税回避地，タックスヘイブン
row 発 [roʊ] ☐☐ 755	列；(建物が並ぶ)通り ▶ 同じつづりの row [raʊ]「口論」，row「こぐ」と区別。 ▶ a row of houses 家並み ▶ (for) five days in a row 5日間続けて
sacrifice 発 [sǽkrɪfàɪs] ☐☐ 756	犠牲；いけにえ ▶ at the sacrifice of ~ ~を犠牲にして 動 を犠牲にする；(を)いけにえとしてささげる
means [mi:nz] ☐☐ 757	〔単数・複数扱い〕手段；(複数扱い)資力，収入 ▶ by no means「決して~ない」 ▶ by means of ~「~(の手段)によって」 ▶ live within one's means 収入の範囲内で暮らす
session [séʃən] ☐☐ 758	集まり；(議会の)会期；(開会中の)議会 ▶ a drinking session 飲み会 ▶ a summer session 夏期講習会；夏学期 ▶ in [out of] session 開会[閉会]中で
league [li:g] ☐☐ 759	(競技)連盟；同盟 ▶ the American League (野球の)アメリカンリーグ ▶ in league with ~ ~と同盟して；~とぐるになって
contest ⑦ [ká(:)ntest] ☐☐ 760	コンテスト，競技(会)；争い ▶ enter a contest コンテストに参加する 動 [kəntést] を競う；に異議を申し立てる ▶ contest a prize 賞を争う
guard 発 [gɑ:rd] ☐☐ 761	警備員；警備隊；監視，警戒 ▶ a security guard「警備員」 ▶ on [off] guard 警戒して[を怠って] 動 を護衛する；を監視[警戒]する ☐ gúardian 名 保護者，後見人
opponent 発 ⑦ [əpóʊnənt] ☐☐ 762	(試合・論争などの)相手；反対者 形 反対の；対立する

The non-profit shelter provides a safe haven for people in need.	非営利の保護施設は困っている人々にとって安全な避難所となる。
Our seats are the third and fourth from the right in the fifth row.	私たちの座席は5列目の右から3番目と4番目だ。
They made a great sacrifice when they came to America.	彼らはアメリカに来た際に多大な犠牲を払った。
The major means of transportation in California are roads and highways.	カリフォルニアの主要な交通手段は一般道路と幹線道路である。
He explained how useful the workshop sessions were.	彼はその研修会がどれほど役立つかを説明した。
He joined the major league at the age of 22.	彼は22歳でメジャーリーグに入った。
She is going to take part in the coming speech contest.	彼女は来るスピーチコンテストに参加する予定である。
He learned how to work as a security guard.	彼は警備員として働く方法を学んだ。
She came up against a strong opponent in the final match.	彼女は決勝戦で手ごわい相手と対戦した。

glance

[glǽns]

□□ 763

(〜を)**ちらっと見ること**(at)
- ▶ at a glance「ちょっと見ただけで」
- ▶ take [have] a glance at 〜 〜をちらっと見る
- 動 (〜を)ちらっと見る(at)
- ▶ glance over *one's* shoulder 肩越しにちらりと見る

divorce

[dɪvɔ́ːrs]

□□ 764

離婚；分離
- ▶ sue [file] for divorce 離婚訴訟を起こす
- 動 と離婚する
- ▶ get divorced 離婚する

tissue

発 [tíʃuː]

□□ 765

(生物の)**組織**；ティッシュペーパー
- ▶ muscular [soft] tissue 筋肉[柔]組織

liquid

発 [líkwɪd]

□□ 766

液体
- ▶「固体」は solid，「気体」は gas と言う。
- 形 液体の；流動体の(≒ flúid)
- □ líquidìze 動 を液状にする

inequality

[ìnɪkwά(ː)ləti]

□□ 767

不平等；不公平な事柄
- ▶ social inequality「社会的不平等」
- □ ùnéqual 形 不平等な；不均衡な；不相応な

prejudice

⑦ [prédʒudəs]

□□ 768

(〜に対する)**偏見**(against)(≒ bías)
- ▶ a person of strong prejudice 偏見の強い人
- 動 に偏見を持たせる
- □ préjudiced 形 偏見を持った

justice

[dʒʌ́stɪs]

□□ 769

公正，正義；司法
- ▶ do 〜 justice 〜を公正に扱う(≒ do justice to 〜)
- ▶ social justice 社会正義
- □ jústifỳ 動 を正当化する
- □ jùstificátion 名 正当化(の根拠)
- □ injústice 名 不公平；不正

guideline

[gáɪdlàɪn]

□□ 770

指針，ガイドライン；指導基準
- ▶ follow guidelines「指針を守る」

216

| 0 | 800 | 1500 | 1900 |

A quick glance at the map showed that we were on the right road.

地図を素早くちらっと見ることで私たちが正しい道にいることがわかった。

He got a divorce from his wife.

彼は妻と離婚した。

The stimulus from the body travels through the nervous tissue to the brain.

身体からの刺激は神経組織を通って脳に行く。

Ice turns into liquid when it melts.

氷は溶けると液体に変化する。

She was born into a time and place with terrible social inequality.

彼女はひどい社会的不平等がはびこる時代と場所に生まれた。

Ignorance is one of the main reasons for prejudice against foreigners.

無知は外国人に対する偏見の主な理由の1つである。

The politician fought for justice for his country.

その政治家は自国の正義のために戦った。

Users of this Internet service must follow certain guidelines.

このインターネットサービスのユーザーは一定の指針に従わねばならない。

platform [アク] [plǽtfɔ̀:rm] □□ 771	**プラットフォーム**；演壇；舞台 ▶ leave from platform 7 7番ホームから発車する ▶ a (computing [digital]) platform プラットフォーム (コンピューター本体やOSなど，ソフトウェアが実行される環境を意味する)
sector [séktər] □□ 772	**(社会・経済などの)部門，セクター**；(都市内の)地域 ▶ the public sector 公共部門 ▶ the civilian sector 非軍事地域
channel [発] [tʃǽnəl] □□ 773	**チャンネル**；伝達経路；海峡 ▶ change channels チャンネルを変える ▶ a diplomatic channel 外交ルート [動] (労力・金銭など)を(～に)注ぐ(into)
glacier [発] [gléɪʃər] □□ 774	**氷河** □ glácial [形] 氷河(期)の ▶ the glacial epoch [period] 氷河期
primate [発] [práɪmeɪt] □□ 775	**霊長目の動物** ▶「(英国国教会の)大主教；(カトリックの)首座司教」[práɪmət] の意味もある。例：the Primate of all England「カンタベリー大主教」
usage [発] [jú:sɪdʒ] □□ 776	**(使)用法**；語法；習慣 ▶ current English usage 現代英語の語法 □ use [動] [ju:z] を使う [名] [ju:s] 使用
fortune [fɔ́:rtʃən] □□ 777	**財産**；幸運(≒ luck)；運命 [TG] **make a fortune**「一財産作る」 ▶ a man of fortune 財産家 ▶ by good [bad] fortune 運よく[悪く] □ fórtunate [形] 幸運な，幸せな □ fórtunately [副] 〔文修飾〕幸いなことに
correlation [kɔ̀(:)rəléɪʃən] □□ 778	**相互関係，相関(関係)** ▶ a correlation between *A* and *B*「AとBの相関関係」 □ córrelàte [動] (～と)互いに関係がある(with)；を(～と)互いに関連させる(with) □ corrélative [形] 相関関係のある；相関的な

Platforms on social media are useful tools for making friends.	ソーシャルメディアにおけるプラットフォームは友人を作るのに役立つ手段である。
The high-tech sector leads the national economy.	ハイテク部門は国家経済を牽引する。
Many people in the U.S. enjoy more than forty TV channels.	アメリカの多くの人は40以上のテレビチャンネルを享受している。
The glaciers near Greenland have been melting rapidly.	グリーンランド近辺の氷河が急速に溶けてきている。
In several ways, primates are at the top of the mammal class.	いくつかの点で，霊長目の動物は哺乳綱の頂点に位置する。
The usage of English grammar is changing with the times.	英文法の用法は時代とともに変化している。
He succeeded in making a fortune by investing in oil production.	彼は石油採取に投資することで一財産を作ることに成功した。
Many consumers believe that there is a close correlation between price and quality.	多くの消費者は，価格と品質の間には密接な相関関係があると考えている。

形容詞編

artistic
[ɑːrtístɪk]
□□ 779

芸術的な
- □ art 图 (〜s)芸術；美術；技術；人工
- □ ártistry 图 芸術的才能

literary
[lítərèri]
□□ 780

文学の；文語の(⇔ collóquial 口語体の)
- ▶ literary works 文学[文芸]作品
- □ líterature 图 文学；文献

classic
[klǽsɪk]
□□ 781

第一級の；典型的な；定番の
- 图 名作，名著，古典；典型的な物
- ▶ the German classics ドイツの古典
- □ clássical 形 古典(派)の；(音楽で)クラシックの
- ▶ classical music クラシック音楽

liberal
[líbərəl]
□□ 782

自由主義の；寛大な；一般教養の
- ▶ liberal arts (大学の)一般教養科目；(中世の)学芸
- □ líberty　　图 自由(≒ freedom)；解放；気まま
- □ líberàte　　動 を解放する
- □ lìberátion 图 解放(運動)
- □ líberalìsm 图 自由主義；自由主義運動

concrete
[kɑ(:)nkríːt]
□□ 783

具体的な(⇔ ábstract → 586)；有形の
- 图 [kɑ́(:)nkriːt] コンクリート

slight
[slaɪt]
□□ 784

わずかな；取るに足らない
- ▶ a slight headache 軽い頭痛
- □ slíghtly 副 わずかに

federal
[fédərəl]
□□ 785

連邦(政府)の
- ▶ the Federal Court 連邦裁判所

primitive
<0xE6><0x9D><0xA5> [prímətɪv]
□□ 786

原始的な；未開の
- ▶ primitive people 原始人

| 0 | 800 | 1500 | 1900 |

I envy him for his **artistic** gift.

私は彼の芸術的な才能を
うらやましいと思う。

The professor published essays of **literary** criticism of modern novels.

その教授は近代小説に関
する文学批評のエッセイ
を出版した。

Emily owns a large collection of **classic** films and novels.

エミリーは第一級の映画
と小説の大規模なコレク
ションを有している。

Everyone knows that he is a **liberal** thinker.

彼が自由主義的な思想家
であることはだれもが知
っている。

You need to provide **concrete** examples to support your opinion.

あなたは自分の意見の裏
づけとなる具体的な例を
提示する必要がある。

I felt a **slight** pain in my right ankle.

私は右の足首にわずかな
痛みを感じた。

The **federal** government provides aid to other countries in need.

連邦政府は困窮している
他の国々に援助を提供し
ている。

Some places in the world have a **primitive** way of life.

世界には原始的な生活様
式を保有する場所がある。

unfamiliar [ʌnfəmíljər] ☐☐ 787	(〜に)**不慣れな**(with)；(〜に)(よく)**知られて** **いない**(to) ▶ an unfamiliar sight 見慣れない風景 ☐ ùnfamìliárity **名** 不案内，不慣れ
subtle **発** [sʌ́tl] ☐☐ 788	**微妙な**；(気体などが)**希薄な** ▶ subtle difference in color 色彩の微妙な差 ☐ súbtlety **名** 微妙；希薄；(〜ties)わずかな差異
plain [plein] ☐☐ 789	**明らかな**；**平易な**；**飾りのない**；**率直な** ▶ to be plain with you 率直に言えば **名** (しばしば〜s)平野，平原 ☐ pláinly **副** はっきりと；率直に；(文修飾)明らかに
marine **ア** [mərí:n] ☐☐ 790	**海の**；**船舶の** ▶ mar-(⇐ mare) 海 + -ine 〜の ▶ a marine chart 海図 **名** 海兵隊員
apparent **発** [əpǽrənt] ☐☐ 791	**明白な**；**一見〜らしい** ▶ It is apparent that ... …ということは明らかだ ☐ appárently **副** (文修飾)見た[聞いた]ところでは ☐ appéar **動** 現れる；(〜に)見える
reluctant [rilʌ́ktənt] ☐☐ 792	**気が進まない，嫌がる**(⇔ wílling → 298) **熟** be reluctant to *do* 「…することに気が進まない」 ☐ relúctance **名** 気乗りしないこと ☐ relúctantly **副** 嫌々ながら
temporary [témpərèri] ☐☐ 793	**一時的な**(⇔ pérmanent → 690) ▶ tempor- 時間 + -ary 〜の ▶ a temporary job 臨時の仕事 ☐ tèmporárily **副** 一時的に ☐ témporal **形** 時間の；世俗の
guilty **発** [gílti] ☐☐ 794	**罪悪感のある**；(〜について)**有罪の**(of) **熟** feel guilty「気がとがめる」 ▶ a guilty conscience 良心のとがめ ▶ plead not guilty 無罪の申し立てをする ☐ guilt **名** 有罪；罪悪感

| 0 | 800 | 1500 | 1900 |

He was **unfamiliar** with the technical vocabulary used by the professor.

彼は教授の使う専門用語に不慣れだった。

The mother detected a **subtle** change in her daughter's attitude.

母親は娘の態度に微妙な変化を感じ取った。

The **plain** truth is that the Great Barrier Reef is in danger.

明白な事実はグレートバリアリーフが危機的状況にあるということである。

The sea areas surrounding the island are full of **marine** life.

その島の周辺海域は海洋生物に満ちている。

You should not refuse the invitation for no **apparent** reason.

明白な理由なしで招待を断るべきではない。

He seems to be **reluctant** to go out and try new things.

彼は外に出て新しいことに挑戦するのに気が進まないようである。

Eating salty food may cause a **temporary** increase in blood pressure.

塩辛い食品を食べることが血圧の一時的上昇を引き起こすこともある。

Rebecca felt **guilty** about lying to her friend.

レベッカは友人にうそをついていることで気がとがめた。

royal [rɔ́ɪəl] □□ 795	王の ▶ a royal palace 王宮 □ róyalty [名] 王族；王権；〔～ties〕印税 □ régal [形] 王にふさわしい；威厳ある
pure [pjʊər] □□ 796	純粋な；潔白な；まったくの ▶ pure speculation 単なる憶測 □ púrifỳ [動] を精製する；を浄化する □ púrity [名] 純粋；潔白
incredible [ɪnkrédəbl] □□ 797	信じられない；すばらしい ▶ her incredible piano performance 彼女の見事なピアノ演奏 □ incrédibly [副] 信じられないほど
eager [í:gər] □□ 798	(～を)熱望して(for)；熱心な [TG] **be eager to *do*** 「しきりに…したがる」 ▶ eager for fame しきりに名声を求めて □ éagerly [副] 熱望して；熱心に □ éagerness [名] 熱望，熱心
adequate [発] [ア] [ǽdɪkwət] □□ 799	十分な；適切な(⇔ inádequate 不適切な) ▶ provide adequate food 十分な食料を提供する □ ádequacy [名] 適性；適切さ

前置詞編

via [発] [váɪə] □□ 800	～経由で；～の媒介で ▶ 語源はラテン語の via「道，通路」。 ▶ send a file via e-mail Eメールでファイルを送る

Each member of <u>the royal</u> family has official duties to do.	王室の各人が行うべき公務を抱えている。
He gave her <u>a pure</u> gold necklace for her birthday.	彼は彼女の誕生日に<u>純金</u>のネックレスをプレゼントした。
It is <u>incredible</u> that he refused the bank's financial support.	彼が銀行からの資金援助を断ったとは<u>信じられない</u>。
Many visitors to New York <u>are eager to go to Broadway musicals</u>.	ニューヨークを訪れる多くの人は，ブロードウェイミュージカルをしきりに見に行きたがる。
The school <u>has an adequate number of teachers</u> for the students.	その学校は，生徒に対して<u>十分</u>な数の教師がいる。
The opening ceremony of the Olympics will <u>be broadcast via satellite</u>.	オリンピックの開会式の模様は<u>衛星経由</u>で放送される。

基本動詞の使い方①

have「を持つ」

① 「を持っている」

□ **have** a car「車を持っている」 □ **have** a cold「風邪をひいている」 □ **have** a good memory「記憶力がよい」 □ **have** a dream「夢がある」 □ **have** no idea「まったくわからない」 □ **have** a look「一目見る」

② 「を…してもらう；を…される」

□ **have** *one's* watch fixed「時計を直してもらう」 □ **have** *one's* passport stolen「パスポートを盗まれる」 ▶ get にも同じ用法あり

③ 「に…させておく」

□ **have** a taxi waiting「タクシーを待たせておく」

④ 「に…させる[してもらう]」

□ **have** him buy a ticket「彼にチケットを買わせる[買ってもらう]」

get「を手に入れる」

① 「を得る」

□ **get** money「金を得る」 □ **get** a job「仕事に就く」 □ **get** an idea「ある考えが浮かぶ」 □ **get** the point「意味がわかる」 □ **get** an e-mail「Eメールを受け取る」 □ **get** a cold「風邪をひく」 □ **get** exercise「運動をする」

② 「に…し始めさせる」

□ **get** the engine running「エンジンを始動させる」

③ 「に…させる[してもらう]」

□ **get** him to solve the problem「彼に問題を解決させる[してもらう]」

take「をつかむ」

① 「を連れて[持って]行く」

□ **take** her to the concert「彼女をコンサートに連れて行く」 □ **take** *one's* smartphone along「自分のスマホを持って行く」

② 「を取る」

□ **take** a rest「休息を取る」 □ **take** an intensive course「集中コースを取る」 □ **take** a photo「写真を撮る」 □ **take** the medicine「薬を飲む」

③ 「を必要とする，要する」

□ it **takes**（him）three hours to *do*「（彼が）…するのに3時間かかる」

give「(に)を与える」

□ **give** her a piece of advice「彼女に忠告を与える」 □ **give** assistance to「に援助を与える」 □ **give** him a job「彼を雇う」 □ I **gave** her my word.「私は彼女に約束した」 □ I'll **give** you a call.「君に電話するね」

Part 2

常に試験に出る
重要単語

700語

Part 1 よりレベルアップするが,
引き続き入試に頻出の重要単語を
精選している。確実に押さえよう。

動詞編

assess [əsés] □□ 801	を**評価する**；を査定する ▶ assess the impact of 〜　〜の影響を評価する □ asséssment 图 評価；査定 ▶ an environmental assessment 環境影響評価
approve [əprúːv] □□ 802	**賛成する**；を承認する ⑩ approve of 〜「〜に賛成する」 ▶ approve a bill [proposal] 法案[提案]を承認する □ appróval 图 承認，賛成；好意 □ dìsappróve 動（〜に）反対する(of)
remark [rɪmáːrk] □□ 803	と**述べる**；（〜について）意見を述べる(on / upon) ⑩ remark that ...「…と述べる」 图 意見(≒ cómmènt)；発言 ▶ make a cutting remark 辛辣な意見を述べる □ remárkable 厖 注目に値する
pose [pouz] □□ 804	**(危険)を引き起こす**；（問題など）を提起する；ポーズをとる；（〜を）装う(as) ▶ pose as a doctor 医師を装う 图 ポーズ；見せかけ ▶ take [make] a pose for a picture 絵[写真]のためにポーズをとる(= pose for a picture)
yield [jiːld] □□ 805	を**もたらす**；を(〜に)譲る(to)；(〜に)屈する(to) ▶ yield to temptation 誘惑に負ける 图 産出(物)；生産高；配当率
exhibit ⑰ [ɪgzíbət] □□ 806	を**示す，見せる**；を展示する ▶ exhibit Picasso's paintings ピカソの絵画を展示する 图 展示品；米 展覧会 □ èxhibítion 图 展示；主に英 展覧会；発揮
distribute ⑰ [dɪstríbjət] □□ 807	を(〜に)**分配する**(to)；（受身形で）分布する ▶ be widely distributed 広く分布する □ dìstribútion 图 分配；分布

Most high schools use testing to **assess** their students' achievements.	たいていの高校は生徒の成績を評価するのにテストを利用する。
Jane's parents **approved** of her studying abroad.	ジェーンの両親は彼女の海外留学に賛成した。
My friend **remarked** that she was amazed by the fireworks.	私の友人は花火に驚嘆したと言った。
Heat waves **pose** a great health risk to elderly people.	熱波は高齢者に大きな健康上のリスクを引き起こす。
The manager's brave decision **yielded** unexpected results.	その経営者の勇気ある決断は思いがけない結果をもたらした。
Japanese honeybees **exhibit** a unique defensive behavior.	日本ミツバチは独特の防御的行動を示す。
Many charities **distribute** food to victims in disaster areas.	多くの慈善事業は被災地で被災者に食料を分配する。

command [kəmǽnd] ☐☐ 808	**を命じる**；を指揮する；(景色)を見渡せる 名 命令；指揮(権)；(言語の)運用能力 ▶ have a good command of English 英語を自在に使いこなせる
occupy ⑦ [á(:)kjupàɪ] ☐☐ 809	**(空間・時間)を占める**；を占領する ▶ be occupied with [in] 〜 〜に従事する (= occupy *oneself* with [in] 〜) ☐ òccupátion 名 職業；占領
pop [pɑ(:)p] ☐☐ 810	**ひょいと動く**；不意に現れる；ポンとはじける 名 ポンという音；(音楽の)ポップス 形 通俗的な，大衆向けの；ポップスの
pile [paɪl] ☐☐ 811	**を積み重ねる**；積み重なる 名 積み重ねた山；大量 ▶ a pile of 〜 たくさんの〜
greet [gri:t] ☐☐ 812	**に挨拶する**；を迎える ☐ gréeting 名 挨拶(の言葉)
apologize ⑦ [əpá(:)lədʒàɪz] ☐☐ 813	**(〜に；〜のことで)謝る** (to；for)；弁明する ☐ apólogy 名 謝罪；弁明 ▶ I owe you an apology. あなたに謝らなければいけません。
frustrate [frʌ́streɪt] ☐☐ 814	**をいら立たせる**；(計画・希望など)を挫折させる ☐ frústrating 形 欲求不満を起こさせるような ☐ frùstrátion 名 欲求不満；挫折(感)
relieve [rɪlíːv] ☐☐ 815	**を和らげる**；〔受身形で〕(…して)安心する (to *do*)；を解放する ▶ feel relieved (to *do*)「(…して)ほっとする」 ▶ relieve A of B A(人)を B(苦痛など)から解放する ☐ relíef 名 安心；緩和；救済
derive [dɪráɪv] ☐☐ 816	**由来する**；を引き出す；を推論する 🔟 derive from 〜「〜に由来する」 ☐ dèrivátion 名 由来，語源 ☐ derívative 形 派生的な　名 (〜s)金融派生商品

The opera conductor **commanded** the chorus to sing more in harmony.	オペラの指揮者は合唱隊にもっと音を合わせて歌うように命じた。
New employees tend to **occupy** the lowest positions in the office.	新入社員は職場で最も低い地位を占める傾向にある。
He **popped** into a convenience store to buy a cup of coffee.	彼はコーヒーを1杯買うためにコンビニにひょいと入った。
She **piled** up the plates and put them on the shelf.	彼女は皿を積み重ねてそれらを棚に置いた。
He always **greets** his neighbors in a friendly way.	彼はいつも親しげに隣人たちに挨拶する。
You should **apologize** to him for what you have done.	あなたは自分のしたことを彼に謝るべきだ。
She was **frustrated** by people's selfish behavior on the crowded train.	彼女は混雑した電車で人々の自分勝手な行動にいら立った。
She sings her favorite karaoke songs to **relieve** stress.	彼女はストレスを和らげるために大好きなカラオケの歌を歌う。
I didn't know that the word **derives** from Greek.	私はその単語がギリシャ語に由来することを知らなかった。

231

deserve
発 [dɪzə́ːrv]
□□ 817

に値する
▶ deserve to *do*「…するに値する，…して当然である」
▶ deserve *doing* …されるに値する

peer
[pɪər]
□□ 818

(～を)じっと見る (at / into)
▶ peer into the distance 遠くをじっと見る
名 同輩；仲間；貴族

defeat
[dɪfíːt]
□□ 819

を負かす (≒ beat)；を失敗させる
名 敗北；打破；失敗
▶ suffer a humiliating defeat 屈辱的な敗北を喫する

convert
発 [kənvə́ːrt]
□□ 820

を変える；を改宗[転向]させる；を交換する
Ⓣ convert A to [into] B「AをBに変える」
名 [kɑ́(ː)nvərt] 改宗者，転向者
□ convérsion 名 転換；改宗

wed
[wed]
□□ 821

と結婚する；を(～と)結婚させる (to)
▶ 語源は古英語の weddian「誓う」。
▶ 過去形・過去分詞形はどちらも wed または wedded。
□ wédding 名 結婚式；結婚記念日

delight
[dɪláɪt]
□□ 822

を喜ばせる；(～を)大いに喜ぶ (in)
名 大喜び，楽しみ；喜びを与えるもの
□ delíghted 形 喜んで
▶ be delighted to *do* 喜んで…する；…して喜ぶ
□ delíghtful 形 喜びを与える，愉快な

boost
[buːst]
□□ 823

を押し上げる；を増加させる
名 押し上げること，高めること；励まし
□ bóoster 名 昇圧器；補助推進ロケット

endure
[ɪndjʊ́ər]
□□ 824

に耐える (≒ put up with)；(に)持ちこたえる
□ endúrance 名 忍耐；持久力
□ endúring 形 永続的な；忍耐強い

correspond
[kɔ̀(ː)rəspá(ː)nd]
□□ 825

一致する；(～に)相当する (to)；文通する
Ⓣ correspond to [with] ～「～に一致する」
□ còrrespóndence 名 一致；文通
□ còrrespóndent 名 通信員，特派員

She **deserves** to be praised for trying her best in the competition.	彼女は競技会で最善を尽くしたことで賞賛される に値する。
Christine stood on the hilltop and **peered** into the distance.	クリスティーンは丘の頂上に立ち遠くをじっと見た。
The AI computer **defeated** the world's best chess player.	そのAIコンピューターは世界最高のチェス選手を打ち負かした。
The city plans to **convert** the library into an art gallery.	市はその図書館を美術館に変えることを計画している。
Prince William **wed** Catherine Middleton at Westminster Abbey.	ウィリアム王子はウェストミンスター寺院でキャサリン・ミドルトンと結婚した。
Walt Disney **delighted** many people with his attractive stories.	ウォルト・ディズニーは彼の作る魅力的な物語で多くの人々を喜ばせた。
Sales of new cars helped **boost** the nation's economy.	新車の販売はその国の経済を押し上げる助けとなった。
This submarine can **endure** very high pressure.	この潜水艦はかなりの高圧に耐えることができる。
The number of players on both sides should **correspond** with the other.	両チームとも選手の数が相手と一致していなければならない。

impose [ɪmpóuz] □□ 826	を**課す**；を押しつける 　**⑩** impose *A* on *B* 「BにAを課す」 　□ ìmposítion 图 課税；負担
rescue [réskjuː] □□ 827	を**救う** 　▶ rescue hostages 人質を救出する 　图 救助，救出 　▶ go to ~'s rescue ～の救助に行く
resolve 動 [rɪzá(ː)lv] □□ 828	を**解決する**；を決意する；を議決する 　▶ resolve to *do* 「…することを決意する[議決する]」 　□ rèsolútion 图 解決；決意 　□ résolùte 形 断固とした，確固とした
register ⑦ [rédʒɪstər] □□ 829	を**記録する，登録する**；(～に)登録する(for) 　▶ register a birth [marriage] 出生[婚姻]届を出す 　图 登録；名簿；レジ 　□ régistry 图 登記所[簿]；記載 　□ règistrátion 图 登録，記載
interrupt 動 ⑦ [ìntərʌ́pt] □□ 830	を**中断させる**；(の)邪魔をする 　▶ I'm sorry to interrupt you. お話し中すみません。 　□ ìnterrúption 图 中断；妨害
rid [rɪd] □□ 831	から(～を)**取り除く，除去する**(of) 　**⑩** get rid of ～「～を取り除く」 　▶ 過去形・過去分詞形は rid。 　▶ be rid of ～ ～を免れる，～から解放される
prohibit [prouhíbət] □□ 832	を**禁止する** 　▶ prohibit ~ from *doing* ～が…するのを禁じる 　□ pròhibítion 图 禁止；(P~)禁酒法(時代)
compose [kəmpóuz] □□ 833	を**構成する**；を創作する；を鎮静する 　**⑩** be composed of ～「～から成る」 　□ còmposítion 图 構造；作文；作曲
misunderstand [mìsʌndərstǽnd] □□ 834	(を)**誤解する** 　▶ 過去形・過去分詞形は misunderstood。 　□ mìsùnderstánding 图 誤解；行き違い

The country wants to **impose** greater control on immigration.	その国は移民に対しより厳しい制限を<u>課す</u>ことを望んでいる。
During the economic crisis, the government **rescued** some companies from bankruptcy.	経済危機の間，政府は一部の企業を倒産から<u>救った</u>。
The two countries found ways to **resolve** the political conflict.	両国は政治的対立を<u>解決</u>する方法を見つけた。
Many parents want to **register** their children at day care centers.	多くの親たちは託児所に自分の子供を<u>登録</u>することを望んでいる。
Sarah **interrupted** my conversation with Jill.	サラは私とジルの会話を<u>中断させた</u>。
The dentist got **rid** of the pain in my tooth.	歯科医が私の歯の痛みを<u>取り除いた</u>。
The new law **prohibits** smoking in all restaurants.	新しい法律はすべてのレストランでの喫煙を<u>禁止</u>している。
The committee is **composed** of six experts in different fields.	委員会は異なる分野の6人の専門家から<u>成る</u>。
A coworker had **misunderstood** her instructions and made a mistake.	同僚が彼女の指示を<u>誤解</u>し，間違いを犯した。

punish
[pʌ́nɪʃ]
☐☐ 835

を**罰する**；に損傷を与える
▶ punish A for B「AをBのことで罰する」
☐ púnishment 图 刑罰；処罰

ruin
⦿ [rúːɪn]
☐☐ 836

を**だめにする**；を破滅させる；破滅する
▶ ruin one's health 健康を損なう
图 破滅；〔～s〕廃墟
▶ go to [fall into] ruin 破滅する，荒廃する
▶ in ruins 荒廃して

defend
[dɪfénd]
☐☐ 837

を**防御する**；を弁護する
▶ defend oneself「自衛する；自己弁護する」
☐ defénse 图 防御(⇔ offénse 攻撃)
☐ defénsive 形 防御の
☐ deféndant 图 被告(⇔ pláintiff 原告)

embrace
[ɪmbréɪs]
☐☐ 838

を**受け入れる**；(を)抱擁する；を包含する
▶ embrace an offer 申し出を快諾する
图 受諾，受け入れ；抱擁

modify
[mɑ́(ː)dɪfàɪ]
☐☐ 839

を**修正する**；を緩和する
▶ genetically modified food 遺伝子組み換え食品
☐ mòdificátion 图 修正；緩和

qualify
[kwɑ́(ː)lɪfàɪ]
☐☐ 840

(人)に**資格を与える**；資格がある
⦿ qualify A for B「AにBの資格を与える」
▶ be qualified to do …する資格がある
☐ quàlificátion 图 資格；免許状
☐ quálified 形 資格のある；適任の
☐ quálifier 图 有資格者，適任者

passion
[pǽʃən]
☐☐ 841

情熱；熱中；激怒
▶ fly into a passion 激怒する，かっとなる
☐ pássionate 形 情熱的な

enthusiasm
⦿ [ɪnθjúːziæ̀zm]
☐☐ 842

(～への)**熱情，熱意**(for)
▶ with enthusiasm 熱中して，熱意を持って
☐ enthùsiástic 形 熱狂的な
☐ enthúsiàst 图 熱狂者；ファン

The student was **punished** for his poor behavior.	その生徒は<u>不品行で罰せられた</u>。
The long heavy rain completely **ruined** our holiday.	激しい長雨が私たちの休日を完全に<u>台無しにした</u>。
Every country has the right to **defend** itself against a military attack.	どの国も軍事攻撃から自国を<u>防御する</u>権利を有している。
Freedom of expression will lead people to **embrace** diversity.	表現の自由は人々を多様性を受け入れる方向に導く。
The man **modified** the car's engine to make it go faster.	その男性はもっと速く走らせるために<u>その車のエンジンを改造した</u>。
His excellent performance in the exams **qualified** him for a scholarship.	試験での彼の見事な成績は彼に奨学金の<u>資格を与えた</u>。
His **passion** for skateboarding is such that he practices it every day.	<u>スケートボードに対する彼の情熱</u>は相当なもので，彼は毎日その練習をしている。
Her **enthusiasm** for the job made up for her lack of experience.	<u>彼女の仕事への熱意</u>は自らの経験不足を補った。

phase [feɪz] □□ 843	**段階，局面**；側面 ▶ enter a new phase「新しい局面に入る」 **動**〔通例受身形で〕段階的に実行される ▶ phase out ~　~を段階的に廃止する
mode [moʊd] □□ 844	**方式**；気分；形態；流行 ▶ put *one's* smartphone in silent mode　スマホをマナーモードにする
span [spæn] □□ 845	**期間**；範囲 ▶ life span「寿命」(lifespan とつづられることもある) **動** にわたる，及ぶ
gravity [ɡrǽvəti] □□ 846	**重力，引力**；重量；重大さ ▶ the law of gravity　重力の法則
orbit [ɔ́ːrbət] □□ 847	**軌道**；(活動・勢力などの)範囲 **動** の周りを回る；軌道を回る ▶ orbit the earth　地球の軌道を回る
asteroid [ǽstərɔ̀ɪd] □□ 848	**小惑星**(≒ mìnor plánet)；ヒトデ(= stárfish)
core [kɔːr] □□ 849	**核心**；芯 ▶ to the core　骨の髄まで，徹底的に
soul [soʊl] □□ 850	**精神**；魂，霊魂；生気 ▶ 同音語の sole「唯一の；足の裏；シタビラメ」に注意。 ▶ the immortality of the soul　霊魂の不滅
nerve [nəːrv] □□ 851	**神経**；(~s)神経過敏；(…する)度胸(to do) ▶ get on ~'s nerves　~をいらいらさせる ▶ have the nerve to do　ずうずうしくも…する □ nérvous **形** 心配して；緊張して；神経質な ▶ be nervous about the exams　試験のことで心配している

| 0 | 800 | 1500 | 1900 |

The discussions are currently entering a new **phase**.	議論は現在新たな局面に入っている。
Young Japanese today are used to Western **modes** of thought.	今日の日本の若者は西洋流の思考方式に慣れている。
Good diet is important for lengthening our life **span**.	体によい食事は私たちの寿命を延ばすのに重要である。
Newton's theory of **gravity** was greatly influenced by Kepler's ideas.	ニュートンの重力理論はケプラーの考えに大きな影響を受けた。
The telecommunications satellite went into **orbit** around the earth.	その通信衛星は地球を回る軌道に乗った。
Scientists are planning to capture an **asteroid** orbiting around Mars.	科学者は火星周辺の軌道を回る小惑星をとらえる計画を立てている。
His speech mentioned the **core** of the problem.	彼の演説は問題の核心に触れた。
They say that music is good for the **soul**.	音楽は精神によいと言われる。
She happened to cut a **nerve** in her finger while cooking.	彼女は料理中に指の神経を切ってしまった。

infection

[ɪnfékʃən]

□□ 852

感染(症)

▶ 医学的には infection は「水や空気による間接感染」を表し，「接触による感染」は contagion と言う。

□ inféctious 形 感染性の(≒ commúnicable)

▶ an infectious disease 伝染病

□ inféct 動 に感染させる

mall

[mɔːl]

□□ 853

主に米 モール，ショッピングセンター

grocery

[gróusəri]

□□ 854

〔~ies〕食料雑貨；食料雑貨店

▶ a plastic grocery bag ビニールの買い物袋

□ grócer 名 食料雑貨商人

humor

[hjúːmər]

□□ 855

ユーモア；気分，機嫌；気質

▶ a sense of humor 「ユーモアのセンス」

□ húmorous 形 ユーモアのある，ひょうきんな

instinct

発 [ínstɪŋkt]

□□ 856

本能；勘，直感；(自然に起こる)衝動

熟 by instinct 「本能的に」

▶ maternal instincts 母性本能

□ instínctive 形 本能的な

faith

[feɪθ]

□□ 857

(~への)信頼(in)；信仰(心)

▶ have faith in ~ 「~を信頼[信仰]している」

▶ in good faith 誠実に

□ fáithful 形 忠実な，誠実な；貞節な

courage

アク 発 [kə́ːrɪdʒ]

□□ 858

勇気

▶ a man of courage 勇気のある人

□ courageous [kəréɪdʒəs] 形 勇気のある

▶ a courageous decision 勇気ある決断

□ encóurage 動 を励ます，促す

incentive

[ɪnséntɪv]

□□ 859

動機(づけ)；報奨金

熟 an incentive to do 「…するための動機(づけ)」

形 駆り立てる；励みになる

The area of **infection** spread all over the patient's body.	感染の範囲がその患者の体中に広まった。
She goes to the shopping **mall** almost every weekend.	彼女はほぼ週末ごとにそのショッピングモールへ行く。
He drives to discount stores to buy cheap **groceries**.	彼は安売り店に車で行き，安い食料雑貨を買う。
He is an American and is new to the British sense of **humor**.	彼はアメリカ人で，イギリス人のユーモアのセンスになじみがない。
Pigeons **know by instinct** how to return to their places of birth.	ハトは本能的に生まれた場所への帰り方を知っている。
The company's workers all expressed **faith** in their president.	その会社の社員全員が社長への信頼を示した。
The key to success lies in the **courage** of not giving up hope.	成功のかぎは希望を捨てない勇気にある。
Students need a clear **incentive** to study.	生徒たちは勉強するための明らかな動機づけを必要とする。

prospect [prά(ː)spekt] □□ 860	**見込み**；〔~s〕(未来への)展望；有望な人 ▶ a job with prospects 将来性のある仕事 ▶ in prospect 予期されて，見込みがあって □ prospéctive [形] 有望な；未来の
obstacle [ア] [ά(ː)bstəkl] □□ 861	(～に対する)**障害(物)**(to) ▶ put obstacles in the way of ～ ～を妨げる
architecture [発] [άːrkətèktʃər] □□ 862	**建築**；建築様式；構造 ▶ Gothic architecture ゴシック様式建築 ▶ the architecture of the human brain 人間の脳の構造 □ àrchitéctural [形] 建築上の □ árchitèct [名] 建築家
stem [stem] □□ 863	**(草木の)茎，幹** ▶ a stem cell 幹(かん)細胞 [動] (～から)生じる，(～に)由来する(from)
illusion [ɪlúːʒən] □□ 864	**錯覚，思い違い**；幻想 ▶ create an illusion 錯覚を起こす □ illúsory [形] 錯覚による；幻想的な
discrimination [dɪskrìmɪnéɪʃən] □□ 865	(～に対する)**差別**(against)；区別 ▶ racial discrimination 人種差別 □ discrímināte [動] 差別する；(を)区別する ▶ discriminate right from wrong 善悪を見分ける
shame [ʃeɪm] □□ 866	**恥**；残念なこと ▶ It is a shame that ... …ということは残念である [動] (人)を恥じ入らせる，気恥ずかしくさせる □ shámeful [形] 恥ずべき
drought [発] [draʊt] □□ 867	**干ばつ**；(慢性的な)不足 ▶ draught [drɑːft]「[英]下書き」(＝[米]draft)と区別。
flavor [fléɪvər] □□ 868	**風味**；特色 ▶ artificial flavor 人工香味料 [動] に風味をつける；に趣を与える

There is not much **prospect** that the world economy will improve this year.	今年世界経済が上向く見込みはあまりない。
Tradition is often **an obstacle** to development.	伝統はしばしば進歩に対する障害となる。
In Prague, you can see various styles of **architecture**.	プラハではさまざまな建築様式を見ることができる。
Water moves through the **stems** and leaves of the plants.	水分は植物の茎や葉の中を通って移動する。
Some people think that freedom may be an **illusion**.	自由とは錯覚かもしれないと考える人がいる。
It is necessary to deal with **discrimination** against women.	女性に対する差別に取り組むことが必要である。
Shame is a negative feeling towards oneself.	恥は自分自身に対する否定的な感情である。
A **drought** can destroy crops and damage the livelihoods of farmers.	干ばつは作物を台無しにし農家の人々の生活手段に損害を与えかねない。
Cooking can bring out the natural **flavor** of vegetables.	料理は野菜の自然の風味を引き出し得る。

portion [pɔ́ːrʃən] □□ 869	**部分**；1人前；割り当て [TG] **a portion of ～**「～の一部」 ▶ two portions of salad サラダ2人前
recipe [発] [résəpi] □□ 870	**調理法，レシピ**；手順；秘訣（ひけつ） ▶ be a recipe for ～ ～の秘訣[要因]である
luxury [ア] [lʌ́gʒəri] □□ 871	**ぜいたく(品)**；〔形容詞的に〕豪華な ▶ live in luxury ぜいたくに暮らす ▶ a luxury hotel [car] 高級ホテル[車] □ luxúrious [形] ぜいたくな，豪華な
chip [tʃɪp] □□ 872	**小片，破片**；欠けた箇所；集積回路 ▶ make a chip in a cup カップの縁を欠く [動] (物の表面・縁など)を欠く；を削り取る；欠ける
ritual [rítʃuəl] □□ 873	**儀式**；(日常の)習慣的行為 ▶ a mysterious initiation ritual 神秘的な入会の儀式 [形] 儀式の；儀式的な □ rite [名] 儀式
sake [seɪk] □□ 874	〔for the ～ of で〕**のために，の目的で**；に免じて ▶ for ～'s sake の形でも用いる。
prefecture [発] [príːfektʃər] □□ 875	**(日本の)県，府**；(フランスなどの)県 ▶ Kanagawa [Hokkaido] Prefecture 神奈川県[北海道]
council [発] [káunsəl] □□ 876	**(地方)議会**；評議会；(公の)会議 ▶ 同音の counsel「助言；に助言する」に注意。 ▶ a Cabinet Council 閣議
administration [ədmìnɪstréɪʃən] □□ 877	**管理(部)**；行政；政府(機関) ▶ the Trump administration トランプ政権 □ admínister [動] を管理する □ admínistràtive [形] 管理上の □ admínistràtor [名] 管理者

A large **portion** of the United States population reads e-books.	アメリカ国民の大部分が電子書籍を読む。
The **recipe** for this dish is not easy to prepare at home.	この料理のレシピは家で準備するのが簡単ではない。
Many people **thought** of sugar as a **luxury** in the 1800s.	1800年代には多くの人が砂糖をぜいたく品と考えていた。
The man used **wood chips** to build a fire.	その男性は火をおこすのに木の切りくずを使った。
Some experts say ancient Egyptian sports were **rituals** that honored the dead.	古代エジプトのスポーツは死者を敬う儀式であったと言う専門家もいる。
I gave up smoking for the **sake** of my health.	私は健康のためにタバコを吸うのをやめた。
We are going to visit all the seven **prefectures** in Kyushu.	私たちは九州の7県すべてを訪れる予定である。
The town **council** decided to cut down the roadside trees.	町議会は道路わきの木を切り倒すことに決めた。
The university **administration** has chosen to move into a new building.	大学管理部は新しいビルに移転することを選んだ。

curriculum
[ア] [kəríkjuləm]
□□ 878

教育課程，カリキュラム
▶ be in［on］the curriculum 履修科目である
▶ curriculum vitae 履歴書(CV)([米] résumé)

形容詞編

precious
[préʃəs]
□□ 879

貴重な；高価な(≒ váluable)
▶ a precious stone 宝石

generous
[dʒénərəs]
□□ 880

寛大な；気前のよい(⇔ stíngy けちな)；豊富な
▶ generous with *one's* time 時間を惜しまない
□ gènerósity [名] 寛容；気前のよさ
▶ appreciate ～'s generosity ～の寛大さに感謝する
□ génerously [副] 気前よく

casual
[発] [kǽʒuəl]
□□ 881

何気ない；形式ばらない
▶ a casual get-together 気の置けない集まり
□ cásually [副] 何気なく
□ cásualty [名] (事故や戦争の)死傷者(数)

optimistic
[à(:)ptɪmístɪk]
□□ 882

楽観的な(⇔ pèssimístic ➡ 1593)
□ óptimìsm [名] 楽観[楽天]主義
□ óptimist [名] 楽観主義者

rough
[発] [rʌf]
□□ 883

粗い；大まかな；乱暴な
▶ a rough road でこぼこ道
[副] 手荒く
□ róughly [副] おおよそ；手荒く

unpleasant
[発] [ʌnplézənt]
□□ 884

不愉快な；不親切な，無礼な
▶ unpleasant manners 不愉快な態度

Arctic
[ɑ́ːrktɪk]
□□ 885

北極の(⇔ Antárctic 南極の)
▶ the Arctic Ocean 北極海
[名] 〔the ～〕北極(圏)

Under the new elementary school **curriculum**, students must study English.	新しい小学校の教育課程では、生徒は英語を勉強しなければならない。
Nothing is more **precious** than life.	命より貴重なものはない。
The professor was **generous** enough to extend the deadline for the paper.	教授は寛大にもレポートの締め切りを延ばしてくれた。
His **casual** remark caused us a lot of trouble.	彼の何気ない発言のせいで私たちは大変な迷惑を被った。
She feels **optimistic** about her future.	彼女は自分の将来に関して楽観的な気持ちだ。
The **rough** skin on his face is caused by many years of working outdoors.	彼の顔の荒れた肌は長年の屋外での仕事が原因である。
An **unpleasant** experience may be caused by your actions.	不愉快な経験はあなたの行動によって引き起こされるかもしれない。
Arctic ice may disappear in the future due to global warming.	北極の氷は地球温暖化のせいで将来消滅するかもしれない。

ultimate

🔈 [ˈʌltɪmət]

☐☐ 886

究極の

▶ the ultimate decision 最終的な決定

☐ últimately 副 結局のところ

deaf

🔈 [def]

☐☐ 887

耳が聞こえない(≒ hard of hearing)

▶ turn a deaf ear to ～ 「～に耳を貸さない」

▶「話すことができない」は dumb, 「目の不自由な」は blind。

☐ déafening 形 耳をつんざくような

genuine

🔈 [dʒénjuɪn]

☐☐ 888

本物の(≒ authéntic → 1580, réal);偽りのない

▶ a genuine Renoir 本物のルノワールの作品

▶ (a) genuine interest 純粋な興味

manual

🔈 [mǽnjuəl]

☐☐ 889

体[手]を使う;手の;手動式の

▶ manual labor 「肉体労働」

名 説明書, マニュアル

▶ an instruction manual 使用説明書

mechanical

[mɪkǽnɪkəl]

☐☐ 890

機械の;機械的な

▶ mechanical products 機械製品

☐ mechánic 名 整備士, 修理工

☐ mechánics 名 力学;機械工学

☐ méchanìsm 名 仕組み

instant

🔈 [ínstənt]

☐☐ 891

即時の, すぐの;即席の

名 一瞬, 瞬時;瞬間

▶ for an instant 一瞬の間

▶ the instant that ... …するとすぐに

副 直ちに, すぐに

spare

[speər]

☐☐ 892

余分の, 予備の

▶ a spare bedroom (来客用の)予備の寝室

名 予備品, スペア

動 を割く;を省く

▶ spare A B A(人)に B(嫌なこと)を免れさせる

immune

[ɪmjúːn]

☐☐ 893

(～に対して)**免疫を持つ**(to);(～を)免れた(from)

🆁🅲 the immune system 「免疫系[機構]」

▶ immune cells 免疫細胞

☐ immúnity 名 免疫性;免責

▶ diplomatic immunity 外交特権

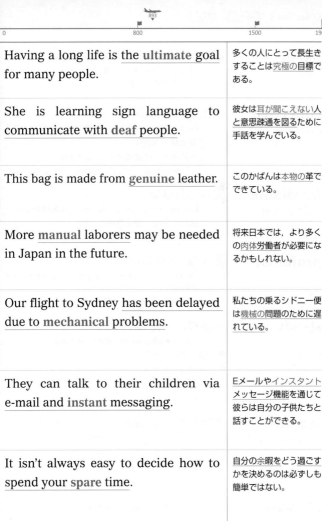

Having a long life is <u>the ultimate</u> goal for many people.	多くの人にとって長生きすることは<u>究極の目標</u>である。
She is learning sign language to <u>communicate with deaf</u> people.	彼女は<u>耳が聞こえない人</u>と意思疎通を図るために手話を学んでいる。
This bag is made from <u>genuine</u> leather.	このかばんは<u>本物の革</u>でできている。
More <u>manual</u> laborers may be needed in Japan in the future.	将来日本では，より多くの<u>肉体</u>労働者が必要になるかもしれない。
Our flight to Sydney <u>has been delayed</u> due to <u>mechanical</u> problems.	私たちの乗るシドニー便は<u>機械の問題</u>のために遅れている。
They can talk to their children via e-mail and <u>instant</u> messaging.	Eメールや<u>インスタントメッセージ機能</u>を通じて彼らは自分の子供たちと話すことができる。
It isn't always easy to decide how to <u>spend your spare</u> time.	<u>自分の余暇</u>をどう過ごすかを決めるのは必ずしも簡単ではない。
The <u>immune system</u> uses a variety of white blood cells to fight disease.	<u>免疫系</u>は病気と闘うのに種々の白血球を使う。

harsh [hɑːrʃ] □□ 894	厳しい；(光・色・味などが)不快な ▶ a harsh reality 厳しい現実 ▶ a harsh color どぎつい色
collective [kəléktɪv] □□ 895	集団の，共同の ▶ the right to [of] collective self-defense 集団的自衛権 名 集合体，共同体 □ colléctivìsm 名 集団主義；集産主義 ▶ individualism「個人主義」と対比して用いられる。
inevitable 発 ⑦ [ɪnévətəbl] □□ 896	避けられない ▶ It is inevitable that ... …ということは避けられない □ inévitably 副 必然的に，当然 □ inèvitabílity 名 不可避
profound [prəfáʊnd] □□ 897	重大な；深い；難解な ▶ His knowledge of music is profound. 彼の音楽知識は深い。 □ profóundly 副 深く；強く
steady 発 [stédi] □□ 898	着実な，一定の；安定した ▶ a steady job [income] 安定した職業[収入] 動 を安定させる 名 決まった恋人 □ stéadily 副 着実に □ stéadiness 名 安定；着実
mature 発 [mətʊ́ər] □□ 899	成熟した(⇔ ìmmatúre 未熟な)；熟した ▶ people of mature years 熟年の人々 動 を熟させる □ matúrity 名 成熟(期)；満期

likewise [láɪkwàɪz] □□ 900	同様に(≒ in the same way)

Polar bears are perfectly adapted to live in their **harsh** environment.	ホッキョクグマは自らの厳しい環境で生息するのに完全に適応している。
Collective and individual thinking are influenced by language.	集団の思考や個人の思考は言語に影響される。
Some people believe that global warming is **inevitable**.	地球温暖化は避けられないと思っている人もいる。
The poetry she read had a **profound** impact on her life.	彼女が読んだ詩は彼女の人生に重大な影響を及ぼした。
Our economy is recovering at a **steady** pace.	我が国の経済は着実なペースで回復しつつある。
The child was regarded as **mature** for his age.	その子供は年齢のわりに成熟していると見なされた。
Other people would do **likewise** in this kind of situation.	この種の状況においてはほかの人々も同じようにするだろう。

動詞編

chase
[tʃeɪs]

□□ 901

(を)**追跡する**；(を)追求する
▶ chase one's dream 自分の夢を追う
图 追跡；追求

sue
[sju:]

□□ 902

を**告訴する**；(～を求めて)訴訟を起こす(for)
▶ sue for damages 損害賠償を求めて訴訟を起こす
□ suit 图 訴訟(= láwsùit)
▶ file [bring] a suit against ～ ～を相手に訴訟を起こす

gaze
[geɪz]

□□ 903

じっと見る
TG gaze at ～「～をじっと見つめる」
图 凝視；(見つめる)視線
▶ fix one's gaze on ～ ～を凝視する

slip
[slɪp]

□□ 904

滑る；滑り落ちる；そっと動く
▶ slip into a room こっそり部屋に入る
图 滑ること；ちょっとしたミス；紙片；メモ用紙

load
[loʊd]

□□ 905

に**積む**；に負わせる
TG load A with B「AにBを積む」
▶ load boxes into a car 箱を車に積み込む
图 (積み)荷；重荷；負担；負荷

overwhelm
㋐ [òʊvərhwélm]

□□ 906

を**圧倒する**；を(精神的に)打ちのめす
TG be overwhelmed by ～「～に圧倒される」
□ òverwhélming 圏 圧倒的な
▶ an overwhelming majority 圧倒的多数

wander
㋐ [wá(:)ndər]

□□ 907

歩き回る；それる；はぐれる
▶ wander away from ～ ～からはぐれる
□ wánderer 图 放浪者

float
[floʊt]

□□ 908

漂う，浮かぶ；を浮かべる
图 浮くもの；浮き；ブイ
□ flóating 圏 漂っている；(資本などが)流動的な

The police **chased** the criminals running from the bank.	警察は銀行から逃げている犯人たちを追跡した。
The customer is **suing** the company for the mistake in the order.	その顧客は注文での間違いのかどでその会社を訴えている。
Deep in thought, he continued to **gaze** at the ocean.	思いにふけって，彼は海をじっと見続けた。
He got injured when he **slipped** on ice on the street.	通りに張った氷の上で滑ったとき，彼はけがをした。
He **loaded** his truck with camping gear.	彼は自分のトラックにキャンプ用品を積んだ。
She was **overwhelmed** by the beautiful view of the Grand Canyon.	彼女はグランドキャニオンの美しい眺めに圧倒された。
She **wandered** around the city all day.	彼女は一日中市内を歩き回った。
She saw a few clouds **floating** across the sky.	彼女にはいくつかの雲が空に浮かんで流れていくのが見えた。

pour 発 [pɔːr] □□ 909	を注ぐ；激しく降る；押し寄せる ▶ pour A into B 「B に A を注ぐ」 ▶ pour into a concert hall コンサートホールに押し寄せる ▶ It's pouring outside. 外はどしゃ降りの雨だ。
substitute ク [sʌ́bstɪtjùːt] □□ 910	を代わりに使う；(〜の)代理をする(for) **TG** substitute A for B 「B の代わりに A を使う」 名 代理，代用品 形 代理の，代用の □ sùbstitútion 名代理，代用
pronounce 発 ク [prənáuns] □□ 911	を発音する；を宣言する ▶ pronounce sentence on 〜 〜に判決を下す □ pronùnciátion 名発音
shrink [ʃrɪŋk] □□ 912	縮む，縮小する；減少する；ひるむ ▶ 活用：shrink - shrank [shrunk] - shrunk [shrunken] □ shrínkage 名 収縮，減少
restore [rɪstɔ́ːr] □□ 913	を回復させる；を修復する ▶ restore law and order 法と秩序を回復させる □ rèstorátion 名回復；修復 ▶ the Meiji Restoration 明治維新
trigger [trɪ́gər] □□ 914	を引き起こす；のきっかけとなる 名引き金；(〜の)誘因(for) ▶ pull the trigger 引き金を引く
grab [græb] □□ 915	をつかむ；を横取りする；を急いで食べる ▶ grab hold of 〜 〜を引っつかむ 名引っつかむこと；略奪(物) ▶ make a grab at [for] 〜 〜をひったくろうとする
retain [rɪtéin] □□ 916	を保持する；を覚えている ▶ retain one's youth 若さを保つ □ reténtion 名保持；記憶(力)
reproduce [rìːprədjúːs] □□ 917	を複製する；を繁殖させる；繁殖する ▶ reproduce oneself 生殖する，繁殖する □ rèprodúction 名複製；繁殖

He **poured** some tea into a cup.

彼はカップに紅茶を注いだ。

He **substituted** honey for sugar in the recipe.

彼はそのレシピでハチミツを砂糖の代わりに使った。

Learning how to read helps children **pronounce** words better.

読み方を学ぶことは，子供がもっと上手に言葉を発音する助けとなる。

His wool sweater **shrank** in the dryer.

彼のウールのセーターは乾燥機で縮んだ。

The government promised to **restore** the economy to a healthy state.

政府は経済を健全な状態に回復させると約束した。

Heavy rain **triggered** a sudden flood in the village.

大雨がその村で突然の洪水を引き起こした。

She **grabbed** the handrail to stop herself from falling.

彼女は倒れないように手すりをつかんだ。

My father has **retained** the same body strength since his twenties.

私の父は20代のころから同じ体力を保持している。

The museum **reproduced** some of its famous paintings on postcards for sale.

その美術館は有名な絵画のいくつかを販売用のはがきに複製した。

bob [bɑ(:)b] □□ 918	**上下に動く**；急に動く；を上下に動かす ▶ bob *one's* head 会釈する [名] ひょいと動く動作；ボブ(髪型) □ bóbbed [形] ボブ(カット)の
entertain [アク] [èntərtéɪn] □□ 919	を**楽しませる**；をもてなす □ èntertáinment [名] 娯楽；興行；もてなし ▶ provide entertainment for guests 客をもてなす □ èntertáiner [名] 客をもてなす人；芸人
interfere [発] [アク] [ìntərfíər] □□ 920	**干渉する，介入する**；邪魔する [TG] **interfere in ～**「～に干渉する」 ▶ interfere with his work 彼の仕事の邪魔をする □ ìnterférence [名] 干渉；妨害
cultivate [kʌ́ltɪvèɪt] □□ 921	を**養う**；を耕す；を栽培する ▶ cultivate empathy for others 他者への感情移入を養う □ cùltivátion [名] 育成；栽培 □ cúltivàtor [名] 栽培者
underlie [ʌ̀ndərláɪ] □□ 922	の**根底にある** ▶ 活用：underlie - underlay - underlain □ ùnderlýing [形] 潜在的な；根本的な ▶ an underlying cause of ～ ～の裏に潜む原因
anticipate [アク] [æntísɪpèɪt] □□ 923	を**予期する**；楽しみに待つ ▶ anticipate *doing* …することを予期する[楽しみに待つ] □ antìcipátion [名] 予期；期待 ▶ in anticipation (of ～) (～を)予期[期待]して
justify [dʒʌ́stɪfàɪ] □□ 924	を**正当化する** ▶ justify *doing* …することを正当化する □ jùstificátion [名] 正当化，弁明 ▶ in justification (of ～) (～を)正当化して □ jùstifíable [形] 正当と認められる，当然の
regulate [régjəlèɪt] □□ 925	を**規制する**；を調整する □ règulátion [名] 規制；規則 ▶ comply with the regulations 規則に従う □ régular [形] 規則正しい；定期的な □ régularly [副] 規則正しく

The little boat **bobbed** gently up and down on the water.	小舟が水面で穏やかに上下した。
Hollywood movies have **entertained** audiences around the world for years.	ハリウッド映画は長年にわたって世界中の観客を楽しませてきた。
The church should not **interfere** in politics.	教会は政治に干渉するべきでない。
Her doctor advised her to **cultivate** healthier lifestyle habits.	主治医は彼女にもっと健康的な生活習慣を養うように忠告した。
Economic issues **underlie** negotiations between the two countries.	経済問題が両国間の交渉の根底にある。
They **anticipate** a bright future for their only son.	彼らは一人息子に明るい将来を期待している。
In the hearing, the politician **justified** her actions.	聴聞会でその政治家は自分の行動を正当化した。
Europe has made efforts to **regulate** content on the Internet.	ヨーロッパはインターネット上のコンテンツを規制するための努力をしてきている。

scan
[skæn]
□□ 926

を**走査[スキャン]する**；をざっと見る；を注意深く調べる
▶ scan the headlines 見出しにざっと目を通す
[名] 精査，走査
□ scánner [名] スキャナー

classify
[klǽsɪfàɪ]
□□ 927

を**分類する**；を機密扱いにする
□ clássified [形] 分類された；極秘の
▶ classified documents 機密文書
□ clàssificátion [名] 分類，格付け

submit
[アク] [səbmít]
□□ 928

を**提出する**；〔submit *oneself* で〕(〜に)従う(to)
□ submíssion [名] 服従；提出
□ submíssive [形] 従う；従順な

pause
[発] [pɔːz]
□□ 929

(一時的に)中止する；(一瞬)立ち止まる
▶「進行中の動作を中断する」の意。
[名] (一時的な)中止，休止；途切れ
▶ come to a pause 小休止する

lean
[liːn]
□□ 930

傾く；寄りかかる；をもたせかける
▶ lean forward「前かがみになる」
▶ lean against [on] 〜 〜に寄りかかる
[名] 傾向；傾斜

bump
[bʌmp]
□□ 931

ぶつかる；をぶつける
[TG] **bump into** 〜「〜にぶつかる；〜に偶然出会う」
[名] 衝突；でこぼこ
□ búmper [名] (車の)バンパー，緩衝器
□ búmpy [形] (道が)でこぼこの

fold
[fould]
□□ 932

を**折り畳む**；(両腕)を組む；(折り)畳める
▶ with *one's* arms folded 腕組みをして
[名] 折り重ねた部分；畳み目
□ fólder [名] フォルダー，紙ばさみ

hesitate
[hézɪtèɪt]
□□ 933

躊躇(ちゅうちょ)する，ためらう
[TG] **hesitate to *do***「…するのをためらう」
□ hèsitátion [名] 躊躇，ためらい
□ hésitant [形] ためらいがちな

| 0 | 800 | 1500 | 1900 |

The doctor <u>scanned</u> the patient's body using a machine.	医師は機械を使って患者の体を<u>スキャン</u>した。
The books are <u>classified</u> according to the authors' names.	本は作家の名前に従って<u>分類され</u>ている。
He <u>submitted</u> the paper to his teacher a few days early.	彼は数日早く先生に<u>論文</u>を<u>提出</u>した。
The speaker <u>paused</u> to drink from a <u>glass of water</u>.	その演説者は<u>コップの水</u>を飲むために<u>話を中断した</u>。
After the storm, I saw that <u>my house's</u> <u>fence was leaning</u> slightly.	嵐の後，私の<u>家</u>の<u>塀</u>が少し<u>傾いている</u>のがわかった。
She <u>nearly bumped into a man</u> who was walking using a smartphone.	彼女はスマートフォンを使いながら歩いていた<u>男</u>性に<u>あやうくぶつかりそうになった</u>。
She is very good at <u>folding clothes</u>.	彼女は<u>衣服を畳む</u>のがとてもうまい。
Many people <u>hesitate to contact someone</u> by phone these days.	最近，電話で<u>人に連絡する</u>のを<u>ためらう</u>人が多い。

pump [pʌmp] ☐☐ 934	**(液体・気体)をポンプで送り込む**；をくみ出す；を注ぎ込む 　图 ポンプ 　▶ a gasoline pump 給油ポンプ
mount [maunt] ☐☐ 935	**を据えつける**；に着手する；(自転車など)に乗る；増える 　图 台紙；台 　☐ móunting 形 増えている　图 台紙，台
exceed [ɪksíːd] ☐☐ 936	**を超える**；に勝る 　▶ exceed expectations 期待を上回る 　☐ excéedingly 副 非常に，程度に 　☐ excéss　　图 超過，過多；行きすぎ 　☐ excéssive 形 過度の，極端な
undergo [ʌndərɡóu] ☐☐ 937	**を経験する**；(手術など)を受ける；に耐える 　▶ 活用：undergo - underwent - undergone 　▶ undergo medical treatment 医学的治療を受ける
confront [kənfrʌ́nt] ☐☐ 938	**に立ち向かう**；(困難などが)に立ちはだかる 　▶ be confronted with ～「～に直面する」 　☐ cònfrontátion 图 対決；対立
consult [kənsʌ́lt] ☐☐ 939	**(に)相談する**；を参照する 　▶ consult a lawyer「弁護士に相談する」 　☐ consúltant 图 顧問，相談役 　☐ cònsultátion 图 相談；協議
fulfill [fʊlfíl] ☐☐ 940	**を実現させる**；を果たす；を満たす 　▶ fulfill ～'s needs ～の必要を満たす 　☐ fulfíllment 图 実現；充足感 　▶ a sense of fulfillment 達成感，充足感 　☐ fulfílled　　形 満ち足りている
名詞編	
privilege [prívəlɪdʒ] ☐☐ 941	**特権，特典** 　▶ grant him certain privileges 彼に一定の特権を与える 　☐ prívileged 形 特権[特典]のある 　▶ the privileged classes 特権階級

This device is used to **pump** oxygen into a patient's body.	この装置は患者の体の中に酸素を送り込むのに用いられる。
He **mounted** his country's flag on the wall of his living room.	彼は自国の旗を居間の壁に据えつけた。
His income **exceeds** ten million yen a year.	彼の所得は年間1,000万円を超える。
After the war, our country **underwent** many social changes.	戦後，我が国は多くの社会的変化を経験した。
We have to **confront** the problem of the declining birthrate.	私たちは少子化問題に立ち向かわなくてはならない。
The political candidate **consulted** his adviser about an election campaign.	その立候補者は選挙運動について顧問に相談した。
She was given a chance to **fulfill** her dream.	彼女は自分の夢を実現させる機会を与えられた。
Intelligence is not the **privilege** of the human species alone.	知能は人類だけの特権ではない。

formation
[fɔːrméɪʃən]
□□ 942

形成；構成（物）；隊列
▶ the formation of character 人格形成
□ form 動 を形成する；を組織する
□ fórmat 名 形式；（本などの）型；書式

dimension
[dəménʃən]
□□ 943

側面，局面；次元；寸法
□ diménsional 形 （複合語で）〜次元の
▶ three-dimensional 3次元[3D]の

neuron
[njúərɑ(ː)n]
□□ 944

ニューロン，神経単位
□ neurólogy 名 神経学
□ nèuroscíence 名 神経科学

sensation
[senséɪʃən]
□□ 945

感覚；大評判
▶ cause a sensation センセーションを巻き起こす
□ sensátional 形 衝撃的な
▶ a sensational crime 衝撃的な犯罪

chart
[tʃɑːrt]
□□ 946

図，グラフ；海図；ヒットチャート
▶ a bar chart 棒グラフ
動 を図表化する；の計画を立てる

geography
⑦ [dʒiá(ː)grəfi]
□□ 947

〔the 〜〕地理；地理学
▶ political geography 政治地理学
□ gèográphical 形 地理学的な（≒ geográphic）
□ geógrapher 名 地理学者

panel
[pǽnəl]
□□ 948

（専門家の）一団；討論者一同；羽目板
▶ panel discussion パネルディスカッション，公開討論会
□ pánelist 名 討論者；（クイズ番組の）解答者

semester
⑦ [səméstər]
□□ 949

主に米 （2 学期制の）学期
▶ 3学期制の「学期」は 主に英 で term，米 で trimester と言う。
▶ the fall semester 秋学期

workforce
[wə́rkfɔ̀rs]
□□ 950

労働人口，総労働力；全従業員（数）
▶ increase the workforce by 10 percent 従業員を10パーセント増やす
▶ workforce adjustment 雇用調整（= 大幅な人員削減）

There are a lot of theories about the <u>formation</u> of the universe.	宇宙の<u>形成</u>に関して多くの理論がある。
The IT revolution <u>has added</u> a new <u>dimension</u> to the collection of data.	IT革命はデータ収集に<u>新しい側面を加えた</u>。
There is <u>a network of neurons</u> in the brain.	脳内には<u>ニューロンの網状組織</u>がある。
After the traffic accident, he <u>lost all sensation</u> in his fingers.	交通事故の後，彼は指の<u>全感覚を失った</u>。
She uses <u>charts and tables</u> when explaining her projects.	彼女は自分の研究課題を説明するとき<u>図や表</u>を使う。
<u>The geography of the country</u> makes it easy to grow grapes.	その国の<u>地理</u>はブドウの栽培を容易にする。
A <u>panel</u> of computer experts has discussed the government's proposal.	<u>コンピューター専門家の一団</u>は政府の提案について議論した。
She is required to <u>take</u> at least six classes every <u>semester</u>.	彼女は毎学期に<u>少なくとも6つの授業を取る</u>ことが求められている。
In Japan, the number of <u>people</u> entering the <u>workforce</u> has been decreasing.	日本では，<u>労働人口に加わる人</u>の数が減少している。

mill
[mɪl]
□□ 951

製造工場；製粉所；粉ひき機
▶ a cotton [steel] mill 紡績[製鋼]工場
動 を粉にする
▶ mill wheat into flour 小麦をひいて粉にする

abuse
発 [əbjúːs]
□□ 952

乱用；虐待
▶ child abuse 児童虐待
動 [əbjúːz] を乱用[悪用]する；を虐待する

vice
[vaɪs]
□□ 953

(道徳上の)悪(⇔ vírtue → 1078)；欠点
▶ vice- 「(役職名の前に付けて)副〜，代理〜」と同語。
▶ 同じつづりのラテン語を使った vice versa「逆もまた同じ」という表現も頻出。
□ vícious **形** 悪い；残虐な
▶ a vicious circle [cycle] 悪循環

fate
[feɪt]
□□ 954

運命；結末；最期
▶ 語源はラテン語の fatum「運命」：amor fati「運命愛」
▶ by an irony [a twist] of fate 運命のいたずらで
□ fátal **形** 致命的な；破滅的な
□ fatálity **名** 不慮の死；死亡者(数)

tragedy
[trǽdʒədi]
□□ 955

悲劇(的な事態)(⇔ cómedy 喜劇)
▶ Greek tragedy ギリシャ悲劇
□ trágic **形** 悲惨な；悲劇の，悲劇的な
▶ a tragic hero 悲劇の主人公

scenario
[sənǽriòʊ]
□□ 956

(予想される)筋書き，事態；脚本
▶ in the worst-case scenario 最悪の事態には

allergy
発 **アク** [ǽlərdʒi]
□□ 957

アレルギー
▶ have an allergy to pollen 花粉アレルギーである
□ allérgic **形** (〜に対して)アレルギー(性)の(to)
▶ an allergic reaction アレルギー反応

wound
発 [wuːnd]
□□ 958

(銃弾・刃物などによる)傷；痛手
▶ suffer [heal] a wound 傷を負う[治す]
動 を傷つける；を害する
▶ be seriously [badly] wounded 重傷を負っている
▶ wound は規則動詞。wind [waɪnd]「を巻く」の過去形・過去分詞形 wound [waʊnd] と区別。

0	800	1500	1900

There are a lot of paper mills in Shizuoka Prefecture.	静岡県にはたくさんの製紙工場がある。
We need to control the abuse of drugs.	私たちは薬物乱用を規制する必要がある。
Smoking in a crowded place is a terrible vice.	混み合った場所での喫煙はひどい悪である。
He believes it is his fate to marry his girlfriend.	彼はガールフレンドと結婚することは自分の運命だと信じている。
Tragedy struck when the hurricane hit the town.	ハリケーンがその町を襲ったとき，悲劇が起きた。
Getting bad grades at school is the worst scenario for me.	学校で悪い成績を取ることが私にとって最悪の事態である。
No one knows why food allergies are on the increase.	なぜ食物アレルギーが増えているのか，だれにもわからない。
His old wounds still ache in cold weather.	彼の古傷は今でも寒い天候のときに痛む。

antibiotic [æntibaiá(:)tik] □□ 959	〔通例～s〕抗生物質 ▶ put ～ on antibiotics ～に抗生物質を処方する 形 抗生物質の
vaccine 楽[væksí:n] □□ 960	ワクチン ▶ take a vaccine against ～ ～のワクチン接種を受ける □ váccinàte 動 にワクチン接種をする
metaphor [métəfɔ̀(:)r] □□ 961	隠喩；比喩 ▶ like, as などを用いない比喩。用いる比喩は simile「直喩」。 □ mètaphórical 形 隠喩的な，比喩的な
folk 楽[fouk] □□ 962	人々；〔～s〕皆さん；〔one's ～s〕家族 ▶ Welcome, folks! ようこそ，皆さん！ 形 民間伝承の；（音楽が）フォークの □ fólklòre 名 民間伝承；民俗学
fare [feər] □□ 963	（乗り物の）料金 ▶ a taxi fare タクシー料金 動〔well, badly などを伴って〕（うまく[まずく]）やっていく
transition [trænzíʃən] □□ 964	移り変わり；過渡期 ▶ be in a period of transition 過渡期にある □ transítional 形 過渡的な
maximum 楽[mæksɪməm] □□ 965	最大限（⇔ mínimum → 653） ▶ to the maximum 最大限に 形 最大限の，最高の 副 最大で □ máximìze 動 を最大にする
galaxy [gæləksi] □□ 966	星雲，銀河；〔the G～〕銀河系 ▶ the Galaxy は the Milky Way「天の川」とも言う。
mineral [mínərəl] □□ 967	鉱物；ミネラル 形 鉱物(質)の，鉱物を含む ▶ mineral water ミネラルウォーター

0   800   1500   1900

Bacteria may sometimes develop resistance to **antibiotics**.	細菌はときには<u>抗生物質</u>に対する耐性を発達させることがある。
Many research projects are trying to find an effective HIV **vaccine**.	多くの研究プロジェクトが効果的なHIV<u>ワクチン</u>を発見しようとしている。
A "salad bowl" is a **metaphor** often used to describe American society.	「サラダボウル社会」はアメリカ社会を表現するのによく使われる<u>隠喩</u>である。
Today, <u>young **folks**</u> are listening to music influenced by classic jazz.	今日，<u>若い人々</u>はクラシックジャズの影響を受けた音楽を聞いている。
In Japan, you can use IC cards to pay for <u>train and bus **fares**</u>.	日本では，列車やバスの<u>料金</u>を支払うのにICカードを使うことができる。
Eventually, there will be <u>a **transition** to self-driving cars</u>.	ゆくゆくは，<u>自動運転の車への移行</u>が起こるだろう。
<u>The **maximum** I can afford for rent</u> is $500 per month.	<u>私が家賃に支払える最大限</u>は月に500ドルだ。
<u>Stars from other **galaxies**</u> are hard to see with the naked eye.	<u>他の星雲の星</u>は肉眼では見えにくい。
Hot spring waters often contain **minerals** such as iron.	温泉水は<u>鉄のような鉱物</u>を含むことが多い。

---

skeleton

發 [skélɪtən]

□□ 968

骨格；骨組み；概略

▶ a skeleton key マスターキー（= a master key），親かぎ
▶ the skeleton of a project 計画の概略[骨子]

---

counterpart

[káʊntərpàːrt]

□□ 969

相当する物[人]

▶ a counterpart to ～ 「～に対応[相当]する人[物]」

---

stroke

[stroʊk]

□□ 970

脳卒中；（ボールを）打つこと；（雷などの）一撃

▶ have [suffer] a stroke 脳卒中を起こす
▶ have a stroke of luck 思いがけない幸運に恵まれる

動 をなでる；（ボール）を打つ

---

pedestrian

⑦ [pədéstriən]

□□ 971

歩行者

▶ pedestr-(⇐ ラテン語 pedester) 「徒歩で行く」+ -ian 「人」

形 歩行者の；徒歩の；平凡な

▶ a pedestrian crossing 英 横断歩道(≒ 米 crosswalk)

---

trail

[treɪl]

□□ 972

（野山などの）小道；跡；手がかり

▶ leave a trail of ～ ～の跡を残す

動 を引きずる；の跡をたどる；ぶらつく

▶ trail a suspect 容疑者を尾行する

---

ecology

[ɪ(ː)kálədʒi]

□□ 973

生態学；生態系；環境保護

□ ecólogist 名 生態学者
□ ècológical 形 生態(学)の；環境保護の

▶ an ecological crisis 生態環境の危機

---

sibling

[síblɪŋ]

□□ 974

きょうだい（の1人）

▶ 男女の別なく用いる。
▶ sibling rivalry きょうだい間の争い[競争心]

---

ratio

發 [réɪʃiòʊ]

□□ 975

比率

▶ the ratio of A to B 「A の B に対する比率」
▶ be in the ratio of 12 to 19 12対19の割合になっている

---

mixture

[míkstʃər]

□□ 976

混合（物）

▶ a mixture of ～ 「～の混合（物）」
□ mix 動 を混ぜる，混合する

268

The human **skeleton** is made up of more than 200 bones.	人間の骨格は200以上の骨から成っている。
The Japanese emperor is the **counterpart** to the British queen.	日本の天皇はイギリスの女王に相当する存在である。
He cannot move his left arm due to a **stroke**.	彼は脳卒中のせいで左腕を動かすことができない。
A **pedestrian** was hit by a car when he was crossing the street.	歩行者が道路を渡っていたとき，車にはねられた。
Be sure to stay on the hiking **trail** for your own safety.	自身の安全のために決してハイキング用の小道からはずれないでください。
He is going to study natural science and become an expert on **ecology**.	彼は自然科学を研究し，生態学の専門家になるつもりである。
The bond between **siblings** will likely become stronger in later life.	きょうだい間の絆はおそらく晩年に強まるだろう。
The **ratio** of patients to nurses in this hospital is 7 to 1.	この病院の患者と看護師の比率は7対1である。
Japan has a nice **mixture** of traditional and modern buildings.	日本には伝統的な建物と現代的な建物の見事な混合がある。

charm [tʃɑːrm] □□ 977	魅力；お守り ▶ a good-luck charm 幸運のお守り **動** を魅了する ▶ be charmed by ~ ~に魅了される □ chárming **形** 魅力的な
ambition [æmbíʃən] □□ 978	(〜に対する)**願望，野望**(for)；野心 ▶ have political ambitions 政治的野望を抱く □ ambítious **形** 野心的な

形容詞編

prominent [prá(:)mɪnənt] □□ 979	卓越した；目立つ ▶ pro-「前へ」+ min(e)「突き出る」+ -ent「状態で」 □ próminence **名** 顕著，目立つこと；卓越 □ próminently **副** 目立って
radical [rǽdɪkəl] □□ 980	急進的な；根本的な ▶ a radical principle 基本原理 **名** 急進主義者 □ rádicalism **名** 過激[急進]主義 □ rádically **副** 根本的に；徹底的に
prompt [prɑ(:)mpt] □□ 981	即座の，迅速な **動** を促す；を駆り立てる **副** 英 (時間)きっかりに(英 sharp)
informal [ɪnfɔ́ːrməl] □□ 982	形式ばらない，略式の(⇔ fórmal 正式の)； (言葉が)くだけた ▶ informal clothes 普段着(≒ casual clothes) □ infórmally **副** 形式ばらずに
mutual 英 [mjúːtʃuəl] □□ 983	相互の；共通の ▶ mutual understanding 相互理解 □ mútually **副** 相互に
neutral [njúːtrəl] □□ 984	中立の；(特徴・表情などが)はっきりしない ▶ remain neutral 中立のままでいる **名** 中立の人[国] □ néutralism **名** 中立主義 □ néutralize **動** を中立にする；を相殺する

Nara, famous for its Great Buddha, still retains its ancient charm.	大仏で有名な奈良は，今でもその古代の魅力を保持している。
He finally achieved his ambition of competing in the Olympic games.	彼はついにオリンピックで競うという願望を達成した。
She is a prominent researcher in the field of science.	彼女は科学分野において卓越した研究者である。
Radical candidates can sometimes be elected.	急進的な候補者がときどき選出される可能性がある。
She surprised us with her prompt response.	彼女は迅速な応答で私たちを驚かせた。
At the party, he spoke in a friendly, informal way.	パーティーで，彼は友好的で形式ばらない話し方をした。
Mutual respect is the key to a successful relationship.	相互の尊重がうまくいく関係のかぎである。
She always adopts a neutral position in a debate.	彼女は討論でいつも中立の立場をとる。

271

alert [ələ́ːrt] ☐☐ 985	警戒して；敏速な **🆂 be alert to [for]** ～「～を警戒している」 **名** 警戒；警報 ▶ on (the) alert 警戒中で **動** を警戒させる；に警報を出す
magnetic [mægnétɪk] ☐☐ 986	磁気の；磁石の；人を引きつける ▶ magnetic force 磁力 ▶ a magnetic personality 魅力的な性格 ☐ mágnet **名** 磁石；(人を)引きつけるもの
polar [póulər] ☐☐ 987	極地の；電極の ▶ the polar ice caps 極地の氷冠 ☐ pole **名** (地球などの)極；さお ▶ the Pole Star 北極星(= the polestar)
fluent [flúːənt] ☐☐ 988	流ちょうな **🆂 be fluent in** ～「～が流ちょうである」 ▶ a fluent speaker 能弁な話し手，能弁家 ☐ flúency **名** 流ちょうさ ▶ with fluency 流ちょうに ☐ flúently **副** 流ちょうに
external [ɪkstə́ːrnəl] ☐☐ 989	外部の(⇔ intérnal → 680)；対外的な ▶ external observation 外部からの観察 ▶ (a department of) external affairs 外事(課) ☐ extérnally **副** 外部に；見かけ上
passive [pǽsɪv] ☐☐ 990	受動的な；消極的な ▶ passive smoking 受動喫煙 ▶ passive response [resistance] 消極的反応[抵抗] ☐ passívity **名** 受動性；無抵抗
awful **発** [ɔ́ːfəl] ☐☐ 991	ひどい；嫌な；ものすごい ▶ look awful 顔色が悪い ☐ awe [ɔː] **名** 畏敬，畏怖 ☐ áwfully **副** とても；ひどく悪く
unrelated [ʌ̀nrɪléɪtɪd] ☐☐ 992	無関係の；血縁関係がない **🆂 be unrelated to** ～「～と無関係である」 ▶ connect unrelated matters 無関係な事柄を結び付ける

The police officers are now **alert** to the rising crime in the area.

警官たちはその地域で増加している犯罪に対し現在警戒している。

The Earth has a **magnetic** field which gives it protection.

地球には地球を保護している磁場がある。

Penguins are well adapted to the environment in the **polar** regions.

ペンギンは極地の環境にうまく順応している。

Ken is **fluent** both in English and Japanese.

ケンは英語と日本語の両方が流ちょうである。

A submarine is designed to resist strong **external** pressure.

潜水艦は強度の外圧に耐えるように設計されている。

Young children are generally **passive** receivers of knowledge.

幼児はたいてい知識の受動的な受け手である。

Gradually, I came to realize the **awful** truth about my boss.

徐々に，私は自分の上司に関するひどい事実がわかってきた。

His disease is **unrelated** to his eating habits.

彼の病気は彼の食習慣とは無関係である。

273

cruel [krúːəl] ☐☐ 993	残酷な；むごい ▶ a cruel act 残忍な行為 ☐ crúelty 图 残酷さ；虐待 ☐ crúelly 圖 残酷に
fake [feɪk] ☐☐ 994	偽の；見せかけだけの ▶ a fake diamond 模造ダイヤ 動 を偽造する；のふりをする ▶ fake illness 仮病を使う 图 偽物
vulnerable ⑦ [vʌ́lnərəbl] ☐☐ 995	(攻撃などに)弱い，もろい；傷つきやすい ⑯ be vulnerable to ～「～に弱い」 ☐ vùlnerabílity 图 弱さ，もろさ；傷つきやすさ
urgent ⑦ [ə́ːrdʒənt] ☐☐ 996	緊急の ▶ in an urgent tone 切迫した口調で ☐ úrgency 图 緊急，切迫 ☐ urge 動 を強く勧める ▶ urge ～ to do ～に…するよう強く勧める
spiritual [spírɪtʃuəl] ☐☐ 997	精神の(⇔ matérial → 73)；霊的な ▶ spiritual welfare 精神的幸福 ☐ spíritually 圖 精神的に；高尚に ☐ spírit 图 精神；魂
modest [má(ː)dəst] ☐☐ 998	謙虚な(≒ húmble)；適度な；質素な ▶ be modest in one's demands 要求が控えめである ▶ a modest living つつましい暮らし ☐ módesty 图 謙虚；適度；質素
keen [kiːn] ☐☐ 999	熱心な；鋭敏な；(感情・関心などが)強い ▶ have a keen interest in ～ ～に強い関心を持っている ▶ be keen on ～ ～に熱中している ☐ kéenly 圖 熱心に；痛烈に

nonetheless ⑦ [nʌ̀nðəlés] ☐☐ 1000	それにもかかわらず，それでもなお (≒ nèverthéless)

The guards were **cruel** to the prisoners during the war.	捕虜監視員は戦争中捕虜に対して残酷であった。
We should create laws against using **fake** online accounts.	私たちは偽のオンラインアカウントの使用を禁じる法律を作るべきである。
Some power plants are **vulnerable** to hacking.	コンピューターへの不法侵入に弱い発電所もある。
The aging of the population is an **urgent** issue for us to tackle.	人口の高齢化は私たちが取り組むべき緊急の課題である。
Music brings us a sense of **spiritual** well-being.	音楽は私たちに精神的に健康だという感覚をもたらす。
He always shows a **modest** attitude towards everyone.	彼はだれに対しても常に謙虚な態度を示す。
He is **keen** to gather information about the new company.	彼はその新会社に関する情報を集めるのに熱心である。
She is over sixty but sings beautifully **nonetheless**.	彼女は60歳を超えているが，それでもなお見事に歌う。

動詞編

negotiate
発 [nɪɡóuʃièɪt]
□ 1001

交渉する；を(交渉して)取り決める
▶ negotiate an agreement
「(交渉して)協定を取り決める」
□ negòtiátion 名 交渉
□ negótiable 形 交渉の余地がある

grasp
[ɡræsp]
□□ 1002

を把握[理解]する；をしっかり握る
▶ grasp the meaning of ～ ～の意味をつかむ
名 つかむこと；抱擁；把握

donate
[dóuneɪt]
□□ 1003

を寄付する；(臓器・血液)を提供する
□ donátion 名 寄付(金)；寄贈(品)；提供
□ donor [dóunər] 名 寄贈者；臓器[血液]提供者

arrest
[ərést]
□□ 1004

を逮捕する；を止める；(注意)を引く
名 逮捕；阻止
▶ You're under arrest. あなたを逮捕します。

crack
[kræk]
□□ 1005

ひびが入る；にひびを入れる
▶ crack down on ～ ～を厳しく取り締まる
名 割れ目；鋭い音

tap
[tæp]
□□ 1006

を軽くたたく；(液体)を出す；を盗聴する
▶ This phone is tapped. この電話は盗聴されている。
名 軽くたたくこと[音]；栓，蛇口
▶ water from the tap 水道の水(= tap water)

split
[splɪt]
□□ 1007

を分割する；を分担する；分裂する
▶ 活用：split - split - split
▶ split the bill 料金を分担し合う
名 分裂；裂け目；分け前

forecast
発 [fɔ́ːrkæst]
□□ 1008

を予想[予測]する
▶ 活用：forecast - forecast [forecasted] - forecast [forecasted]
名 予想；予報

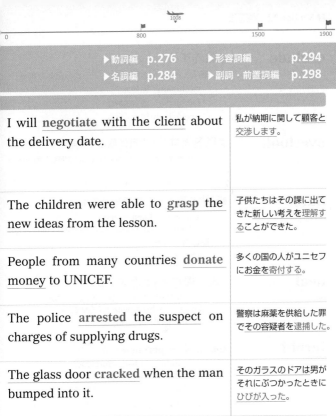

I will **negotiate** with the client about the delivery date.	私が納期に関して顧客と交渉します。
The children were able to **grasp** the new ideas from the lesson.	子供たちはその課に出てきた新しい考えを理解することができた。
People from many countries **donate** money to UNICEF.	多くの国の人がユニセフにお金を寄付する。
The police **arrested** the suspect on charges of supplying drugs.	警察は麻薬を供給した罪でその容疑者を逮捕した。
The glass door **cracked** when the man bumped into it.	そのガラスのドアは男がそれにぶつかったときにひびが入った。
The child was repeatedly **tapping** the smartphone screen.	その子供はスマートフォンの画面を繰り返し軽くたたいていた。
The Sudan was **split** into two republics in 2011.	スーダンは2011年に2つの共和国に分割された。
The weather for tomorrow is **forecasted** to be cloudy.	明日の天気は曇りと予想されている。

exclude [ɪksklúːd] ☐☐ 1009	を**除外する**(⇔ inclúde → 6) **TC** be excluded from ～「～から除外される」 ☐ exclúsion 图 除外 ☐ exclúsive 形 排他的な ☐ exclúsively 副 もっぱら
overlook [òʊvərlúk] ☐☐ 1010	を**見落とす**;を大目に見る;を見渡す ▶ My room overlooks the sea. 私の部屋から海が見渡せる。
burst [bəːrst] ☐☐ 1011	**破裂する**;(～を)突然始める(into) ▶ 活用:burst - burst - burst ▶ burst into tears わっと泣き出す(≒ burst out crying) 图 破裂;噴出 ▶ a burst of applause 大喝采
heal [hiːl] ☐☐ 1012	(人・傷など)を**治す**;治る ▶「自然の力や祈祷を用いて病気の人を治す」の意。 ▶ heal him of his disease 彼の病気を治す ☐ héaler 图 癒やす人[物]
forbid [fərbíd] ☐☐ 1013	を**禁じる**(⇔ permít → 628) ▶ 活用:forbid - forbade - forbidden ▶ forbid ～'s doing「～に…することを禁じる」 (= forbid ～ to do, forbid ～ from doing) ☐ forbídden 形 禁じられた,禁断の
install [ɪnstɔ́ːl] ☐☐ 1014	を**インストールする**;を設置する;を就任させる ▶ install a security camera 防犯カメラを設置する ☐ ìnstallátion 图 取りつけ,設置
diminish [dɪmínɪʃ] ☐☐ 1015	を**減らす**;減少する(≒ dècréase) ▶ diminish in size 縮小する
cite [saɪt] ☐☐ 1016	を**引き合いに出す**;を引用する ▶ ある事柄を論拠や参考として挙げることを意味する。 ▶ cite biblical passages 聖書の章句を引用する ☐ citátion 图 引用;表彰

Tax was **excluded** from the price.	税金は価格から除外されていた。
He **overlooked** some important facts during his research.	彼は研究の中でいくつかの重要な事実を見落とした。
The bubble economy in Japan **burst** in the 1990s.	日本のバブル経済は1990年代に崩壊した。
The therapist has **healed** many people with disease.	その治療士は大勢の病気にかかっている人々を治してきた。
The art museum **forbids** visitors from taking pictures inside the building.	その美術館は来館者が館内で写真を撮ることを禁じている。
Yesterday, I **installed** some new apps on my smartphone.	昨日私はスマートフォンに新しいアプリをいくつかインストールした。
The counselor taught me some ways to **diminish** anxiety.	カウンセラーは私に不安を減らすためのいくつかの方法を教えてくれた。
The doctor **cited** the case of a man who survived five operations.	医師は5度の手術を乗り越えた男性の事例を引き合いに出した。

quote [発] [kwout] □□ 1017	を**引用する**；を引き合いに出す ▶ だれかの言葉をそのまま引くことを意味する。 ▶ quote a passage from a novel 小説の一節を引用する □ quotátion [名] 引用(文)
dispute [アク] [dɪspjúːt] □□ 1018	に**異議を唱える**；(を)議論する [名] 議論；紛争 ▶ beyond dispute 議論の余地なく，疑いもなく
highlight [háɪlàɪt] □□ 1019	を**目立たせる，強調する** [名] (催し物などの)見せ所，呼び物；〔通例〜s〕(絵画・写真などの)最も明るい部分
distract [dɪstrǽkt] □□ 1020	**(注意など)をそらす** ▶ distract *A* from *B*「A の気を B からそらす」 □ distráction [名] 注意散漫；娯楽，気晴らし
cheat [tʃiːt] □□ 1021	を**だます**；不正をする ▶ cheat *A* (out) of *B*「A から B をだまし取る」 [名] ぺてん(師)；不正，カンニング
foster [fá(ː)stər] □□ 1022	を**はぐくむ**；を養育する；を心に抱く [形] 養育の，育ての ▶ a foster father [mother] 養父[母]
obey [アク] [oubéɪ] □□ 1023	に**従う**；に服従する ▶ obey the rules「規則に従う」 □ obédient [形] 従順な □ obédience [名] 従順，服従
bend [bend] □□ 1024	を**曲げる**；を屈服させる；曲がる ▶ 活用：bend - bent - bent ▶ bend *oneself* [*one's* mind] to 〜 〜に専念する [名] 湾曲部，カーブ
deprive [dɪpráɪv] □□ 1025	から**(権利などを)奪う** [TG] **deprive *A* of *B***「AからBを奪う」 □ depríved [形] 恵まれない □ dèprivátion [名] 剝奪(はくだつ)；損失

She **quoted** an old Chinese proverb in her speech.	彼女は演説の中で古い中国のことわざを引用した。
I **disputed** the reviews that said the movie was good.	私はその映画がすぐれていると言っている批評に異議を唱えた。
The news story **highlights** the problems of children using smartphones.	そのニュース記事は子供のスマホ使用がはらむ問題を強調している。
Loud music always **distracts** me from reading.	大音量の音楽はいつも私の気を読書からそらす。
The salesperson **cheated** his customers out of their money.	その販売員は顧客から金をだまし取った。
Teachers have a good chance to **foster** their students' thinking ability.	教師は生徒の考える力をはぐくむよい機会を持っている。
We ought to **obey** traffic rules so we have fewer accidents.	私たちは事故を少なくするために交通規則に従うべきである。
She cannot **bend** her right elbow due to her injury.	彼女はけがのせいで右ひじを曲げることができない。
The military **deprived** the citizens of their liberty.	軍隊は国民から自由を奪った。

govern [gʌ́vərn] □□ 1026	(を)**統治する，支配する** □ góvernance [名] 統治；支配 □ góvernment [名] 政府 □ góvernor [名] 知事
log [lɔ(:)g] □□ 1027	〔log on で〕**ログオンする**；を記録する [TG] **log on to ～**「～にログオンする」 ▶ コンピューターシステムなどに接続すること。log in とも言う。 [名] ログ，記録；丸太
transmit [アク] [trænsmít] □□ 1028	を**伝える**；(電波・信号など)を送る ▶ transmit knowledge to the next generation 次世代に知識を伝える □ transmíssion [名] 伝達，伝送 □ transmítter [名] 発信器
bully [búli] □□ 1029	を**いじめる**；を脅(おど)す [名] いじめっ子 □ búllying [名] いじめ
leap [li:p] □□ 1030	**跳ぶ**；さっと動く；急上昇する ▶ 活用：leap - leaped [leapt] - leaped [leapt] ▶ leap to *one's* feet 急に立ち上がる [名] 跳躍；飛躍 ▶ a leap year うるう年
astonish [əstá(:)nɪʃ] □□ 1031	を**驚かす** ▶ be astonished at [by] ～「～に驚く」 □ astónishing [形] 驚くべき □ astónishment [名] 驚き ▶ in astonishment びっくりして
thrill [θrɪl] □□ 1032	を**ぞくぞくさせる**；わくわくする ▶ be thrilled to *do*「…してぞくぞくする」 [名] ぞくぞくする感じ，スリル □ thríller [名] スリラー小説[映画]
nod [nɑ(:)d] □□ 1033	**うなずく**；会釈する；うとうとする ▶ nod to her 彼女にうなずく[会釈する] [名] 軽い会釈；うなずき ▶ give a nod of approval 同意してうなずく

The mayor governed our city for over ten years.	その市長は10年以上にわたって我が市を統治した。
Emma logs on to her e-mail account many times a day.	エマは1日に何回もEメールのアカウントにログオンする。
During the war, the soldier transmitted messages through radio signals.	戦争中，その兵士は無線信号を通じてメッセージを伝えた。
The boy stopped some other boys from bullying a girl.	その少年はほかの少年たちが少女をいじめることをやめさせた。
When the doorbell rang, he leaped from the bed and rushed to the entrance.	玄関のベルが鳴ったとき，彼はベッドから跳び下りて戸口に急いだ。
We were astonished at the surprise visit of the famous actor.	私たちは有名な俳優の突然の訪問に驚いた。
Her violin performance thrilled the audience.	彼女のバイオリン演奏は聴衆をぞくぞくさせた。
The patient nodded in agreement with her doctor.	患者は担当の医師に同意してうなずいた。

bow
[発] [baʊ]
□□ 1034

おじぎする；屈服する
[名] おじぎ
▶ bow [boʊ]「弓」は同じつづりで発音が異なるので注意。
▶ give a deep bow 深々とおじぎをする

---

blend
[blend]
□□ 1035

を混ぜる；を調和させる；(～に)溶け込む(into)
[TG] **blend *A* with *B*「AをBに混ぜる」**
[名] 混成，混合；(コーヒー・紅茶などの)ブレンド

---

complicate
[ká(:)mpləkèɪt]
□□ 1036

を複雑にする
▶ to complicate matters (further) さらに厄介なことには
□ cómplicàted [形] 複雑な
□ còmplicátion [名] 複雑にする要因；紛糾；合併症

---

pitch
[pɪtʃ]
□□ 1037

を投げる；倒れる；縦揺れする
▶ pitch forward [backward] 前に[後ろに]倒れる
[名] 投球；(感情などの)程度；(音・声の)高低
▶ a wild pitch 暴投

---

persist
[pərsíst]
□□ 1038

続く；固執する
▶ persist in [with] ～「～に固執する」
□ persístence [名] 固執；粘り強さ
▶ with persistence 執拗(しつよう)に，粘り強く
□ persístent [形] 粘り強い；持続する

---

dedicate
[ア] [dédɪkèɪt]
□□ 1039

をささげる；を献呈する
[TG] **dedicate *A* to *B*「AをBにささげる」**
□ dèdicátion [名] 献身；献呈
□ dédicàted [形] 献身的な，熱心な
▶ a dedicated nurse 献身的な看護師

---

equip
[ア] [ɪkwíp]
□□ 1040

に備えつける
[TG] **be equipped with ～「～を備えている」**
▶ be equipped to *do* …する素養[実力]がある
□ equípment [名] 装備；設備，備品；能力

名詞編

premise
[発] [prémɪs]
□□ 1041

前提；(～s)(建物を含めた)構内，敷地
▶ Keep off the premises. 構内立ち入り禁止(掲示)
[動] を前提とする

The actors **bowed** to the audience after the musical was over.	ミュージカルが終わった後，俳優たちは観客に向かっておじぎした。
The coffee brand **blends** Ethiopian beans with Brazilian ones.	そのコーヒーブランドはエチオピア産の豆をブラジル産の豆と混ぜ合わせる。
Only Lina disagreed with us, which **complicated** the situation.	リーナだけが私たちに反対し，そのことが状況を複雑にした。
She **pitched** some wood into the fire.	彼女はいくらかの木を火の中に投げ入れた。
His sadness **persisted** for a long time after his mother's death.	母親の死後，彼の悲しみは長い間続いた。
He **dedicates** his life to the study of insects.	彼は人生を昆虫の研究にささげている。
Robert's new car is **equipped** with a great music system.	ロバートの新しい車はすばらしい音楽装置を備えている。
All logical arguments have two **premises** and a conclusion.	論理的な主張はすべて2つの前提と1つの結論を備えている。

input
㋐ [ínpùt]
□□ 1042

入力(情報)，投入；(情報・時間などの)提供
- 動 (データなど)を入力する，インプットする

merit
[mérət]
□□ 1043

利点(⇔ dèmérit 欠点)；功績；真価
▶ judge ~ on its (own) merits ~をその真価で判断する
- 動 に値する
- □ mèritócracy 名 実力主義

sympathy
[símpəθi]
□□ 1044

同情；(~に対する)共感(with / for)
▶ You have my deepest sympathy. 心からお悔やみ申し
上げます。
- □ sýmpathìze 動 (~に)同情する(with)
- □ sỳmpathétic 形 同情的な

compliment
㋐ [ká(:)mpləmənt]
□□ 1045

賛辞；表敬
▶ deserve a compliment 賛辞に値する
- 動 [ká(:)mpləmènt] を褒める
- □ còmpliméntary 形 賞賛する，お世辞の；贈呈された

infrastructure
㋐ [ínfrəstrλktʃər]
□□ 1046

インフラ，基本的施設；(経済)基盤
▶ an economic infrastructure 経済基盤

ray
[reɪ]
□□ 1047

光線；ひらめき，一筋の光明
▶ X-ray X線；レントゲン写真；レントゲン検査
▶ a ray of hope 一縷の望み
- 動 光を放つ；(考えなどが)ひらめく

distress
㋐ [dɪstrés]
□□ 1048

苦悩；苦痛；困窮
▶ be in distress 苦しんでいる；困っている
- 動 を悩ます；を苦しめる
- □ distréssful 形 苦しい，悲惨な

joint
[dʒɔɪnt]
□□ 1049

関節；接合(部)
▶ out of joint 関節がはずれて；調子が狂って
- 形 共同の
▶ issue a joint statement 共同声明を出す
- 動 を接合する

0	800	1500	1900

The incorrect **input** of data led to the wrong conclusion.

不正確なデータの入力が誤った結論につながった。

The novel has the **merit** of being informative and entertaining.

その小説には情報に富みおもしろいという利点がある。

I had **sympathy** for my injured friend.

私はけがをした友人に同情した。

After receiving a **compliment** from his teacher, he smiled back.

先生から賛辞を受けた後,彼はほほえみを返した。

The typhoon destroyed much of the city's **infrastructure**.

その台風は市のインフラの多くを破壊した。

The sun's **rays** are strongest in the summer.

太陽光線は夏に最も強くなる。

Mary's poor behavior causes great **distress** for her mother.

メアリーのよくない行動が彼女の母親にとっての大きな苦悩の原因である。

I twisted one of my knee **joints** while running.

私はランニング中に片方のひざの関節をひねった。

expedition [èkspədíʃən] □□ 1050	**遠征(隊)，探検(隊)** ▶ an Everest expedition エベレスト遠征隊
adolescent ⑦ [ædəlésənt] □□ 1051	**青年** ▶ 通例13〜18歳の若者を指す。 形 青年期の，思春期の □ àdoléscence 图 青年期，思春期
shade [ʃeɪd] □□ 1052	**(日)陰；色合い；日よけ；微妙な相違** ▶ shades of meaning 意味の微妙なニュアンス 動 を日陰にする；に陰影をつける ▶ shade *one's* eyes (from the sun) with *one's* hand(s) 手をかざして(日光から)目を守る
jury [dʒúəri] □□ 1053	**陪審(員団)；審査員団** ▶ 通例12人の陪審員(juror)から成る陪審員団を指す。 □ júror 图 陪審員；審査員
ethic [éθɪk] □□ 1054	**倫理，道徳；(〜s)倫理[道徳]規範** ▶ business ethics ビジネス倫理 □ éthical 形 倫理的な，道徳的な
penalty ⑦ [pénəlti] □□ 1055	**(刑)罰；罰金；ペナルティー** ▶ a penalty for illegal parking 駐車違反の罰金 □ pénalìze 動 を罰する
faculty [fækəlti] □□ 1056	**能力，機能；学部；教授陣** ▶ the faculty of speech 言語能力 ▶ the Faculty of Law 法学部
scheme 発 [ski:m] □□ 1057	**計画(≒ plan)；体系；陰謀** ▶ the scheme of things 物事の仕組み，体制 ▶ a scheme to get a lot of money 大金をつかむ計画 動 をたくらむ
nutrition [njutríʃən] □□ 1058	**栄養(の摂取)** □ nútrient 图 栄養素 □ nutrítious 形 栄養のある □ màlnutrítion 图 栄養失調

He went on an expedition to the South Pole.

彼は南極への探検に出発した。

Society must protect adolescents from dangerous websites.

社会は青年を危険なウェブサイトから守らなければならない。

An elderly woman was sitting under the shade of a big tree.

1人の老婦人が大きな木の陰に座っていた。

A trial by jury is a standard practice in America.

アメリカでは陪審による裁判が標準的な慣習である。

The country's people have a strong work ethic.

その国の人々は強い労働倫理を持っている。

He faced a heavy penalty for kidnapping.

彼は誘拐に対して重い刑罰を科せられた。

Using your creative faculties might help you solve the problem.

創造力を使うことはあなたがその問題を解決する助けになるかもしれない。

The new housing scheme is only made possible by government action.

新しい住宅供給計画は政府の働きかけがあって初めて可能となる。

The child receives balanced nutrition from a variety of foods.

その子供は種々の食べ物からバランスのいい栄養をとっている。

particle [pá:rtɪkl] ☐☐ 1059	(微)粒子；ほんのわずか ▶ an elementary particle 素粒子
molecule 発 ⑦ [má(:)lɪkjù:l] ☐☐ 1060	分子；微粒子 ☐ molécular 形 分子の ▶ molecular biology 分子生物学
nationality [næ̀ʃənǽləti] ☐☐ 1061	国籍；国民；国民性 ▶ acquire Japanese nationality 日本国籍を取得する ☐ nátionalism 名 国家主義 ☐ nátionalist 名 国家主義者 ☐ nátionalìze 動 を国有化[国営化]する
poll 発 [poʊl] ☐☐ 1062	世論調査(= opinion poll)；投票(数) ▶ a heavy [light] poll 高い[低い]投票率 ▶ conduct [carry out] a poll 世論調査を行う 動 (人)に世論調査を行う；(票数)を得る
clinic [klínɪk] ☐☐ 1063	診療所，クリニック；(病院内の)〜科 ▶ a psychiatric clinic 精神科センター ☐ clínical 形 臨床の；診療所の ▶ a clinical test 臨床試験
dementia 発 [dɪménʃə] ☐☐ 1064	認知症 ▶ senile dementia 老人性認知症 ☐ deménted 形 認知症にかかった；取り乱した
fatigue 発 [fətí:g] ☐☐ 1065	疲労(≒ exháustion) ▶ metal fatigue 金属疲労 動 を疲れさせる
dilemma 発 [dɪlémə] ☐☐ 1066	ジレンマ，板ばさみ ▶ be in a dilemma ジレンマに陥っている
queue 発 [kju:] ☐☐ 1067	英 (順番を待つ)列(≒ 米 line) ▶ wait in a queue 列を作って待つ 動 列に並ぶ；順番を待つ ▶ queue (up) for a taxi タクシーに乗るために並ぶ

Cars release various gases and <u>particles</u> into the air.	車は空気中にさまざまな<u>ガスや粒子</u>を放出する。
Electron microscopes allow us to investigate organic <u>molecules</u>.	電子顕微鏡は私たちが<u>有機分子</u>を調べるのを可能にする。
People say that <u>her nationality is Japanese</u>.	<u>彼女の国籍は日本だ</u>と言われている。
<u>An opinion poll</u> asks people about their political preferences.	<u>世論調査</u>は人々に政治的志向について尋ねる。
He started <u>a medical clinic</u> after working at a university hospital.	彼は大学病院で働いた後, <u>内科診療所</u>を始めた。
Some <u>aging</u> patients with <u>dementia</u> go missing when they are out alone.	<u>認知症</u>の高齢患者の中には1人で外出すると行方不明になる人がいる。
The best way to <u>relieve your fatigue</u> is to have sufficient sleep.	<u>疲労</u>を和らげる最善の方法は十分な睡眠をとることである。
He is faced with <u>the dilemma of whether to quit his job</u>.	彼は仕事を辞めるかどう<u>かというジレンマに直面</u>している。
He joined the <u>queue of people</u> waiting for the bus.	彼はバスを待つ<u>人々の列に加わった</u>。

curve 発 [kəːrv] □□ 1068	**(道路などの)カーブ**；曲線 ▶ the population curve 人口曲線 動 を曲げる；曲がる
narrative 発 [nærətɪv] □□ 1069	**物語，話**；(小説の)叙述部分，地の文 (⇔ díalògue → 676) 形 物語の；話術の □ narrátion 名 語り；物語
fingerprint [fíŋɡərprìnt] □□ 1070	**指紋** ▶ take ~'s fingerprints ～の指紋をとる 動 の指紋をとる □ fóotprìnt 名 足跡
file [faɪl] □□ 1071	**ファイル**；(書類の)とじ込み 動 (書類など)をファイルする；(申請書など)を提出 　する；(訴訟など)を提訴する ▶ file a suit against him 彼を相手に訴訟を起こす
wilderness 発 [wíldərnəs] □□ 1072	**荒野**；(庭・町などの)放置された部分 □ wild 形 野生の；荒れ果てた ▶ grow wild (植物が)自生する
pesticide [péstɪsàɪd] □□ 1073	**殺虫剤**；除草剤(≒ hérbicìde) ▶ -(i)cide は「殺す(もの，人)」の意。例：suicide「自殺」
panic [pǽnɪk] □□ 1074	**パニック(状態)**；狼狽（ろうばい） ▶ in (a) panic パニックになって 動 うろたえる；をうろたえさせる ▶ Don't panic. 慌てるな，うろたえるな。
fabric [fǽbrɪk] □□ 1075	**織物，布(地)**；構造 ▶ the fabric of society 社会の構造 □ fábricàte 動 を製造する；をでっち上げる
fantasy [fǽntəsi] □□ 1076	**空想**；幻想；幻想的作品 ▶ indulge in fantasies 空想にふける 動 を空想する，思い描く □ fantástic 形 すばらしい；空想的な

He drove through many curves on the mountain roads.	彼は山道のたくさんのカーブを車で通り抜けた。
He wrote a narrative based on his years living abroad.	彼は自分の外国生活を基にした物語を書いた。
Even a fingerprint left on a glass may cause a complaint from a customer.	グラスに残っている指紋でさえも客からの苦情を招くことがある。
Please refer to the attached file for the details.	詳細については添付のファイルを参照してください。
He is planning to explore the Alaskan wilderness.	彼はアラスカの荒野を探検することを計画している。
Organic foods are produced without chemical pesticides.	有機食品は化学殺虫剤を使わずに作られる。
She got into a panic when she couldn't find her credit card.	彼女はクレジットカードが見つからなかったときパニックに陥った。
Using organic cotton as fabric for clothes has become widespread.	洋服の生地としてオーガニックコットンを使うことが広まってきている。
The unique feature of this movie is its fusion of reality and fantasy.	この映画の独自の特徴は現実と空想の融合である。

---

fancy [fǽnsi] ☐☐ 1077	**(気まぐれな)好み**；空想；思いつき **㏑** take a fancy to ～「～が気に入る」 **動** を好む；を想像する；と思う **形** 装飾的な；高級な；見事な ▶ a fancy restaurant 高級レストラン
virtue **発** [vɚ́ːrtʃuː] ☐☐ 1078	**美徳**(⇔ vice → 953)；長所；効能 ▶ by virtue of ～ ～のおかげで ☐ vírtuous **形** 有徳の；立派な ▶ lead a virtuous life 立派な生活をする

grateful [gréitfəl] ☐☐ 1079	**感謝している** ▶ be grateful for ～「～のことをありがたく思う」 ▶ 口語では I'm grateful. より I appreciate it. が好まれる。 ☐ grátitùde **名** 感謝 ▶ as a token of my gratitude 私の感謝の印として
valid [vǽlid] ☐☐ 1080	**妥当な**(⇔ inválid 妥当でない)；有効な ▶ This ticket is valid for one year. このチケットは1年間有効だ。 ☐ válidàte **動** を有効にする ☐ valídity **名** 正当性；有効性
elaborate **㋐** [ilǽbərət] ☐☐ 1081	**入念な**；凝った ▶ with elaborate caution 細心の注意を払って **動** [ilǽbərèit] を苦心して生み出す ☐ elàborátion **名** 綿密な仕上げ
moderate **発** **㋐** [má(ː)dərət] ☐☐ 1082	**適度な**；穏健な **動** [má(ː)dərèit] を和らげる，加減する；和らぐ ▶ moderate inflation インフレを緩和する ☐ mòderátion **名** 適度；穏健
dynamic **㋐** [dainǽmik] ☐☐ 1083	**活動的な，精力的な**；動的な(⇔ státic → 1390) ▶ a dynamic market 活況を呈する市場 ☐ dynámics **名** 動力学；原動力 ☐ dýnamìsm **名** 活力，力強さ

I took a great **fancy** to my piano teacher.	私はピアノの先生をとても好きになった。
Most children are taught the **virtue** of honesty from old stories.	たいていの子供は昔話から正直という美徳を教わる。
I am really **grateful** to you and your family **for your hospitality**.	私はあなたとあなたのご家族の親切なおもてなしに本当に感謝しています。
The **conclusion** he drew from the evidence **was valid**.	彼がその証拠から導いた結論は妥当であった。
He **made an elaborate plan** to climb Mont Blanc.	彼はモンブランに登る入念な計画を立てた。
The doctor recommended that my father **take moderate** exercise every day.	医師は私の父に毎日適度な運動をするように勧めた。
All the audience was touched by the **dynamic performance** of the actor.	観客は皆その役者の精力的な演技に感動した。

brave [breɪv] □□ 1084	勇敢な(⇔ cówardly 臆病（おくびょう）な)；見事な ▶ It is brave of ~ to do「…するとは〜は勇気がある」 ▶ put on a brave face 無理に平気なふりをする **動** に勇敢に立ち向かう □ brávery **名** 勇敢(な行動)
brilliant [bríljənt] □□ 1085	すばらしい；才能にあふれた；きらめく ▶ an absolutely brilliant work 非常にすばらしい作品 □ brílliance **名** 輝き；見事さ
tremendous [trəméndəs] □□ 1086	途方もない，莫大（ばくだい）な；すばらしい ▶ at a tremendous speed 猛スピードで □ treméndously **副** すさまじく
oral **発** [ɔ́ːrəl] □□ 1087	口頭の ▶ aural「聴覚の」と同音。 ▶ an oral tradition 口承，言い伝え ▶ oral health 口腔衛生 □ órally **副** 口頭で
innocent [ínəsənt] □□ 1088	無罪の(⇔ guílty → 794)；無邪気な；無知の ▶ be innocent of ~ 〜の罪を犯していない；〜に無知だ **名** 無邪気な人；お人よし □ ínnocence **名** 無罪；純真 ▶ protest one's innocence 身の潔白を主張する □ ínnocently **副** 無邪気に
subsequent **ア** [sʌ́bsɪkwənt] □□ 1089	その後の ▶ subsequent to ~ 〜に続く，〜の後で[の] □ súbsequently **副** その後
shallow [ʃǽlou] □□ 1090	浅い(⇔ deep 深い)；浅薄な ▶ a shallow, selfish person 浅はかで自己中心的な人間 ▶ a shallow-fried fish 少量の油で揚げた魚
indifferent [ɪndífərənt] □□ 1091	無関心な(≒ úninterested) **TG** be indifferent to ~「〜に無関心である」 □ indífference **名** 無関心；冷淡 ▶ show indifference to art 芸術に無関心である

| 0 | 800 | 1500 | 1900 |

He was a **brave** fighter who challenged hundreds of enemies by himself.

彼は1人で何百人もの敵兵に挑んだ勇敢な兵士であった。

She is such a **brilliant** violinist that she can play any type of music.

彼女はとてもすばらしいバイオリン奏者で，どんな種類の音楽も演奏することができる。

Tokyo spent a **tremendous** amount of money on moving its fish market.

東京都は魚市場を移転することに莫大な金額を費やした。

The student gave an **oral** report on the subject.

その生徒はその課題について口頭での報告をした。

The court found her **innocent** and she was released.

裁判所が彼女を無罪だと判定し，彼女は釈放された。

The village was severely damaged by heavy rains and **subsequent** floods.

村は豪雨とその後の洪水によって大きな損害を受けた。

Children can walk around in the **shallow** end of the pool.

子供たちはプールの浅いほうの端で歩き回ることができる。

Many young people are **indifferent** to politics and the economy.

多くの若者は政治や経済に無関心である。

inferior
[ɪnfíəriər]
□□ 1092

より劣った(⇔ supérior よりすぐれた)
ⓣⓞ be inferior to ～「～より劣っている」
▶ feel inferior to him 彼に劣等感を抱く
□ infèriórity 图 下位；劣等

awkward
發 [ɔ́ːkwərd]
□□ 1093

気まずい；ぎこちない；厄介な
▶ be awkward with chopsticks 箸の扱いがぎこちない
▶ an awkward question 厄介な問題
□ áwkwardly 圖 ぎこちなく；気まずそうに

obese
發 [oubíːs]
□□ 1094

肥満した
▶「不健康に太っている」の意。overweight は「標準より太っている」，plump は「ぽっちゃりした」の意。
□ obésity 图 (病的な)肥満

pregnant
[prégnənt]
□□ 1095

妊娠した；(～で)満ちている(with)
▶ She is three months pregnant. 彼女は妊娠3か月だ。
□ prégnancy 图 妊娠(期間)

intimate
發 [íntəmət]
□□ 1096

親密な；密接な
▶ be on intimate terms with ～ ～と親密な関係にある
□ íntimacy 图 親しさ，親密さ；(通例 an ～)深い理解
▶ an intimacy with Japan 日本通

medieval
發 **ⓟ** [mìːdíːvəl]
□□ 1097

中世の；時代遅れの
▶ in medieval times 中世に(= in the Middle Ages)
▶「古代の」は ancient，「現代の」は modern と言う。

sacred
發 [séɪkrɪd]
□□ 1098

神聖な(≒ hóly)；宗教的な；厳粛な
▶ a sacred right 不可侵の権利

副詞・前置詞編

simultaneously
發 [sàɪməltéɪniəsli]
□□ 1099

(～と)同時に(with)；一斉に
□ sìmultáneous 圏 同時に起こる
▶ simultaneous interpretation 同時通訳

versus
發 [vɔ́ːrsəs]
□□ 1100

(A versus B で)A 対 B；A か B か
▶ vs. または v. と略される。
▶ capitalism versus communism 資本主義か共産主義か

I think this wine is **inferior** to that wine in flavor.	このワインはあのワインより風味が劣っていると私は思う。
After her remark, there was **an awkward** silence.	彼女の発言の後，気まずい沈黙があった。
A survey shows that 30 percent of men are **obese**.	ある調査は男性の30パーセントが肥満であることを示している。
Pregnant women are advised not to take any medicine.	妊娠している女性はいかなる薬も服用しないように勧められる。
The actress described her **intimate** relationship with her husband.	その女優は夫との親密な関係について述べた。
He has a deep interest in **medieval** European history.	彼は中世ヨーロッパ史に深い関心を抱いている。
Buddhists in Osaka paid a large sum to maintain **their sacred** temple.	大阪の仏教徒たちは自分たちの神聖な寺を維持するために大金を払った。
Suddenly, heavy rain hit the town **simultaneously** with lightning.	突然，雷と同時に大雨が町を襲った。
A lot of soccer fans watched the Brazil **versus** Italy game on TV.	多くのサッカーファンがブラジル対イタリアの試合をテレビで見た。

Part 2 常に試験に出る重要単語 700 語

Section 12 単語番号 1101 ～ 1200

動詞編

proceed
[アク] [prəsíːd]
□□ 1101

進む，進行する；(～を)続行する(with)
▶ proceed to *do*「続けて…する」
□ prócess [名] 過程；経過 [動] を加工処理する
□ procédure [名] 手順；手続き

orient
[発] [ɔ́ːriènt]
□□ 1102

(人)を(環境などに)**慣らす**(to)；〔受身形で〕(関心などが)(～に)向いている(to / toward)
[名] [ɔ́ːriənt]〔the O-〕東洋；アジア諸国
[形] [ɔ́ːriənt]〔O-〕東洋の
□ òriéntal [形]〔O-〕東洋(人)の [名]〔O-〕東洋人
□ òrientátion [名] 方針；適応；オリエンテーション

surf
[səːrf]
□□ 1103

(インターネット上の情報など)を見て回る；サーフィンをする
▶ surf along the coast 海岸沿いでサーフィンをする
[名] 打ち寄せる波

filter
[fíltər]
□□ 1104

をろ過する；を取り除く
▶ filter out ～「ろ過して～を取り除く」
[名] ろ過器[装置]；フィルター
□ fíltrate [動] (を)ろ過する

bind
[baɪnd]
□□ 1105

を縛る；を束縛する；を結び付ける
▶ 活用：bind - bound - bound
▶ be bound to [by] ～ ～に縛られている，束縛されている
▶ be bound to *do* きっと…する；…する義務がある

resort
[rɪzɔ́ːrt]
□□ 1106

(好ましくない手段に)**訴える，頼る**(to)
[TG] **resort to** ～「～に訴える，頼る」
[名] 頼ること；手段；リゾート地
▶ as a last resort 最後の手段として

reinforce
[発] [アク] [rìːɪnfɔ́ːrs]
□□ 1107

を強化する；を補強する
▶ reinforced concrete 鉄筋コンクリート
□ rèinfórcement [名] 強化，補強

In case of emergency, please **proceed** calmly to the nearest exit.	緊急の場合，落ち着いて最寄りの出口にお進みください。
This event is helpful for **orienting** new students to our university.	このイベントは新入生を我が大学に慣れさせるのに役立つ。
He **surfs** the Internet constantly, collecting information about political scandals.	彼は絶えずネットのサイトを見て回り，政治的スキャンダルに関する情報を集めている。
This device is designed to **filter** out dirt from the water.	この装置は水からごみを取り除くように作られている。
She **bound** the sheets of paper together with string.	彼女はひもでそれらの紙をひとまとめに縛った。
If the criminals' demands are not accepted, they may **resort** to force.	犯人たちの要求が受け入れられなければ，彼らは武力に訴えるかもしれない。
The student **reinforced** his knowledge by taking extra lessons online.	その生徒はオンラインでの追加レッスンを受けることで知識を強化した。

301

accumulate [əkjúːmjulèɪt] ☐☐ 1108	を**蓄積する，集める**；積もる ▶ accumulate a fortune 財産を築く ☐ accùmulátion 名 蓄積 ▶ a light accumulation of snow 少し積もった雪
bet [bet] ☐☐ 1109	と**確信する，断言する**；(金などを)かける ▶ I bet (that) ... 「きっと…だ」 ▶ 活用：bet - bet - bet 名 かけ(金)；見当，意見 ▶ one's [the] best bet 最善策
advocate ⑦[ǽdvəkèɪt] ☐☐ 1110	を**主張する**；を擁護する ▶ advocate doing 「…することを主張する」 名 [ǽdvəkət] 主張者；擁護者；弁護士 ▶ an advocate of free trade 自由貿易の主張者 ☐ ádvocacy 名 擁護，支持
constitute ⑦[ká(:)nstətjùːt] ☐☐ 1111	を**構成する**；になる，に等しい ▶ Such action could constitute an invasion of privacy. そのような行動はプライバシーの侵害になりかねない。 ☐ constítuent 名 構成要素；有権者 ☐ cònstitútion 名 構成；(the C-)憲法
undertake ⑦[ʌ̀ndərtéɪk] ☐☐ 1112	を**引き受ける**；を保証する；に着手する ▶ 活用：undertake - undertook - undertaken ▶ undertake to do …すると保証[約束]する ☐ ùndertáking 名 事業；保証
grip [grɪp] ☐☐ 1113	を**握る**；をとらえる ▶ be gripped by fear 恐怖心にとらわれる 名 把握；支配(力)；制御；理解(力) ▶ get a grip on ~ ~を把握[支配，理解]する
dismiss ⑦[dɪsmís] ☐☐ 1114	(意見など)を**退ける**；を解雇する ⑲ dismiss ~ as ... 「~を…として退ける」 ▶ dismiss a case 訴訟を棄却する[取り下げる] ☐ dismíssal 名 解雇；却下
fade [feɪd] ☐☐ 1115	**薄れる**；衰える ▶ fade away 消える；衰える ☐ fádeawày 名 消失

0   800   1500   1900

The couple **accumulated** $20,000 to buy a new car.	その夫婦は新車を購入するために 20,000 ドルを貯めた。
If you work hard, I **bet** you can complete this task in a month.	懸命に働けば，きっと君は1か月でこの仕事を完了できるよ。
Vegans **advocate** avoiding all food of animal origin.	完全菜食主義者は動物由来のすべての食べ物を避けることを主張する。
At our university, women **constitute** the majority of the psychology majors.	私たちの大学では，女性が心理学専攻学生の大多数を構成する。
She **undertook** the task of preparing all the necessary materials.	彼女は必要な資料をすべてそろえるという仕事を引き受けた。
Scared by the noise, she **gripped** her father's arm tightly.	物音におびえて，彼女は父親の腕をしっかりと握った。
My boss **dismissed** my opinion as nonsense.	上司は私の意見をばかげたものとして退けた。
Many of my memories of my trip to Italy ten years ago have **faded**.	10年前に行ったイタリア旅行の思い出の多くは薄れてしまった。

conceal
[kənsíːl]
□□ 1116

を**隠す**(≒ hide)；を秘密にする(⇔ ùncóver → 1236)
▶ 化粧品の「コンシーラー(concealer)」はこの語からの派生語。
□ concéalment [名] 隠すこと，隠匿

chew
[tʃuː]
□□ 1117

(を)**かむ**；をかみ砕く
▶ chewing gum チューインガム
[名] かむこと；一口
□ chéwy [形] (よく)かむ必要のある

swallow
[swá(ː)lou]
□□ 1118

(を)**飲み込む**；をうのみにする；に耐える
▶ swallow *one's* pride プライドを捨てる
[名] 飲むこと；一飲み(の量)；ツバメ

seal
[siːl]
□□ 1119

を**密閉する**；に封をする
▶ seal an envelope 封筒に封をする
[名] (公)印，印鑑；封印
▶ under seal 機密扱いで；封印されて

migrate
[発] [máɪgreɪt]
□□ 1120

移住する；(鳥などが)渡る
□ migrátion [名] 移住；移動，渡り
□ mígrant [名] 出稼ぎ[季節]労働者，移住者；渡り鳥
□ mígratòry [形] 移住性の

exaggerate
[アク] [ɪɡzǽdʒərèɪt]
□□ 1121

(を)**誇張する**；を強調する
□ exàggerátion [名] 誇張；過大視
▶ make an exaggeration of ～ ～を誇張する

accuse
[əkjúːz]
□□ 1122

を**非難する**；を告訴する
[TG] **accuse *A* of *B***「AをBのことで非難する」
□ àccusátion [名] 非難；告訴，告発
▶ make an accusation of theft 窃盗罪で告訴する
□ accúsed [名] [the ～]被告人(たち)

vanish
[アク] [vǽnɪʃ]
□□ 1123

消える(≒ dìsappéar)
▶ banish「を追放する」と区別。

polish
[発] [pá(ː)lɪʃ]
□□ 1124

を**磨く**；を洗練させる
▶ polish *one's* wit 機知に磨きをかける
[名] 磨き粉；つや；洗練

0	800	1500	1900

You cannot **conceal** your true feelings when you speak.

人は話すとき自分の真情を隠すことができない。

You should **chew** your food well when you eat.

食事するときは食べ物をよくかむべきだ。

She **swallowed** a pill with a glass of water.

彼女はコップ1杯の水で錠剤を飲み込んだ。

Houses in Hokkaido are **sealed** to prevent cold winds and snow from getting in.

北海道の家は冷たい風や雪が入り込むのを防ぐように密閉されている。

Between 1880 and 1914, nearly three million Italians **migrated** to the U.S.

1880年から1914年にかけて300万人近くのイタリア人がアメリカに移住した。

The food company **exaggerated** the quality of its products.

その食品会社は自社製品の品質を誇張した。

She **accused** me of having spread rumors about her father.

彼女は自分の父親に関するうわさを広めたことで私を非難した。

During the show, the magician **vanished** from sight on the stage.

ショーの途中，手品師は舞台上で視界から消えた。

He **polishes** the floors of his apartment once a week.

彼は週に1度自宅マンションの床を磨く。

wipe [waɪp] □□ 1125	を**拭く**；を拭き取る；を消し去る ▶ wipe out ～「～を絶滅させる；～を消し去る」 ▶ wipe a basin clean 洗面器を拭いてきれいにする
sweep [swi:p] □□ 1126	(を)**掃く**；を一掃する；さっと通過する ▶ 活用：sweep - swept - swept [名] 掃除；一掃 ▶ at one [a] sweep 一挙に
mislead [mìslí:d] □□ 1127	を**誤解させる，欺く**；(人)を間違った方向に導く ▶ mislead *A* into (*doing*) *B* 「A(人)を欺いてBさせる」 ▶ 活用：mislead - misled - misled □ mìsléading [形] 誤解させる，紛らわしい
spoil [spɔɪl] □□ 1128	を**台無しにする**；を甘やかす；だめになる ▶ 活用：spoil - spoiled [spoilt] - spoiled [spoilt] ▶ spoil a child 子供を(甘やかして)だめにする □ spóilage [名] 損傷，腐敗
compound [アク] [kəmpáund] □□ 1129	を**悪化させる**；を合成する；を混合する [名] [ká(:)mpàund] 化合物；合成物 [形] [ká(:)mpàund] 合成の；混合の
explode [ɪksplóud] □□ 1130	**爆発する**；急増する；を論破する □ explósion [名] 爆発；急増 ▶ a population explosion 人口爆発，人口急増 □ explósive [形] 爆発しやすい；爆発的な [名] 爆発物
disgust [dɪsgʌ́st] □□ 1131	を**むかつかせる**；に愛想を尽かせる ▶ be disgusted with [by] ～ 「～にむかつく，～が嫌になる」 [名] 嫌悪，反感 ▶ to ～'s disgust ～がうんざりしたことに □ disgústing [形] うんざりさせる
commute [kəmjú:t] □□ 1132	**通勤[通学]する** [名] 通勤，通学 □ commúter [名] 通勤[通学]者

She wiped her hands with a hand towel.	彼女は手拭きタオルで手を拭いた。
It is my job to sweep the path in front of the house every day.	毎日家の前の通路を掃くのが私の仕事だ。
The salesperson misled the customer into buying an expensive product.	その販売員は客を欺いて高価な製品を買わせた。
He feels the London Eye spoils the view of London.	彼はロンドンアイがロンドンの景色を台無しにしていると感じている。
His sudden illness compounded the financial problems of his company.	彼の突然の病気は彼の会社の財務問題を悪化させた。
If the bomb had exploded, many people would have suffered injuries.	もし爆弾が爆発していたら，多くの人がけがをしていただろう。
The man was disgusted by the inappropriate remark from the politician.	その男性は政治家の不適切な発言にむかついた。
If mass transit isn't available, people will commute with cars.	大量輸送機関が利用できないと，人々は車で通勤するだろう。

decorate [発] [dékərèɪt] □□ 1133	**を装飾する** [TG] **decorate *A* with *B*「AをBで飾る」** □ **dècorátion** [名] 装飾(品) ▶ interior decoration 室内装飾 □ **decorative** [dékərətɪv] [形] 装飾的な
postpone [発] [ア] [pous*t*póun] □□ 1134	**を延期する**(≒ put off) ▶ postpone *doing* …するのを延期する □ **postpónement** [名] 延期
cease [発] [siːs] □□ 1135	**をやめる**;終わる [TG] **cease to *do*「…しなくなる」** ▶ cease *doing* も同様の意味を表す。 [名] 終止 ▶ without cease 絶え間なく
compromise [発] [ア] [ká(ː)mprəmàɪz] □□ 1136	**妥協する**;を危うくする [TG] **compromise with ～「～と妥協する」** ▶ compromise *one's* principles 自分の規範を曲げる [名] 妥協(案);折衷物 ▶ make a compromise 妥協する
elect [ɪlékt] □□ 1137	**を選出する** [TG] **elect *A B*「A(人)をB(役職)に選ぶ」** □ **eléction** [名] 選挙, 選出 □ **eléctive** [形] 選挙による;選択の
extract [ア] [ɪkstrǽkt] □□ 1138	**を取り[搾り]出す**;を抜粋する ▶ extract information from ～ ～から情報を引き出す [名] [ékstrækt] 抽出物, エキス;抜粋 □ **extráction** [名] 摘出;抽出
inherit [ɪnhérət] □□ 1139	**を受け継ぐ**;を相続する □ **inhéritance** [名] 遺産;継承 ▶ leave an inheritance to ～ ～に遺産を残す
rear [発] [rɪər] □□ 1140	**(人・動物・植物)を育てる**(≒ raise) ▶ rear a family (子供を含む)家族を養う [名] 〔the ～〕後部 [形] 後方の ▶ a rear-view mirror (車の)バックミラー

The Smiths like to **decorate** their house with paintings.	スミス夫妻は自分たちの家を絵画で飾るのを好む。
We have decided to **postpone** the meeting until Wednesday.	私たちは水曜日まで会議を延期することに決めた。
The small village **ceased** to exist after the last resident moved away.	その小さな村は最後の住民が退去した後なくなった。
The salesperson **compromised** with the buyer on the price.	その販売員は価格面で買い手と妥協した。
The voters were sensible enough to **elect** him a member of the Diet.	有権者は賢明にも彼を国会議員に選んだ。
A juicer is used to **extract** juice from fruit and vegetables.	ジューサーは果物や野菜から汁を搾り出すのに使われる。
She **inherited** her musical talent from her father.	彼女は父親から音楽的才能を受け継いだ。
This is a good place to **rear** young children.	ここは幼い子供を育てるのによい所である。

名詞編

empathy
[émpəθi]

□□ 1141

感情移入，共感
▶ 他人の気持ちや問題を理解する能力を意味する。
□ émpathìze 動 (～に)共感を覚える，感情移入する
(with)

cue
(発)[kju:]

□□ 1142

合図；手がかり；(次の演技の)キュー
▶ 語源はラテン語 quando「いつ」の頭字 q という説がある。
▶ queue「列」と同音。
動 (人)にきっかけを与える

enterprise
(ア)[éntərpràɪz]

□□ 1143

企業，事業；企画；進取の気性
▶ a multinational enterprise 多国籍企業
▶ embark on a joint enterprise 共同企画に乗り出す

output
[áutpùt]

□□ 1144

生産(高)；出力；排出(量)
▶ output per person 1人当たりの生産高
動 を生産する；を出力する

congress
(ア)[ká(:)ŋgrəs]

□□ 1145

(米国などの)議会；会議
▶ 日本の「国会」は the Diet。
▶ an international congress 国際会議
□ cóngressman 名 (C-) (英) 国会議員，下院議員

millennium
[mɪléniəm]

□□ 1146

千年間，千年紀
▶ 複数形は ～s または millennia [mɪléniə]。
▶ the third millennium 西暦2001年以降の千年，第3千年紀
□ míllenàry 形 千年の；千年記念の 名 千年間

mankind
(ア)[mænkáɪnd]

□□ 1147

人類
▶ 性差別を避けるため，同じ意味の humankind や human
beings が使われることも多い。

Muslim
[múzlɪm]

□□ 1148

イスラム教徒
▶ Moslem とも言う。Islam は「イスラム教」を表す。
形 イスラム教(徒)の

estate
(ア)[ɪstéɪt]

□□ 1149

(動産・不動産などの)財産；私有地
▶ real estate 不動産
▶ administer an estate 屋敷を管理する

She has great empathy with people in need.	彼女は困窮している人々に大いに感情移入する。
In face-to-face negotiations, we give off and receive nonverbal cues.	面と向かっての交渉では，私たちは非言語的合図を出したり受けたりする。
I work for a global enterprise selling cosmetics around the world.	私は世界中で化粧品を販売している世界的企業に勤めている。
The output of this product has decreased due to the factory closure.	この製品の生産高は工場の閉鎖が原因で減少した。
In 1894, Congress passed a law making Labor Day a federal holiday.	1894年，米国議会は「労働者の日」を連邦の祝日にする法律を通過させた。
Animal species have been breeding with one another for many millennia.	動物種は何千年もの間，互いに交わり繁殖してきた。
Environmental destruction threatens the future of mankind.	環境破壊は人類の未来を脅かす。
Muslims pray in mosques on Friday, their holy day of the week.	イスラム教徒は，彼らの聖なる曜日である金曜日にモスクで祈る。
The property is part of my late mother's estate.	その不動産は私の亡き母の財産の一部である。

landmine

[lǽndmàin]

☐☐ 1150

地雷

▶ 「鉱山」を意味する名詞の mine にも「地雷」の意味がある。

▶ an antipersonnel landmine 対人用地雷

caution

🔊 [kɔ́:ʃən]

☐☐ 1151

用心；警告

▶ use extreme caution 最大限の注意を払う

🔴 に警告する（≒ warn）

☐ cáutious 🔵 用心深い

controversy

🔊 [kɑ́(:)ntrəvə̀:rsi]

☐☐ 1152

論争

▶ cause [arouse] much controversy 多くの議論を引き起こす

☐ còntrovérsial 🔵 論争の的となる；論争好きな

consensus

[kənsénsəs]

☐☐ 1153

総意；（意見の）一致

▶ national consensus 国民の総意

▶ reach a consensus on ～ ～について合意に達する

☐ consénsual 🔵 合意による

retail

🔊 [rí:teil]

☐☐ 1154

小売り（⇔ whólesàle 卸売り）

🔴 を小売りする

🔵 小売りで

☐ rétailer 🔵 小売業者

fiber

🔊 [fáibər]

☐☐ 1155

繊維（質）；本質；精神力

▶ synthetic fibers 合成繊維

▶ fiber optics 光ファイバー通信

scent

🔊 [sent]

☐☐ 1156

（よい）香り；香水

▶ 類義：perfume「香水」, incense「香」, fragrance「芳香」

🔴 ににおいをつける；（の）においをかぐ；をかぎつける

beverage

🔊 [bévəridʒ]

☐☐ 1157

（水以外の）飲み物，飲料

▶ alcoholic beverages アルコール飲料

supplement

🔊 [sʌ́pləmənt]

☐☐ 1158

栄養補助剤，サプリメント；補足

🔴 [sʌ́pləmènt] を（～で）補う（with）

☐ sùppleméntary 🔵 補足の

The **landmine** was one of the weapons used in the Vietnam War.	地雷はベトナム戦争で使われた武器の一種だった。
They are expected to do their job with extra **caution**.	彼らは特別に用心して自分たちの仕事をすることが求められる。
There has been **controversy** over revisions to the constitution.	憲法の改正に関する論争が続いてきている。
The **consensus** of the class is that we will run a café at the school festival.	クラスの総意は私たちが文化祭でカフェを運営することである。
The shop sells local farm products at **retail** prices.	その店は地元の農産物を小売価格で販売する。
Brown rice is rich in dietary **fiber** and vitamin B.	玄米は食物繊維とビタミンBが豊富である。
Tea is sometimes combined with the **scent** of various flowers.	茶はさまざまな花の香りと組み合わされることがある。
Some religions prohibited people from drinking alcoholic **beverages**.	人々にアルコール飲料を飲むことを禁じていた宗教もある。
He takes many **supplements** every day.	彼は毎日多くのサプリメントを服用する。

diabetes
[発] [dàɪəbíːtiːz]
□□ 1159

糖尿病
□ dìabétic [形] 糖尿病の　[名] 糖尿病患者

province
[prɑ́(ː)vɪns]
□□ 1160

州，省；〔the ~s〕地方；分野
▶ 主にカナダ・中国などの州・省を表す。
▶ a student from the provinces 地方出身の学生
□ províncial [形] 州の；地方の

reef
[riːf]
□□ 1161

（岩や砂の）礁；暗礁
▶ a coral reef「サンゴ礁」

microbe
[発] [máɪkroʊb]
□□ 1162

微生物；細菌
□ micróbial [形] 微生物の；細菌の

excess
[アク] [ɪksés]
□□ 1163

過剰，超過
▶ in excess (of ~)「(~を)超過して」
▶ to excess 過度に
□ excéssive [形] 過度の，多すぎる
□ excéed [動] を超える

gallery
[gǽləri]
□□ 1164

美術館，画廊；観客，ギャラリー；回廊
▶ an art gallery 美術館

fame
[feɪm]
□□ 1165

名声
▶ come to fame 有名になる
□ fámous [形] (~で)有名な(for)
□ famed [形] (~で)名高い，有名な(for)

deadline
[dédlàɪn]
□□ 1166

締め切り
▶ meet a deadline 締め切りに間に合わせる
▶ a deadline for payment 支払い期限

undergraduate
[発] [ʌ̀ndərgrǽdʒuət]
□□ 1167

学部学生
▶ 形容詞的にも用いる。
□ pòstgráduate [名] [英] 大学院生　[形] [英] 大学院生の
(≒ [米] gráduate)

There is a close link between obesity and diabetes.	肥満と糖尿病との間には密接な関連がある。
About one-third of the population in Canada lives in the province of Ontario.	カナダの人口の約3分の1はオンタリオ州に住んでいる。
Coral reefs provide us with rich fishing resources.	サンゴ礁は私たちに豊かな漁業資源を提供する。
Soil full of microbes can help plants grow strong.	微生物をたくさん含む土壌は植物が丈夫に育つのを助ける。
Drinking in excess will weaken your immune system.	過度の飲酒は体の免疫系を弱めることになる。
I visited a wonderful gallery of modern art in New York.	私はニューヨークですばらしい現代美術館を訪れた。
He worked for fame, not for the sake of his family.	彼は家族のためではなく,名声のために働いた。
Be sure to submit your report before the deadline.	必ず締め切り前に報告書を提出するように。
As an undergraduate, he studied English grammar.	学部学生のとき彼は英文法を研究した。

slavery

🔊 [sléɪvəri]

☐☐ 1168

奴隷制度；苦役

☐ slave 图 奴隷；とりこ

▶ be a slave to fashion 流行のとりこになっている

☐ slávish 形 奴隷のような

prey

[preɪ]

☐☐ 1169

獲物；犠牲者

▶ fall prey to ~ ～のえじきとなる

動 (～を)捕食する，えじきにする(on)

▶ prey on the weak 弱者を食い物にする

mess

[mes]

☐☐ 1170

散らかった状態[物]；混乱状態

▶ be in a mess 散らかっている；窮地に陥っている

動 を散らかす，汚す

☐ méssy 形 散らかった；面倒な；不注意な

recession

[rɪséʃən]

☐☐ 1171

不況；後退

▶ be in (a [the]) recession 不況の中にある

☐ recéde 動 後退する；(記憶・可能性などが)薄れる

☐ récess 图 休憩；休会；米 (学校の)休憩時間

▶ go into recess 休会に入る

retreat

[rɪtríːt]

☐☐ 1172

後退，退却；(計画・決定などの)撤回

動 後退[退却]する

▶ retreat into the country 田舎に引っ込んで暮らす

grave

[greɪv]

☐☐ 1173

墓；〔通例 the ～〕死

形 重大な；いかめしい

▶ a grave concern 重大な懸念

☐ gráveyàrd 图 墓地

column

🔊 [kά(ː)ləm]

☐☐ 1174

コラム；(新聞などの)欄；円柱；(縦)列

▶ a column of smoke 立ちのぼる煙

▶ walk in a column 1列縦隊で進む

scenery

[síːnəri]

☐☐ 1175

〔集合的に〕景色；背景

▶ look at the picturesque scenery 絵のような景色を眺める

☐ scene 图 現場；(映画などの)場面；光景

☐ scénic 形 景色のよい；風景の

□□は、ゆく人だ。□て

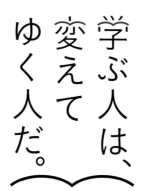

学ぶ人は、
変えて
ゆく人だ。

目の前にある問題はもちろん、

人生の問いや、社会の課題を自ら見つけ、

挑み続けるために、人は学ぶ。

「学び」で、少しずつ世界は変えてゆける。

いつでも、どこでも、誰でも、

学ぶことができる世の中へ。

旺文社

Even before Lincoln, some politicians had tried to abolish slavery.	リンカーン以前にも，中には奴隷制度を廃止することを試みた政治家もいた。
Many types of animals hunt prey for food.	たくさんの種類の動物が食べるために獲物を狩る。
My parents had me clean up the mess in the living room.	私の両親は私に居間の散らかった物を片づけさせた。
Our country has not recovered from the economic recession yet.	我が国は経済不況からまだ回復していない。
The military were forced to make a retreat from the enemy.	軍隊は敵陣から退却することを余儀なくされた。
Every time she returns home, she visits her grandmother's grave.	故郷に戻るたびに彼女は祖母の墓にお参りする。
She writes a newspaper column once a week.	彼女は週に１回新聞のコラムを書いている。
They had lunch on the balcony, with a view of the mountain scenery.	彼らは山の景色の展望がきくバルコニーで昼食をとった。

plot
[plɑ(:)t]
□□ 1176

(小説などの)筋；陰謀
▶ hatch a plot against ~ ~に対して陰謀をたくらむ
動 (…すること)をたくらむ(to do)

sculpture
[skʌlptʃər]
□□ 1177

彫刻(作品)
▶ create[make] a sculpture 彫刻を作る
□ scúlptor 图 彫刻家

tablet
[tǽblət]
□□ 1178

タブレット(型情報端末)；錠剤；平板
▶ vitamin tablets ビタミン錠剤

形容詞編

dense
[dens]
□□ 1179

密集した，密度の高い；(霧などが)濃い
□ dénsity 图 密度，密集
▶ population density 人口密度
□ dénsely 副 密集して，ぎっしりと

exotic
ア [ɪgzá(:)tɪk]
□□ 1180

外来の；異国風の
▶ 通例，西欧人から見て「異国風の」を意味する。
▶ exotic cultures 外来文化
□ exóticìsm 图 異国趣味

acid
[ǽsɪd]
□□ 1181

酸性の；酸っぱい；辛辣な
🔟 acid rain「酸性雨」
▶ an acid remark 辛辣な意見
图 酸；酸っぱい物
□ acídity 图 酸性度

bitter
[bítər]
□□ 1182

苦い，つらい；辛辣な；怒りっぽい
▶ taste bitter 苦い味がする
□ bítterly 副 ひどく，激しく
▶ I was bitterly shocked. 私はひどくショックを受けた。

sensible
[sénsəbl]
□□ 1183

賢明な；実用的な；顕著な
▶ It is sensible (of ~) to do
「(~が)…するとは賢明である」
▶ sensitive「敏感な；感じやすい」と区別。
□ sènsibílity 图 感受性；(鋭い)感性
▶ sense and sensibility 分別と多感

The **plot** of this detective novel is too complicated to understand.	この探偵小説の筋は複雑すぎて理解できない。
You can see Michelangelo's famous **sculpture** in St. Peter's in Vatican City.	バチカン市国のサンピエトロ大聖堂ではミケランジェロの有名な彫刻を見ることができる。
Some think that it is more convenient to read novels on a **tablet**.	タブレットで小説を読むほうが便利だと考える人がいる。

We had trouble walking through a **dense** crowd of people.	私たちは密集した人混みの中を通り抜けるのに苦労した。
The zoo has an exhibition of rare and **exotic** animals.	その動物園は珍しい外来の動物を公開している。
It is not certain that **acid** rain is caused by air pollution.	酸性雨が大気汚染によって引き起こされるのかはっきりしない。
He had the **bitter** experience of fighting in the war.	彼は戦争で戦うというつらい経験をした。
She made the **sensible** decision of consulting her lawyer.	彼女は弁護士に相談するという賢明な決断をした。

noble [nóubl] ☐☐ 1184	高貴な；堂々とした；高潔な ☐ nobílity 图 (the ~)貴族(階級)；高潔さ ☐ nóbleman 图 貴族
vague 🅐 [veɪɡ] ☐☐ 1185	漠然とした，あいまいな；おぼろげな ☐ váguely 副 漠然と，あいまいに ☐ vágueness 图 漠然，あいまいさ
parallel 🅐 [pǽrəlèl] ☐☐ 1186	(~と)平行[並行]の(to)；類似した ▶ parallel lines 平行線 動 に平行[並行]している；に類似する 副 平行に　图 匹敵するもの；対比 ▶ in parallel (with [to]) (~と)平行して，同時に
tense [tens] ☐☐ 1187	張り詰めた，緊張した 動 を緊張させる ☐ ténsion 图 緊張；緊迫感 ▶ lessen international tensions 国際的緊張を和らげる
vertical [vɔ́ːrtɪkəl] ☐☐ 1188	垂直の(⇔ hòrizóntal 水平な)；縦方向の ▶ a vertical line 垂直線 图 垂直線
indigenous 🅐 [ɪndídʒənəs] ☐☐ 1189	原産の，先住の；(その土地に)固有の ▶ be indigenous to ~「~に元からある」
aboriginal [æ̀bərídʒənəl] ☐☐ 1190	(通例 A~)アボリジニの；原生の，先住の ▶ aboriginal fauna 土着の動物相 图 先住民；(通例 A~)オーストラリア先住民 ☐ àboríginè 图 先住民；(A~)オーストラリア先住民
seasonal [síːzənəl] ☐☐ 1191	季節の，季節的な ▶ seasonal fruits 季節の果物 ☐ séason 图 季節　動 に味つけする
abundant [əbʌ́ndənt] ☐☐ 1192	豊富な；(~に)富む(in) ☐ abúndance 图 豊富；多量 ▶ in abundance 豊富に；裕福に ☐ abóund 動 たくさんある

He married a woman of a **noble** family.

彼は高貴な家系の女性と結婚した。

I have a **vague** memory of my conversation with her on the phone.

私は彼女と電話で話をしたという漠然とした記憶がある。

She drove on a road that is **parallel** to the main road.

彼女は本街道と並行している道路を車で走った。

The goal of this exercise is to relax **tense** muscles and reduce stress.

この運動の目的は緊張した筋肉をほぐし，ストレスを減らすことである。

She placed the ladder in a **vertical** position.

彼女ははしごを垂直の位置に置いた。

Pumpkins are vegetables **indigenous** to Central America.

カボチャは中央アメリカ原産の野菜である。

Aboriginal art varies across the regions of Australia.

アボリジニの芸術はオーストラリア国内の地域によりさまざまである。

Seasonal discounts have become common in the fashion industry.

季節割引はファッション業界では一般的になっている。

Thanks to his **abundant** talents, he succeeded as an entertainer.

豊かな才能のおかげで，彼は芸能人として成功した。

hybrid
[háɪbrɪd]
□□ 1193

ハイブリッドの；雑種の；混成の
　　名 ハイブリッド車；(動植物の)雑種；混成物

irrelevant
発 [ɪréləvənt]
□□ 1194

(〜にとって)無関係の(to)；見当違いの
　□ rélevant 　形 関係がある；妥当な
　□ irrélevance 名 無関係, 見当違い

ridiculous
⑦ [rɪdíkjʊləs]
□□ 1195

ばかげた；法外な
　▶ Don't be ridiculous. ばかなことを言わないで。
　□ rídicùle 動 をあざける　名 あざけり, 冷やかし
　▶ an object of ridicule 嘲笑の的

fairy
[féəri]
□□ 1196

妖精の(ような)
　▶ fairy tale [story]「おとぎ話」(直訳は「妖精の話」)
　　名 妖精

sensory
[sénsəri]
□□ 1197

感覚の
　▶ a sensory neuron 知覚ニューロン
　□ sense 名 感覚；認識力, 観念；意味
　▶ a sixth sense 第六感

chronic
[krá(:)nɪk]
□□ 1198

慢性の(⇔ acúte → 1486)；長引く；常習の
　▶ a chronic illness [disease]「慢性疾患, 持病」

voluntary
⑦ [vá(:)ləntèri]
□□ 1199

自発的な(⇔ compúlsory → 1384)；無償の
　▶ do voluntary work 無料奉仕の仕事をする
　□ vóluntarily [và(:)ləntérəli] 副 自発的に；無償で
　□ volunteer [và(:)ləntíər] 名 志願者；ボランティア
　□ invóluntàry 形 不本意な；故意でない

inclined
[ɪnkláɪnd]
□□ 1200

傾向がある；傾いた
　▶ be inclined to *do*「…する傾向がある」
　□ inclinátion 名 傾向；好み
　▶ against *one's* inclination 不本意ながら

Those who drive **hybrid** cars get the privilege of free parking here.	ハイブリッド車を運転する人はここで無料駐車の特権を得る。
He asked the teacher a question **irrelevant** to the topic.	彼は先生にその話題に無関係の質問をした。
The reporter asked him a **ridiculous question** at the press conference.	その記者は記者会見で彼にばかげた質問をした。
The queen in that **fairy tale** was so cruel to Snow White.	そのおとぎ話に出てくる女王は白雪姫にひどく冷酷だった。
Sensory information travels throughout the nervous system.	感覚の情報は神経系のすみずみまで伝わる。
Healthy life habits can reduce the risk of **chronic** diseases.	健康的な生活習慣は，慢性疾患の危険性を減らす可能性がある。
People often act on the basis of their **voluntary** will.	人々はよく自らの自発的意志に基づいて行動する。
She is **inclined** to be very optimistic about her future.	彼女は自分の将来についてとても楽観的な傾向がある。

Section 13

単語番号 1201 ～ 1300

動詞編

infer
[アク] [ɪnfə́ːr]
□□ 1201

を推論する，推測する
▶ 類語：deduce「を演繹する」，induce「を帰納する」
□ ínference [名] 推論，推理
▶ by inference 推論によって

esteem
[アク] [ɪstíːm]
□□ 1202

を尊敬する；を見なす
▶ esteem *A* (to be) *B*　AをBと見なす
[名] 尊敬；評価
▶ sèlf-estéem 自尊心
▶ hold ～ in high esteem　～を高く評価する

tackle
[tǽkl]
□□ 1203

に取り組む；と(～のことで)話をつける(about / on)
▶ tackle ～ about the budget 予算のことで～と話をつける
[名] (ラグビー・アメフトなどの)タックル；(釣り)道具
▶ a hard tackle 強烈なタックル

venture
[véntʃər]
□□ 1204

危険を冒して進む；を思い切ってする
▶ venture to *do*　思い切って…する
[名] 冒険的事業，投機
▶ venture capital 投機資本，危険負担資本
▶ a joint venture 合弁[共同]事業

accelerate
[アク] [əksélərèɪt]
□□ 1205

を加速させる，促進する；加速する
□ accèlerátion [名] 加速；促進
□ accéleràtor [名] 加速装置；(車の)アクセル

accustom
[əkʌ́stəm]
□□ 1206

(人)を慣れさせる
[TG] **be accustomed to ～**「～に慣れている」
▶ get accustomed to ～　～に慣れる

amuse
[əmjúːz]
□□ 1207

をおもしろがらせる，楽しませる
▶ be amused at [by] ～「～をおもしろがる」
□ amúsement [名] 楽しみ；娯楽
▶ in amusement おもしろがって
□ amúsing [形] 愉快な，おもしろい

▶ 動詞編　p.324　　▶ 形容詞編　p.342
▶ 名詞編　p.334

I **inferred** that her hometown is London from her words.	私は彼女の言葉から彼女の故郷がロンドンであると推測した。
He is highly **esteemed** as a genius in mathematics.	彼は数学の天才として大いに尊敬されている。
We must find an effective way to **tackle** this task.	私たちはこの任務に取り組むための効果的な方法を見つけなければならない。
The company **ventured** into an unknown territory.	その会社は危険を冒して未知の分野に乗り出した。
The new goal of the government is to **accelerate** economic growth.	政府の新しい目標は経済成長を加速させることである。
I am **accustomed** to hearing criticism from the media.	私はマスコミからの批判を聞くのに慣れている。
His jokes and funny stories **amused** us.	彼の冗談や滑稽な話は私たちをおもしろがらせた。

flourish 発 [fláːrɪʃ] □□ 1208	**繁栄する**；繁茂する；を振りかざす 　图 大げさなしぐさ；美辞麗句；繁栄 　▶ with a flourish 華々しく，派手に
thrive [θraɪv] □□ 1209	**繁栄する，うまくいく**；繁茂する 　□ thríving 形 繁栄する
nurture [nɔ́ːrtʃər] □□ 1210	**をはぐくむ**；を養成する 　图 養育；（しつけ・教育などの）環境 　▶ nature and nurture 生まれと育ち
click [klɪk] □□ 1211	**(を)クリックする**；をカチッと鳴らす；カチッ と音がする 　▶ click on the hyperlink 　　「ハイパーリンクをクリックする」 　图 クリック；カチッという音 　▶ give a click on an icon アイコンをクリックする
spin [spɪn] □□ 1212	**回転する**；を回転させる；（糸）を紡ぐ 　▶ 活用：spin - spun - spun 　▶ spin a top こまを回す 　图 回転；下落 　□ spín-òff 图 スピンオフ；副産物；番外編
clip [klɪp] □□ 1213	**を切り抜く**；を(はさみで)切り取る；をクリッ プで留める 　图 抜粋；はさみで切ること；クリップ 　▶ a video clip (プロモーション用の)ビデオクリップ
drag [dræg] □□ 1214	**を引きずる**；ぐずぐずする 　▶ drag one's feet 足を引きずる；わざとぐずぐずする 　▶ drag oneself into ～ 嫌々に入る 　图 〔a ～〕障害物；不愉快な物[人] 　▶ What a drag! なんて嫌なことだ。
cast [kæst] □□ 1215	**を投じる**；に役を当てる 　▶ cast doubt on ～「～に疑問を投げかける」 　▶ 活用：cast - cast - cast 　图 配役；ギプス；鋳型

Renaissance art **flourished** in Italy between the 14th and 16th century.	ルネサンス芸術は14世紀から16世紀にかけて<u>イタリアで繁栄</u>した。
The local economy is **thriving** after the new factory was built.	新しい工場が建設された後，地元の経済は<u>繁栄している</u>。
She **nurtured** her talents by painting and writing poems.	彼女は絵を描いたり詩を書いたりして自分の才能を<u>はぐくんだ</u>。
To download the file, you need to **click** on the filename on the screen.	ファイルをダウンロードするには，画面上のファイル名を<u>クリックする</u>必要がある。
The earth is **spinning** around on its axis.	地球は地軸を中心に<u>回転</u>している。
She **clips** suitable articles from the newspaper for future use.	彼女は将来使うために新聞から適当な記事を<u>切り抜く</u>。
I saw people **dragging** big bags at the airport.	私は空港で人々が大きなバッグを<u>引きずっている</u>のを見た。
His repeated mistakes forced us to **cast** doubt on his ability.	彼の度重なる失敗のせいで，私たちは彼の能力に<u>疑問を投げかけ</u>ざるを得なかった。

scatter
[skǽtər]
□□ 1216

をまき散らす；分散する
▶ be scattered 点在している；散らばっている
[名] 散布；分散
□ scáttered [形] 点在する；散発的な
▶ cloudy with scattered showers 曇り，所によりにわか雨

tempt
[tem*p*t]
□□ 1217

を(…する)気にさせる(to *do*)；を引きつける
▶ be tempted to *do*「…したくなる，…する気になる」
□ temptátion [名] 誘惑，衝動
▶ yield [give way, give in] to temptation 誘惑に負ける
□ témpting [形] 魅力的な

withdraw
[アク] [wɪðdrɔ́ː]
□□ 1218

を引き出す；を撤回する；撤退する
▶ 活用：withdraw - withdrew - withdrawn
▶ withdraw *one's* resignation 辞意を撤回する
□ withdráwal [名] 撤回；撤退；払い戻し

yawn
[発] [jɔːn]
□□ 1219

あくびをする
[名] あくび
▶ give a big yawn 大あくびをする
▶ stifle a yawn あくびをかみ殺す

blink
[blɪŋk]
□□ 1220

まばたきする；点滅する；(目)をまたたく
▶ before *one* could blink またたく間に
[名] まばたき；瞬時
▶ in the blink of an eye 瞬時に

dye
[daɪ]
□□ 1221

を染める；染まる
▶ die「死ぬ」と同音。
▶ 活用：dye - dyed - dyed(現在分詞は dyeing)
[名] 染料

spill
[spɪl]
□□ 1222

をこぼす；こぼれる
▶ spill over あふれ出る
[名] こぼれること，流出
▶ an oil spill 石油流出

irritate
[írɪtèɪt]
□□ 1223

をいらいらさせる；をひりひりさせる
□ ìrritátion [名] いら立ち
□ írritàting [形] いらいらさせる
□ írritable [形] 怒りっぽい，いらいらする

There is litter **scattered** on the beach.	海岸にごみがまき散らされている。
Manufacturers may be **tempted** to ignore the consumers' complaints.	製造業者は消費者の苦情を無視したくなることもある。
She **withdrew** 20,000 yen from the ATM at a convenience store.	彼女はコンビニのATMから20,000円を引き出した。
I noticed that he was trying hard not to **yawn** during class.	私は彼が授業中必死にあくびをしないようにしているのに気づいた。
He has a habit of **blinking** whenever he gives a speech.	彼は演説をするときはいつもまばたきをする癖がある。
The woman decided to **dye** her hair brown.	その女性は髪を茶色に染めることにした。
She accidentally **spilled** red wine on her white dress.	彼女は誤って自分の白いドレスに赤ワインをこぼした。
Jason's loud voice **irritates** her.	ジェイソンの大声は彼女をいらいらさせる。

insult
発 ② [ínsʌlt]
☐☐ 1224

を侮辱する(≒ affrónt)
▶ insult ~'s intelligence　～の知性を侮る
图 [ínsʌlt] 侮辱(行為)(≒ affrónt)
☐ insúlting 形 侮辱的な

enforce
[ɪnfɔ́ːrs]
☐☐ 1225

を施行[実施]する；を(～に)強制する(on / upon)
☐ enfórcement 图 施行；強要

rob
[rɑ(ː)b]
☐☐ 1226

から(金品を)奪う
熟 rob A of B「AからBを奪う」
☐ róbbery 图 強盗(事件)
☐ róbber 图 強盗

drain
[dreɪn]
☐☐ 1227

(液体)を流出させる；(液体が)流れ出る
图 排水路[管]；流出，消耗
▶ brain drain 頭脳流出
☐ dráinage 图 排水(設備)

suspend
② [səspénd]
☐☐ 1228

を停職[停学，出場停止]にする；を一時的に中断する
▶ suspend a driver's license 運転免許を一時停止する
☐ suspénsion 图 一時停止；保留；停学
☐ suspénse 图 不安な状態；未解決

drift
[drɪft]
☐☐ 1229

漂う；さまよう；を押し流す
图 漂流(物)；吹きだまり；緩やかな移動
☐ drífter 图 放浪者

forgive
[fərgív]
☐☐ 1230

を許す；を免除する
熟 forgive A for B「AのB(過ちなど)を許す」
▶ B には doing / having done がくることもある。
▶ 活用：forgive - forgave - forgiven
☐ forgíving 形 寛大な；優しい

revise
[rɪváɪz]
☐☐ 1231

を修正する；を改訂する
图 改訂(版)；校正
☐ revision [rɪvíʒən] 图 改訂；修正
▶ make revisions to ～　～を修正する
☐ revísed 形 改訂された

He **insulted** me by suggesting that I cheated in the exam.	彼は私が試験でカンニングをしたとほのめかして私を侮辱した。
The police **enforce** laws which the government has made.	警察は政府が作った法律を実施する。
Three men **robbed** a woman of her wallet on a crowded train.	３人の男が混雑した電車の中で女性から財布を奪った。
She forgot to **drain** water from the bathtub.	彼女は浴槽から水を流すのを忘れた。
The athlete has been **suspended** for not following the rules.	その運動選手は規則を守らなかったために出場停止になっている。
The sailboat slowly **drifted** in the sea.	帆船はゆっくりと海の上を漂った。
Please **forgive** me for having kept you waiting for such a long time.	こんなにも長い間あなたをお待たせしたことを許してください。
I need to **revise** my essay draft by next Monday.	私は次の月曜日までに小論文の草稿を修正する必要がある。

recruit
[rɪkrúːt]
□□ 1232

を募る；に新人を補充する

名 新人；新会員
▶ a fresh recruit 初心者
□ recrúitment 名 新人募集；補充

twist
[twɪst]
□□ 1233

をねじる，ひねる；を歪曲する
▶ twist the cap off a bottle 瓶のふたを回してはずす
名 ねじること；歪曲；急展開
□ twísted 形 ねじれた；ひねくれた

crush
[krʌʃ]
□□ 1234

を押しつぶす；を弾圧する；を絞り出す
▶ crash [kræʃ]「衝突する，墜落する」と区別。
名 粉砕，鎮圧，殺到
□ crúshing 形 圧倒的な

pin
[pɪn]
□□ 1235

をピンで留める；を突き刺す
▶ pin down をピンで留める；を突き止める
名 ピン；針，留め針；バッジ
▶ a safety pin 安全ピン

uncover
[ʌnkʌ́vər]
□□ 1236

を暴く（⇔ concéal → 1116）；を発掘する
▶ uncover the ruins of ~ ~の遺跡を発掘する

exploit
[ɪksplɔ́ɪt]
□□ 1237

を活用する；を搾取する，につけ込む
▶ exploit workers 労働者を搾取する
□ èxploitátion 名 活用；搾取

implement
🔊 [ímplɪmènt]
□□ 1238

を実行[実施]する
▶ implement a reform 改革を遂行する
名 [ímplɪmənt] 道具；手段；(~s)用具一式
▶ writing implements 筆記用具
□ ìmplementátion 名 実行，処理

integrate
🔊 [íntəgrèɪt]
□□ 1239

を統合する；融合する
▶ integrate A into B A を B にまとめる
□ ìntegrátion 名 統合，融合
□ íntegràted 形 統合された；差別の撤廃された

Some colleges spend a lot of money to **recruit** talented students.	才能のある学生を募るために多額の金を使う大学もある。
While playing tennis, I **twisted my ankle**.	テニスをしていて，私は足首をひねった。
Every morning, commuters in Tokyo are **crushed** on trains.	毎朝，東京の通勤者は列車の中で押しつぶされる。
She **pinned** a note onto the bulletin board.	彼女は掲示板にメモをピンで留めた。
The magazine **uncovered** the actor's secret.	雑誌はその俳優の秘密を暴いた。
I do not think my company **is fully exploiting** its human resources.	私は会社が人的資源を十分に活用しているとは思わない。
Japan **implemented** its recycling policy in 1991.	日本は1991年にそのリサイクル政策を実施した。
The students **integrated** the ideas from their teacher with their own.	生徒たちは教師からのアイディアと自分たちのアイディアを統合した。

incorporate [ɪnkɔ́ːrpərèɪt] ☐☐ 1240	を取り入れる；を法人にする；合併する 形 会社組織の ☐ incórporàted 形 法人の ☐ incòrporátion 名 合併，統合；会社

名詞編

profile ❷ ⑦ [próʊfaɪl] ☐☐ 1241	人物の紹介；横顔；輪郭 ▶ the profile of a distant hill 遠くの丘の輪郭 動 の紹介をする；の輪郭を描く ☐ prófiling 名 プロファイリング，人物像分析
appetite ⑦ [ǽpɪtàɪt] ☐☐ 1242	食欲；欲求 ▶ A good appetite is the best sauce. 食欲は最高のソース，空腹にまずいものなし。(ことわざ) ☐ áppetizer 名 (前菜・食前酒など)食欲を増進させるもの
impulse ❷ ⑦ [ímpʌls] ☐☐ 1243	衝動；刺激 ▶ on (an) impulse「衝動的に」 ▶ impulse buying 衝動買い ☐ impúlsive 形 衝動的な
script [skrɪpt] ☐☐ 1244	台本；筆跡 ▶ a film script 映画の脚本 ☐ mánuscrìpt 名 (手書きの)原稿[文書]
anniversary [æ̀nɪvə́ːrsəri] ☐☐ 1245	(〜周年)記念日 ▶ the 10th anniversary of a magazine 雑誌創刊10周年記念日
pension [pénʃən] ☐☐ 1246	年金 ☐ pénsioner 名 年金受給者
temper [témpər] ☐☐ 1247	気質，気性；機嫌；かんしゃく ▶ lose one's temper 冷静さを失う(⇔ keep one's temper 平静を保つ) ▶ in a good [bad] temper 上[不]機嫌で ☐ témperament 名 気質；(激しい)気性

Many words have been **incorporated** into English from Latin and French.	多くの語がラテン語やフランス語から英語に取り入れられてきた。
The reporter was told to write a **profile** of the new mayor.	記者は新市長の人物紹介を書くように言われた。
People tend to have a bigger **appetite** when they feel a lot of stress.	大きなストレスを感じると，人は食欲が増す傾向にある。
She could not resist the **impulse** to eat ice cream.	彼女はアイスクリームを食べたいという衝動に抵抗できなかった。
The director insisted that the actors memorize the **script**.	監督は俳優たちが台本を暗記することを要求した。
They celebrated their fifth wedding **anniversary** last Sunday.	彼らはこの前の日曜日に結婚5周年を祝った。
She started to receive her retirement **pension** at the age of 65.	彼女は65歳で退職者年金を受け取り始めた。
Her **temper** is sweet and calm, so everyone likes her.	彼女の気性は優しくて穏やかなので，だれもが彼女のことを好きである。

cortex [kɔ́:rteks] □□ 1248	皮質；樹皮 ▶ the cerebral cortex 大脳皮質
syndrome [síndroʊm] □□ 1249	症候群；〜現象 ▶ 複数の症候を示す病的状態を表す。
chamber 🔊 [tʃéimbər] □□ 1250	(特定の目的の)部屋；議場；〔the 〜〕議院 ▶ a chamber of commerce 商工会議所 □ chámberlain 图 (宮廷の)侍従；(貴族の)家令
utility 🔊 [juːtíləti] □□ 1251	公共事業；公共料金；実用性 形 多目的な；実用的な □ útilìze　動 を(効果的に)利用する □ utìlitárian 形 実用的な　图 功利主義者
cattle [kǽtl] □□ 1252	〔集合的に〕牛 ▶ 複数扱い。a cattle, cattles は不可。
herd 🔊 [həːrd] □□ 1253	(牛などの)群れ；群衆 ▶ a herd of cattle [elephants]「牛[ゾウ]の群れ」 ▶ the (common) herd 一般大衆 動 を集める；を群れで移動させる
fluid [flúːɪd] □□ 1254	流動体, 液体 ▶ brake fluid ブレーキオイル 形 流動体の；流動性の；滑らかな
pity [píti] □□ 1255	残念なこと；哀れみ 🔟 It is a pity that ...「…とは残念だ」 ▶ feel pity for 〜「〜をかわいそうに思う」 動 を哀れむ, 気の毒に思う
priest [priːst] □□ 1256	聖職者

The frontal **cortex** is the most recently evolved part of the brain.

前頭皮質は脳の中で最も遅くに進化した部分である。

Inborn heart defects are associated with **many genetic syndromes**.

生まれつきの心臓欠陥は多くの遺伝的症候群と関連づけられる。

The guide took me through **the chambers of the castle**.

ガイドは私を連れて城の部屋を案内した。

Free markets may be replaced with publicly owned **utilities** someday.

自由市場はいつか公営公共事業に取って代わられるかもしれない。

He raises **cattle and pigs** at the foot of the mountain.

彼はその山のふもとで牛と豚を飼育している。

A large **herd** of elephants have moved into the fields.

ゾウの大きな群れが野原に移動した。

The patient is only allowed to **drink fluids** today.

その患者は今日は水分をとることだけが許可されている。

It is a great pity that you have to leave so quickly.

あなたがこんなにも早く出発しなければならないとはとても残念です。

He became **a Christian priest** and a professor at Cambridge University.

彼はキリスト教の聖職者になり，ケンブリッジ大学の教授になった。

acquaintance [əkwéintəns] ☐☐ 1257	知人；面識；知識 ☐ acquáint **動** に(〜を)教える，知らせる(with) ▶ become [get] acquainted with 〜 〜と知り合いになる；〜に精通する
offspring ⑦[ɔ́(:)fspriŋ] ☐☐ 1258	子孫，子；成果 ▶ 集合的に人・動物の子や子孫を指す。単数でも an は用いない。
famine **発**[fǽmin] ☐☐ 1259	飢饉<ruby>き</ruby><ruby>きん</ruby>；(食糧・物資の)ひどい不足
deforestation [di:fɔ(:)ristéiʃən] ☐☐ 1260	森林伐採 ☐ dèfórest **動** から森林を伐採する
jail [dʒeil] ☐☐ 1261	刑務所，拘置所(≒ príson) ▶ go [be sent] to jail 刑務所に入る，刑務所送りになる
commodity [kəmá(:)dəti] ☐☐ 1262	商品；有用なもの ▶ the commodity market 商品市場
format [fɔ́:rmæt] ☐☐ 1263	書式，形式；(本などの)型 ▶ a magazine written in a newspaper format 新聞の書式で書かれた雑誌 **動** の体裁を整える；の書式を設定する；を初期化する
recipient ⑦[risípiənt] ☐☐ 1264	受け取る人；(臓器などの)被提供者 **形** 受容力のある
drill **発**[dril] ☐☐ 1265	訓練；(反復)練習；ドリル，錐<ruby>きり</ruby> ▶ drill and practice 反復練習と演習 **動** (〜に)穴をあける；に反復練習させる

She is just a casual **acquaintance**.	彼女はただのちょっとした知り合いだ。
Much of what we pass on to our **offspring** is cultural.	私たちが子孫に渡すものの多くは文化的なものである。
People in the past suffered from **famine** due to crop failure.	昔の人々は穀物の不作のせいで飢饉に苦しんだ。
Deforestation in the Amazon has accelerated recently.	アマゾンでの森林伐採は最近加速してきている。
The criminal was charged with burglary and taken to **jail**.	犯人は住居侵入罪で告発され，刑務所に送られた。
Coffee is one of the most valuable **commodities** in the world.	コーヒーは世界で最も貴重な商品の１つである。
Many school textbooks are appearing in digital **format** these days.	今日では多くの学校の教科書がデジタル形式で出てきている。
The author is a **recipient** of the Nobel Prize in Literature.	その作家はノーベル文学賞の受賞者である。
Factory workers should hold regular fire **drills**.	工場労働者は定期的な消防訓練を行うべきである。

inability [ìnəbíləti] ☐☐ 1266	**無能，無力** ▶ inability to *do*「…することができないこと」 ☐ **unáble** 形 (…することが)できない(to do)
republic [rɪpʌ́blɪk] ☐☐ 1267	**共和国**；共和制 ☐ **repúblican** 形 共和国の　名 共和制支持者；(R〜) (米国の)共和党党員
combat [kɑ́(ː)mbæt] ☐☐ 1268	**戦闘**；対立 ▶ a combat mission 戦闘任務 動 と戦う；に立ち向かう ☐ **combátive** 形 闘争的な
debris 発 [dəbríː] ☐☐ 1269	**(破壊された後の)残骸，瓦礫^{がれき}**；がらくた ▶ space debris 宇宙ごみ
bug [bʌɡ] ☐☐ 1270	**病原菌(が起こす病気)**；虫；盗聴器；(機械・プログラムの)欠陥 ▶ a flu bug インフルエンザウイルス 動 を盗聴する；を悩ます
fraction [frǽkʃən] ☐☐ 1271	**わずか(≒ bit)，一部**；分数 ▶ for a fraction of a second「ほんの一瞬」 ☐ **fráctional** 形 わずかな
index ア [índeks] ☐☐ 1272	**指標**；索引；指数 ▶ 複数形は indexes または indices [índɪsìːz]。 ▶ an index finger 人さし指 動 (本など)に索引をつける
intuition 発 ア [ìntjuíʃən] ☐☐ 1273	**直観(力)，直感** ▶ by intuition 直観で ☐ **intúitive** 形 直観的な
motive 発 ア [móutɪv] ☐☐ 1274	**動機** 形 原動力となる ☐ **mótivàte** 動 に動機を与える ☐ **mòtivátion** 名 動機(づけ)

We were shocked at Maria's **inability** to use a knife and fork properly.	私たちはマリアがナイフとフォークを正しく使うことができないことにショックを受けた。
The Czech **Republic** and the Slovak **Republic** are now two independent nations.	チェコ共和国とスロバキア共和国は今では2つの独立した国家である。
In the Vietnam War, some photographers joined the soldiers who went into **combat**.	ベトナム戦争では，戦闘に入った兵士たちに従軍したカメラマンがいた。
They are cleaning up the **debris** of the collapsed building.	彼らは倒壊したビルの残骸を片づけている。
The school has to get rid of the **bugs** in the swimming pool.	学校はプールの病原菌を駆除しなければならない。
Only a small **fraction** of the universe is visible to observers on earth.	宇宙のほんの一部分だけが地球上の観察者に見えている。
It is said that one's home is an **index** of one's personality.	人の家はその人の個性の指標であると言われている。
Scientists often **rely on intuition** for research ideas.	科学者はしばしば研究の着想を得るのに直観に頼る。
Her **motive** for studying English is to watch American movies.	彼女が英語を勉強する動機はアメリカ映画を見ることである。

consent

慣 [kənsént]

□□ 1275

同意，承諾

▶ informed consent インフォームド・コンセント (治療の前に患者側が説明を受けた上で同意すること)

動 (～に)同意する，(～を)承諾する(to)

□ consénsus 图 総意；合意

hierarchy

発 [háiərɑːrki]

□□ 1276

(社会の)階層制；(the ～)支配層

□ hìerárchic(al) 形 階級組織の

monument

[má(ː)njumənt]

□□ 1277

記念碑，遺跡；金字塔

□ mònuméntal 形 不朽の；壮大な

asset

慣 [ǽsèt]

□□ 1278

(通例～s)資産；価値のあるもの；利点

▶ assets and liabilities 資産と負債

形容詞編

decent

発 慣 [díːsənt]

□□ 1279

まずまずの；きちんとした；上品な

▶ do the decent thing 道義的に行動する；責任を取る

□ décency 图 礼儀正しさ，品位

□ décently 副 きちんと

competent

発 慣 [ká(ː)mpətənt]

□□ 1280

有能な；適任の；満足できる

▶ be competent to [at, in] ～ ～に適任である

□ cómpetence 图 能力，力量；権限

▶ his competence as a manager 経営者としての彼の能力

straightforward

慣 [strèitfɔ́ːrwərd]

□□ 1281

単純な；率直な

副 率直に

□ stràightfórwardly 副 率直に；まっすぐに

cosmetic

[kɑ(ː)zmétɪk]

□□ 1282

化粧の，美容の；うわべの

▶ cosmetic surgery「美容(整形)外科」

▶ makeup は「化粧；化粧品」を表す。

图 (通例～s)化粧品

He is now old enough to get married without his parents' **consent**.	今や彼は両親の同意なしで結婚することができる年齢である。
The company has a complex **hierarchy** of managers.	その会社には管理職の複雑な階層がある。
The stone **monument** honors the people who died in the war.	その石碑は戦争で亡くなった人々に敬意を表している。
The trading company has $500 million in **assets**.	その商社は資産が5億ドルある。
The company employs people living nearby and pays them **decent** wages.	その会社は近くに住む人々を雇い，彼らにまずまずの賃金を払っている。
The president felt lucky to have such a **competent** secretary.	社長はこれほど有能な秘書がいることを幸運だと思っていた。
There is no **straightforward** answer to the philosophical question.	その哲学的な問いに対する単純な答えはない。
The company is famous for its high quality **cosmetic** products.	その会社は高品質な化粧品で有名である。

delicate

東 ⑦ [délɪkət]

□□ 1283

繊細な；扱いにくい；もろい
▷ a delicate issue 取り扱いの難しい問題
□ délicacy 图 繊細さ；もろさ；珍味

interior

[ɪntíəriər]

□□ 1284

室内の；内部の（⇔ extérior 外部の）
▷ the interior regions of Australia オーストラリアの内陸地方
图〔the ~〕内陸部；内部；室内

transparent

⑦ [trænspǽrənt]

□□ 1285

透明な；明快な
▷ a transparent glass 透明なコップ
□ transpárency 图 透明(性)

aesthetic

⑦ [esθétɪk]

□□ 1286

美的な；美学の
□ aesthétics 图 美学

deliberate

⑦ [dɪlíbərət]

□□ 1287

故意の；慎重な
働 を熟考する
□ delíberately 剾 故意に；慎重に
□ delìberátion 图 熟慮；慎重さ

demographic

[dèməgrǽfɪk]

□□ 1288

人口統計学の
▷ demographic transition 人口統計的遷移
□ demógraphy 图 人口統計学

prehistoric

⑦ [prì:hɪstɔ́(:)rɪk]

□□ 1289

有史以前の；旧式な
□ prèhístory 图 先史時代；先史学

innate

東 [ɪnéɪt]

□□ 1290

生まれながらの；固有の
▷ innate ability 生まれ持った能力
□ ìnnátely 剾 生まれつき，生得的に

mild

[maɪld]

□□ 1291

穏やかな；(程度が)軽い
▷ a mild fever 微熱

The mother treats her baby with **delicate** care.	母親は赤ん坊を<u>繊細な注意を払って</u>扱う。
The **interior** walls are made of natural materials.	<u>室内</u>の壁は自然素材でできている。
He fixed the split document with **transparent** tape.	彼は<u>透明な</u>テープで裂けた書類を修復した。
There is an **aesthetic** quality to letters written with a brush.	筆で書かれた文字には<u>美的な</u>資質がある。
His behavior was a **deliberate** attempt to offend her.	彼の行動は彼女の気分を害そうとする<u>意図的な</u>試みであった。
Japan has been going through big **demographic** changes over the past century.	日本は過去1世紀の間に大きな<u>人口統計学的変化</u>を経験してきている。
People may have cooked food in hot water in **prehistoric** times.	<u>有史以前</u>，人々は熱湯で食べ物を料理していたかもしれない。
The brain loses some of its **innate** language capabilities when it ages.	脳は老化すると，その<u>生まれながらの</u>言語能力の一部を失う。
Some foreign visitors are drawn to Florida by its **mild** winter climate.	外国人観光客の中にはその<u>穏やかな</u>冬の気候にひかれてフロリダに来る者もいる。

toxic [tá(ː)ksɪk] ☐☐ 1292	**有毒な**；中毒性の 名 有毒物質 ☐ toxícity 名 毒性 ☐ intóxicàte 動 (受身形で)酔っ払う；夢中になる
ashamed [əʃéɪmd] ☐☐ 1293	**恥じて** 慣 feel [be] ashamed of ～ 「～を恥ずかしく思う」 ▶ be ashamed to *do* …して恥ずかしい；恥ずかしくて …できない
humble [hʌ́mbl] ☐☐ 1294	**謙虚な**；質素な；身分が低い 動 を謙虚にさせる；を卑しめる ☐ húmbly 動 謙遜して ▶ humbly born 低い身分の生まれで
peculiar [pɪkjúːljər] ☐☐ 1295	**特有の**；特異な 慣 be peculiar to ～「～に特有である」 ☐ pecùliárity 名 奇妙；特異性
steep [stiːp] ☐☐ 1296	**(傾斜が)急な**；急激な；法外な ▶ a steep decline in consumption 消費の急激な落ち込み ☐ stéeply 動 急に
trivial [tríviəl] ☐☐ 1297	**ささいな，取るに足りない** ☐ trívia 名 ささいなこと；雑学的知識 ☐ trìviálity 名 つまらないもの
magnificent [mægnífɪsənt] ☐☐ 1298	**壮大な**；見事な ☐ magníficence 名 壮大，荘厳 ☐ mágnify̆ 動 を拡大する；を増大させる
wireless [wáɪərləs] ☐☐ 1299	**無線(電信)の，ラジオの** ▶ wireless telegraphy 無線電信 名 無線電信；ラジオ放送
ongoing [á(ː)ŋɡòʊɪŋ] ☐☐ 1300	**継続している，進行中の** ▶ ongoing negotiations 継続中の交渉

Toxic **chemicals** must not be poured down the drain.	有毒な化学薬品は排水溝に流してはならない。
I was **ashamed** of not having been able to answer such an easy question.	私はそんな易しい質問に答えることができなかったことを恥ずかしく思った。
People say that good fortune comes to those **humble** people who expect it the least.	幸運はそれを一番期待していない謙虚な人に訪れると言われる。
Some diseases are **peculiar** to women.	女性に特有の病気がある。
Every cyclist faces **steep** hills, strong headwinds and fatigue.	どのサイクリストも急な坂, 強い向かい風, そして疲労に立ち向かう。
The couple often has a quarrel over **trivial** matters.	その夫婦は取るに足りないことでよくけんかをする。
The view of the city from Tokyo Skytree is **magnificent**.	東京スカイツリーからの町の眺めは壮大である。
A **wireless** router receives and sends signals.	無線ルーターは信号を送受信する。
The success of our **ongoing** project depends on the people concerned.	私たちの進行中のプロジェクトの成功は関係者にかかっている。

動詞編

assure [əʃúər] ☐☐ 1301	**に自信を持って言う**；を保証する **⑩** assure ～ that ...「～に…と自信を持って言う」 ▶ assure A of B　A に B を保証する ☐ assúrance 图 保証；確信
precede [prɪsíːd] ☐☐ 1302	**に先行する**；に優先する ▶ pre- 前に + cede(⇐ ラテン語 cedere) 行く ▶ A precedes B.「A は B に先行する」は A is followed by B.「A の後に B が続く」と言い換えられる。 ☐ precedence [présɪdəns] 图 先行；優位 ☐ precedent [présɪdənt] 图 先例
revive [rɪváɪv] ☐☐ 1303	**を復活させる**；復活する ☐ revíval 图 復活；回復 ▶ the revival of old customs 旧習の復活
compel [kəmpél] ☐☐ 1304	**に強いる** **⑩** compel ～ to do「～に…することを強いる」 ☐ compélling 圏 やむにやまれぬ；説得力のある ☐ compúlsion 图 強制；衝動 ☐ compúlsory 圏 義務的な，強制的な
blossom [blá(ː)səm] ☐☐ 1305	**花が咲く**(≒ bloom)；発展する 图 (果樹の)花；開花(期) ▶ in full blossom (花などが)満開の
terrify [térəfàɪ] ☐☐ 1306	**を怖がらせる**；を脅かす ▶ be terrified of ～ ～を怖がる ☐ térrifying 圏 恐ろしい ☐ térror 图 恐怖；恐ろしいもの ☐ térrorìsm 图 テロ(行為)
violate [váɪəlèɪt] ☐☐ 1307	**(法律・規則など)に違反する**；を侵害する ▶ violate traffic regulations 交通規則に違反する ☐ vìolátion 图 違反(行為)；侵害 ▶ a violation of privacy プライバシーの侵害

I can **assure** you that you will never forget your trip abroad.	あなたはその海外旅行のことを決して忘れないと私はあなたに自信を持って言うことができる。
In Turkey, small talk **precedes** any business discussions.	トルコでは，世間話がどんなビジネスの議論にも先行する。
Now sixty-five, he **revived** his childhood dream of making a violin.	65歳になった今，彼はバイオリンを作るという子供時代の夢を復活させた。
The athlete's injury **compelled** him to quit professional sports.	その運動選手のけがは彼にプロスポーツをやめることを強いた。
Most cherry trees **blossom** in the spring.	たいていのサクラは春に花が咲く。
The horror movie **terrified** her, so she could not sleep that night.	ホラー映画が彼女を怖がらせたので，彼女はその晩眠れなかった。
Using your smartphone on a flight may **violate** safety regulations.	フライト中にスマートフォンを使うことは安全規則に違反する可能性がある。

suppress
㋐ [səprés]
☐☐ 1308

を抑える；を抑圧する
- ☐ suppréssion 名 抑圧，鎮圧
- ▶ the suppression of free speech 言論の自由に対する弾圧
- ☐ suppréssive 形 鎮圧する；抑制する

deceive
[dɪsíːv]
☐☐ 1309

をだます(≒ take in)
- ▶ deceive ~ into *doing*「~をだまして…させる」
- ▶ deceive *oneself* (自分に都合がいいように)自分をごまかす
- ☐ decéption 名 欺瞞，詐欺
- ☐ decéptive 形 欺瞞的な；当てにならない
- ☐ decéit 名 欺くこと

manipulate
㋐ [mənípjulèɪt]
☐☐ 1310

を(巧みに)操る；を改ざんする
- ▶ manipulate *A* into *B* A を操って B をさせる
- ☐ manìpulátion 名 操作；改ざん
- ▶ media manipulation (不正な)メディア操作

starve
[stɑːrv]
☐☐ 1311

飢える；(~を)渇望する(for)；を飢えさせる
- ▶ starve to death「餓死する」
- ☐ starvátion 名 餓死；飢餓
- ▶ die of [from] starvation 餓死する

flee
[fliː]
☐☐ 1312

(から)逃げる
- ▶ flee to [from] ~「~へ [から] 逃げる」
- ▶ 語源は古英語の fleon「飛ぶ」。
- ▶ 活用：flee - fled - fled

whisper
[hwíspər]
☐☐ 1313

(を)ささやく
- ▶ whisper secrets in his ear 秘密を彼に耳打ちする
- 名 ささやき(声)；ひそひそ話

yell
㋐ [jel]
☐☐ 1314

叫ぶ，どなる
- ⓣⓖ yell (out) at ~「~に叫ぶ，どなる」
- 名 大声の叫び，わめき

deposit
[dɪpá(ː)zət]
☐☐ 1315

を置く；を預ける；を堆積させる
- ▶ deposit valuables in ~ ~に貴重品を預ける
- 名 保証金；預金；堆積(物)
- ▶ make a deposit in a bank 銀行に預金をする
- ☐ depósitòry 名 保管場所，貯蔵所

The company tried to **suppress** the <u>news story</u> about their illegal deals.	その会社は自社の不法取引に関する<u>ニュース記事</u>を抑えようとした。
He is the last man to <u>deceive</u> other <u>people</u>.	彼は一番他人をだましそうにない人だ。
The politician knows how to **manipulate** public opinion.	その政治家は世論を<u>操る</u>術を知っている。
The man did not **starve** <u>to death</u> while walking through desert to the city.	その男性は砂漠を通って町へ歩いて行く間，<u>餓死</u>しなかった。
The woman tried to <u>flee</u> from the scene of the crime.	その女性は犯行現場から<u>逃げ</u>ようとした。
I <u>whispered in her ear</u> to keep silent.	私は彼女の耳に黙っているように<u>ささやいた</u>。
The driver <u>yelled</u> at me to stay on the sidewalk.	運転手が私に歩道に留まるように<u>どなった</u>。
She **deposited** a pile of documents on <u>her desk</u> and called me.	彼女は書類の山を自分の机に<u>置いて</u>私を呼んだ。

confine
[kənfáin]
□□ 1316

を**限定する**；〔通例受身形で〕閉じ込められる

TG confine A to B「AをB（範囲）に限定する」

名 [ká(ː)nfàɪn] 境界；限界，限度

□ confínement 名 監禁；制限(されること)

□ confíned 形 限られた，狭い

swing
[swɪŋ]
□□ 1317

を**揺らす，振る**；揺れる；(行動に)さっと移る

▶ 活用：swing - swung - swung

▶ swing into action さっと行動を開始する

名 揺れ；ブランコ；(ゴルフなどの)スイング

prolong
[prəlɔ́(ː)ŋ]
□□ 1318

を**長引かせる**

▶ prolong the agony 苦痛を長引かせる；焦らす

□ prolónged 形 長引く，長期の

depict
[dɪpíkt]
□□ 1319

を**描く**

▶ depict A as B AをBとして描く

□ depíction 名 描写

outline
⑦ [áʊtlàɪn]
□□ 1320

の**要点を述べる**；の輪郭を描く

名 概略；輪郭；(~s)要点

▶ give an outline of ~ ~の概略を述べる

shed
[ʃed]
□□ 1321

を**捨て去る**；(光など)を放つ；(涙・血)を流す

▶ 活用：shed - shed - shed

▶ shed light on ~ ~に光を投げかける；~を解明する

▶ shed tears 涙を流す

emit
[ɪmít]
□□ 1322

(光・熱など)を**出す，排出する**；(信号)を送る

▶ e-(⇐ ex-) 外へ＋mit(⇐ mittere) 送る

▶ emit exhaust fumes 排気ガスを出す

□ emíssion 名 放出；排出

▶ emission standards 排出基準

renew
[rɪnjúː]
□□ 1323

を**更新する**；(資源)を再生する

▶ renew a license 免許証を更新する

□ renéwal 名 更新；再生

□ renéwable 形 再生可能な

They **confined** the guests to close friends.	彼らは招待客を親友に限定した。
She was walking **swinging** her bag back and forth.	彼女はバッグを前後に振りながら歩いていた。
They chose to **prolong** their stay in Spain.	彼らはスペイン滞在を延長することを選んだ。
The picture **depicts** the sorrow of the Virgin Mary over Christ's death.	この絵画はキリストの死に際しての聖母マリアの悲嘆を描いている。
This report **outlines** a strategy for the growth of the city.	このレポートは市の発展の戦略の要点を述べている。
The company was forced to **shed** a hundred jobs due to low sales.	その会社は売り上げ不振のために100のポストを削減することを余儀なくされた。
Food production **emits** carbon dioxide.	食料生産は二酸化炭素を排出する。
I **renewed** my smartphone contract last month.	先月，私は自分のスマートフォンの契約を更新した。

utilize	**を利用する**(≒ make use of)
[jú:təlàız]	▶ 語源はフランス語 utiliser「利用する」。
☐☐ 1324	☐ utílity 　图 実用性；公益事業
	☐ ùtilizátion 图 利用

assert	**を主張する**
[əsə́:rt]	**颐** assert that ...「…ということを主張する」
☐☐ 1325	☐ assértion 图 主張，断言
	☐ assértive 形 はっきり自己主張する

strain	**に負担をかける**；を緊張させる；を漉す
[streɪn]	▶ strain one's ears [eyes] 耳を澄ます[目を凝らす]
☐☐ 1326	图 緊張，ストレス；重圧
	▶ physical and mental strain 心身の緊張

strive	**努力する**；争う
[straɪv]	**颐** strive to do「…しようと努力する」
☐☐ 1327	▶ 活用：strive - strove - striven
	▶ strive for ~ ~を得るために努力する
	☐ strife [straɪf] 图 争い，不和

dare	**あえて[思い切って]…する**
[deər]	▶ dare は助動詞として用いられることもある。
☐☐ 1328	How dare you do? 君はよくも…できるものだ。
	☐ dáring 形 大胆な；思い切った

boast	**を誇る**；(を)自慢する
発 [boust]	▶ boast about [of] ~「~を自慢する」
☐☐ 1329	图 自慢(話)；うぬぼれ

startle	**をびっくりさせる**(≒ surprise)
[stá:rtl]	▶ be startled by [at] ~「~にびっくりする」
☐☐ 1330	图 びっくりさせること
	☐ stártling 形 ショッキングな

offend	**の気分を害する**；(に)違反する
[əfénd]	▶ be offended by [at] ~「~に腹を立てる」
☐☐ 1331	☐ offénsive 形 不快な；無礼な
	☐ offénse 图 違反；感情を害すること；(スポーツの)攻撃
	☐ offénder 图 犯罪者，違反者

Local residents can **utilize** the school gym on the weekends.	地元の住民たちは週末に学校の体育館を利用することができる。
The researcher **asserted** that her findings were true.	その研究者は，自分の研究結果が事実であると主張した。
Increased interest rates will **strain** our company's finances.	金利の上昇は我が社の財政に負担をかけるだろう。
The police are **striving** to solve the problem of street crime.	警察は路上犯罪の問題を解決しようと努力している。
He did not **dare** to tell the truth to anyone.	彼はあえてだれにも真実を言わなかった。
Her Twitter account **boasts** more than 100,000 followers.	彼女のツイッターのアカウントは10万人以上のフォロワーを誇る。
A sudden loud noise of thunder **startled** us.	突然の大きな雷の音は私たちをびっくりさせた。
His aunt was deeply **offended** by his bad language.	彼のおばは彼の悪い言葉遣いにひどく腹を立てた。

compute [kəmpjúːt] □□ 1332	(を)**計算する**；コンピューターを使う □ còmputátion 图 計算(法)；計算結果 □ compúting　图 コンピューターの利用[使用]
assemble [əsémbl] □□ 1333	を**集める**；を組み立てる；集まる □ assémbly 图 集団；組み立て；議会 ▶ an assembly line 流れ作業, 組み立てライン
worsen [wɔ́ːrsən] □□ 1334	を**悪化させる**；悪化する(≒ detérioràte) ▶ worse もっと悪い + -(e)n にする □ wórsening 形 悪化する　图 悪化
flip [flɪp] □□ 1335	を**(ぱっと)裏返す**；を軽くはじく ▶ flip a coin コインをはじく(表か裏かで何かを決める) 图 指ではじくこと；急な動き 形 軽薄な；生意気な
rub [rʌb] □□ 1336	(を)**こする**；(〜に)を塗る(on / over) ▶ rub sunscreen on 〜 〜に日焼け止めを塗る 图 こすること；マッサージ；(the 〜)難点
descend [dɪsénd] □□ 1337	(を)**降りる**(⇔ ascénd → 1839)；受け継がれる □ descént　图 下降；血統 □ descéndant 图 子孫
compensate [kɑ́(ː)mpənsèɪt] □□ 1338	**補償する**(≒ make up)；に償う **㉧ compensate for 〜** 　「〜に対して補償する, 埋め合わせる」 □ còmpensátion 图 補償(金)
comprise [kəmpráɪz] □□ 1339	から**成る**；を構成する ▶ be comprised of 〜 〜から成る, 〜で構成されている
prevail ㋐ [prɪvéɪl] □□ 1340	**普及している**；支配的である；(〜に)打ち勝つ (over) □ prévalence 图 普及, 流行 □ preváiling 形 支配的な；普及した □ prévalent 形 普及している

We computed the cost of the big event to be \$2 billion.	私たちはその大きなイベントの費用を20億ドルになると計算した。
He assembled a team of experts to review the plan.	彼はその計画を見直すために専門家チームを集めた。
Careless treatment may worsen the patient's condition.	不注意な治療は患者の病状を悪化させることもある。
He flipped some pancakes over many times while cooking.	彼は料理中何回もパンケーキを裏返した。
She studied until late at night rubbing her tired eyes.	彼女は疲れた目をこすりながら夜遅くまで勉強した。
I can hear him descending the stairs.	彼が階段を降りているのが聞こえる。
Her passion compensates for her lack of knowledge.	彼女の情熱は知識不足を補う。
My apartment comprises three bedrooms, a kitchen, and a living room.	私のマンションは3つの寝室と台所と居間から成る。
The use of AI now widely prevails in many areas.	今や多くの分野でAIの利用は広く普及している。

名詞編

quest [kwest] □□ 1341	**探究** **TG** a quest for ～「～の探究」 ▶ in quest of ～ ～を求めて(≒ in search of ～) **動** (～を)探す，追求する(for)
dignity [dígnəti] □□ 1342	**尊厳**；威厳 ▶ accept ～ with dignity 尊厳[威厳]をもって～を受け入れる □ dígnify **動** に威厳をつける
criterion 発 [kraɪtíəriən] □□ 1343	**(判断・評価の)基準** ▶ 複数形は criteria [kraɪtíəriə]。 ▶ set the criterion for ～ ～の基準を設ける
paradox ⑦ [pǽrədà(ː)ks] □□ 1344	**逆説**；矛盾 □ pàradóxical **形** 逆説的な
parliament 発 [pɑ́ːrləmənt] □□ 1345	**(英国などの)議会**；国会議員(団) ▶ 国の議会(国会)を指し，州などの地方議会は assembly。 ▶ the House of Parliament (英国)国会議事堂
legislation [lèdʒɪsléɪʃən] □□ 1346	**法律**；立法 ▶ the power of legislation 立法権 □ législàte **動** 法律を制定する □ législàtive **形** 立法機関の；立法権のある □ législàture **名** 立法機関；图 州議会
agenda [ədʒéndə] □□ 1347	**協議事項(リスト)**；議事日程(表)；(政治上の)課題 ▶ high on the agenda 重要課題で
mainstream [méɪnstriːm] □□ 1348	**(活動・思潮などの)主流**；大勢 **形** 主流の；標準的な **動** を主流にする
troop [truːp] □□ 1349	**〔～s〕軍隊**；集団 ▶ the peace-keeping troops 平和維持軍 **動** 集団で進む

358

In a **quest** for knowledge, the student read entire books every day.	知識を<u>探究して</u>，その生徒は毎日何冊もの本を読破した。
Societies have been discussing the issue of <u>dying</u> with **dignity**.	社会は<u>尊厳死</u>の問題について議論してきている。
Doctors use <u>a specific set of **criteria**</u> for making a diagnosis.	医師は診断を下すのに特定の<u>基準一式</u>を用いる。
<u>Fighting a war in order to bring peace is a **paradox**</u>.	平和をもたらすために戦争を行うことは<u>逆説</u>である。
The members of **Parliament** met several times this month.	<u>議会のメンバー</u>は今月，数回の会合を持った。
The city <u>adopted new **legislation**</u> to lower the crime rate.	市は犯罪率を下げるために<u>新しい法律を採用した</u>。
The chairperson briefly mentioned the **agenda** for tomorrow's meeting.	議長は明日の会議のための<u>協議事項</u>について手短に言及した。
His radical views place him outside the **mainstream** of Japanese politics.	彼の急進的な見解は，彼を日本の政治の<u>主流</u>からはずれた立場に置く。
The country sent <u>the **peacekeeping** troops</u> into the conflict area.	その国は紛争地帯に<u>平和維持軍</u>を派遣した。

epidemic

[èpɪdémɪk]

□□ 1350

流行(病)；蔓延

形 伝染性の；流行の

□ pandémic 名 全国[世界]的大流行病

outbreak

[áutbrèɪk]

□□ 1351

発生，勃発

▶ the outbreak of civil war 内戦の勃発

chaos

発 [kéɪɑ(:)s]

□□ 1352

混沌，大混乱

▶ economic chaos 経済的混乱
▶ in (total) chaos (まったくの)大混乱で

□ chaótic 形 混沌とした

nightmare

[náɪtmèər]

□□ 1353

悪夢(のような状況)；不安感

▶ have a nightmare 悪夢にうなされる

horror

[hɔ́(:)rər]

□□ 1354

恐怖；強い嫌悪；嫌な物[人]

▶ to ～'s horror ～がぞっとしたことには

□ hórrible 形 恐ろしい；実にひどい

□ hórrify 動 を怖がらせる

cluster

[klʌ́stər]

□□ 1355

集団；(植物の)房，束

▶ a cluster of grapes ブドウの房
▶ a cluster bomb クラスター爆弾

動 群がる；を群がらせる

pollen

⑦ [pɑ́(:)lən]

□□ 1356

花粉

▶ a pollen allergy 花粉アレルギー(≒ hay fever)

□ póllinàte 動 に授粉する

hive

[haɪv]

□□ 1357

ミツバチの巣(箱)；人の集まる所

▶ a hive of activity[industry] 人が忙しく働く活気ある
場所

動 (ミツバチ)を巣箱に入れる

irrigation

[ìrɪgéɪʃən]

□□ 1358

灌漑

▶ 田畑に水を引くこと。
▶ irrigation canals 用水路

□ írrigàte 動 を灌漑する

The government warned of <u>a possible flu **epidemic**</u>.	政府は<u>起こり得るインフルエンザの流行</u>を警告した。
In 2014, <u>an **outbreak** of Ebola fever</u> killed more than 11,000 people.	2014年，<u>エボラ熱の発生</u>が11,000人以上の命を奪った。
The high number of people at the festival caused total **chaos**.	祭りの参加者の数が多かったことが<u>大混乱を招いた</u>。
I <u>had a horrible **nightmare**</u> last night.	私は昨夜<u>恐ろしい悪夢を見た</u>。
He <u>moved back with **horror**</u> when he saw the big cockroach.	彼は大きなゴキブリを見て<u>恐怖で後ずさった</u>。
<u>A **cluster** of young people</u> stood around the famous actor.	<u>若者の集団</u>がその有名な俳優の周りに立っていた。
Hay fever is mainly caused by <u>the **pollen** from trees and flowers</u>.	花粉症は主に<u>木や花の花粉</u>によって引き起こされる。
You should not <u>harvest all the honey from the **hive**</u>.	<u>巣箱からハチミツを全部採取</u>してはならない。
Today, Japan mainly uses river water for **irrigation**.	今日，日本は主に<u>灌漑のために川の水を使っている</u>。

dose [発] [dous] □□ 1359	**(薬の1回分の)服用量**；放射線の1回の照射量 ▶ be exposed to high doses of radiation 大量の放射線を浴びる [動] に(～を)投薬する(with)
suicide [sú:ɪsàɪd] □□ 1360	**自殺**；自殺的行為 ▶ commit suicide 自殺する ▶ suicide bombing 自爆テロ □ sùicídal [形] 自殺(行為)の；自滅的な
feast [fi:st] □□ 1361	**祝宴**；大ごちそう；楽しみ ▶ give [hold] a feast 祝宴を催す [動] (～を)飲み食いする(on)；(～を)楽しむ(on)
cuisine [kwɪzí:n] □□ 1362	**(独特の)料理，料理法** ▶ Italian [Turkish] cuisine イタリア[トルコ]料理
rumor [rú:mər] □□ 1363	**うわさ** ▶ Rumor has it that ... …といううわさである [動] とうわさをする ▶ It is rumored that ... …とうわさされている
proverb [ア] [prá(:)və:rb] □□ 1364	**ことわざ**(≒ sáying) ▶ as the proverb says [goes] ことわざにもあるとおり □ provérbial [形] ことわざの(ような)
signature [発] [sígnətʃər] □□ 1365	**署名**；特徴 ▶ 有名人などの「サイン」は an autograph と言う。 [形] (人・物の)特徴をよく表した，特徴的な □ sign [動] (に)署名する
formula [fɔ́:rmjulə] □□ 1366	**方法，解決策**；公式 □ fòrmuláic [形] 紋切り型の □ fórmulàte [動] (計画など)をまとめる □ fòrmulátion [名] (計画などの)策定；体系化

| 0 | 800 | 1500 | 1900 |

Mary takes a dose of vitamin C every morning.	メアリーは毎朝ビタミンCを一服服用している。
The old man attempted suicide because of his debts.	その老人は自分の借金のせいで自殺を図った。
The guests gathered to celebrate the wedding feast.	招待客は結婚の宴を祝うために集まった。
The cuisine of Taiwan's native people is increasingly being valued.	台湾の先住民の料理はますます評価されつつある。
I heard a rumor that he is living in Boston now.	私は彼が今ボストンに住んでいるといううわさを聞いた。
A famous English proverb says, "Actions speak louder than words."	有名な英語のことわざに「行動は言葉より雄弁である」とある。
Please put your signature on this form.	この記入用紙にあなたの署名をしてください。
There is no sure formula for a good life.	いい人生を送るための確実な方法はない。

tuition [アク] [tjuíʃən] □□ 1367	[主に米] **授業料**(= [英] tuition fees) ; (個人)指導 □ tútor [名] 個人[家庭]教師 [動] (に)個人指導する
intake [アク] [íntèɪk] □□ 1368	**摂取量** ; 受け入れ数 ; 取り入れること ▶ his alcohol intake 彼のアルコール摂取量
spectrum [spéktrəm] □□ 1369	**スペクトル** ; (波動・変動の)範囲 ▶ 複数形は spectrums または spectra [spéktrə]。 ▶ a solar spectrum 太陽スペクトル □ spéctral [形] スペクトルの ; 幽霊のような
kidney [kídni] □□ 1370	**腎臓** ▶ a kidney transplant 腎臓移植 ▶ kidney failure 腎不全
gear [gɪər] □□ 1371	**用具(一式)**, **器具** ; 歯車 ; ギア ▶ shift [change] gears ギアチェンジする [動] を適合させる ▶ be geared to ～ ～に適合する, ～向きである
aisle [発] [aɪl] □□ 1372	**(座席間などの)通路** ▶ isle「島」と同音。 ▶ an aisle seat 通路側の席
grief [gri:f] □□ 1373	**深い悲しみ** ▶ be stricken with grief 悲嘆に暮れる □ grieve [動] 深く悲しむ ▶ grieve over her death 彼女の死を深く悲しむ
destiny [déstəni] □□ 1374	**運命** ▶ fight against destiny 運命に逆らう □ déstined [形] 運命づけられた ▶ be destined to *do* …する運命にある
skull [skʌl] □□ 1375	**頭骨**, **頭蓋骨**(ずがいこつ) ; 頭脳 ▶ skull and crossbones どくろ図(頭蓋骨の下にX印の大腿骨(だいたいこつ)を組み合わせたもの ; 海賊旗や毒薬びんの警告の図柄)

I take on a part-time job to earn my college tuition.

私は大学の授業料を稼ぐためにアルバイトをしている。

To protect your heart, cut back on your fat intake.

あなたの心臓を守るために，脂肪の摂取量を減らしなさい。

You can see the full color spectrum in this photo.

この写真ではすべての色スペクトルを見ることができる。

Some people have decided to donate their kidneys after their death.

死後に腎臓を提供することを決めている人もいる。

He has the right gear to do the repairs.

彼はその修理を行うのにぴったりの器具を持っている。

Flight attendants walk up and down the aisle, serving passengers.

客室乗務員は通路を行き来し，乗客に応対する。

On hearing the news, she felt terrible grief.

その知らせを聞くとすぐに，彼女は非常に深い悲しみを感じた。

She believed that it was her destiny to become a doctor.

彼女は医者になることが自分の運命だと思っていた。

Dinosaur bones and skulls were found in the area.

恐竜の骨と頭蓋骨がその地域で見つかった。

tomb 🇺🇸 [tuːm] ▢▢ 1376	墓 ▶ grave よりも改まった語。 ▢ tómbstòne 图 墓石，墓碑
monk 🇺🇸 [mʌŋk] ▢▢ 1377	修道士，僧 (⇔ nun 修道女，尼) ▢ mónastèry 图 (男子の)修道院，僧院
worship 🇺🇸 [wɔ́ːrʃəp] ▢▢ 1378	崇拝，礼拝(式)；賛美 ▶ the worship of idols 偶像崇拝 🔟 を崇拝する；を礼拝する

outstanding [àʊtstǽndɪŋ] ▢▢ 1379	際立った；未払いの；未解決の ▶ have an outstanding debt 未払いの借金がある ▢ òutstándingly 圖 目立って，際立って
unprecedented 🇺🇸 [ʌnprésədentɪd] ▢▢ 1380	前例のない；空前の ▶ an unprecedented economic crisis 前例のない経済危機 ▢ precéde 🔟 に先行する ▢ précedent 图 前例
infinite 🇺🇸 🇬🇧 [ínfɪnət] ▢▢ 1381	無限の (⇔ fínite 有限の)；無数の ▶ infinite sums of money 莫大な金額 ▢ infínity 图 無限
worthwhile 🇬🇧 [wə̀ːrθhwáɪl] ▢▢ 1382	価値がある；立派な ▶ It is worthwhile *doing* [to *do*] 「…する価値がある」 ▶ a worthwhile book 読む価値のある本 ▢ wórthless 圃 価値のない
indispensable [ìndɪspénsəbl] ▢▢ 1383	不可欠な (⇔ dispénsable なくてもすむ) 🔟 be indispensable for [to] ～ 「～に不可欠である」 ▢ dispénse 🔟 を分配する，施す；〈dispense with ～ で)～なしですませる

They buried him in the family **tomb**.	彼らは彼を一家の墓に埋葬した。
The Buddhist **monks** have learned to live with nature.	その仏教の僧侶たちは自然とともに生きることを習得した。
Worship of the sun is found in mythologies around the world.	太陽崇拝は世界中の神話で見られる。
Jason received an award for his **outstanding** academic achievement.	ジェイソンはその際立った学業成績により賞を受賞した。
Today, we are confronted with an **unprecedented** economic crisis.	今日，私たちは前例のない経済危機に直面している。
The spaceship traveled through **infinite** space.	宇宙船は無限の空間を進んだ。
I don't mind spending money if the purchase is **worthwhile**.	もしその買い物が価値のあるものであるならば，私はお金を使うことを気にしない。
Computer literacy is **indispensable** for academic learning.	コンピューター・リテラシーは大学での学習に不可欠である。

compulsory [kəmpʌ́lsəri] □□ 1384	義務的な，強制的な (⇔ vóluntàry → 1199) □ compulsive 形 抗しがたい；衝動的な □ compúlsion 名 衝動；強制
probable [prá(:)bəbl] □□ 1385	十分にありそうな **TG** It is probable that ... 「…は十分ありそうだ」 □ pròbabílity 名 見込み；確率 □ próbably 副 たぶん
ambiguous 発 [æmbígjuəs] □□ 1386	あいまいな；多義的な ▶ 2つ以上の意味に解釈できること。 □ àmbigúity 名 あいまいさ；多義性 ▶ legal ambiguities 法的なあいまいさ
obscure ア [əbskjúər] □□ 1387	(世に)知られていない；不明瞭な ▶ an obscure explanation あいまいな説明 動 をあいまいにする，不明瞭にする □ obscúrity 名 不明瞭；無名(の人)
skeptical [sképtɪkəl] □□ 1388	(〜に)懐疑的な (of / about) □ sképticìsm 名 懐疑心；懐疑論 □ sképtic 名 疑い深い人
fragile 発 [frǽdʒəl] □□ 1389	壊れやすい；虚弱な ▶ a fragile economy 脆弱な経済 □ fragílity 名 もろさ；虚弱
static [stǽtɪk] □□ 1390	静的な (⇔ dynámic → 1083)；動きのない ▶ static friction 静止摩擦 名 静電気 (= static electricity)
gradual [grǽdʒuəl] □□ 1391	徐々の，緩やかな ▶ a gradual change 漸進的な変化 □ grádually 副 徐々に
vocal [vóukəl] □□ 1392	声の，発声の；はっきりものを言う ▶ the vocal cords 声帯 名 ボーカル(パート)，声楽(曲)，歌唱 □ vócalist 名 歌手，ボーカリスト

In a country, children finish **compulsory** education at 16.	ある国では，子供たちは16歳で<u>義務</u>教育を終える。
It is **probable** that she will be reelected as mayor.	彼女が市長に再選される<u>ことは十分にありそうだ</u>。
His answer to the question was highly **ambiguous**.	その質問に対する彼の答えは非常に<u>あいまい</u>であった。
The **origin** of the ancient custom remains **obscure**.	その古来の習慣の<u>起源</u>は<u>知られていない</u>ままだ。
She is **skeptical** about the possibility of political change.	彼女は政治の変化の可能性に<u>懐疑的</u>である。
You have to handle **fragile** glassware with care.	<u>壊れやすい</u>ガラス製品を注意して扱わなくてはならない。
The shock you feel when touching the doorknob is discharged **static** electricity.	ドアの取っ手を触ったときに感じるショックは放電した<u>静</u>電気である。
There has been a **gradual** increase in the number of whales in the water.	その水域のクジラの数は<u>緩やか</u>な増加をしてきている。
The singer has a **vocal** range of three octaves.	その歌手は3オクターブの<u>声域</u>を持っている。

vivid [vívid] ☐☐ 1393	鮮やかな；生き生きとした ▶ a vivid image 鮮明なイメージ ☐ vívidly 副 色鮮やかに；生き生きと
imperial 🅰 [ɪmpíəriəl] ☐☐ 1394	帝国の；皇帝の ▶ the imperial family 皇室 ☐ impérialìsm 名 帝国主義 ☐ émpìre 名 帝国；帝政(期) ☐ émperor 名 皇帝；天皇
hostile [há(:)stəl] ☐☐ 1395	敵意のある (⇔ fríendly 友好的な)；敵の ▶ feel hostile to [toward] ～ ～に敵意を感じる ☐ hostílity 名 敵意
superficial 🅿 [sùːpərfíʃəl] ☐☐ 1396	表面的な ▶ superficial examination 表面的な調査 ☐ sùperficiálity 名 表面的なこと
scarce 🅰 [skeərs] ☐☐ 1397	乏しい；珍しい ☐ scarcity [skéərsəti] 名 不足，欠乏 ▶ a scarcity of water 水不足 ☐ scárcely 副 ほとんど～ない
gross 🅰 [grous] ☐☐ 1398	総計の；甚だしい；粗野な ▶ the gross domestic product 国内総生産(GDP) ▶ gross negligence 重過失
inherent 🅰 [ɪnhíərənt] ☐☐ 1399	生来の，本来的に備わっている ☐ inhérence 名 本来性，生得 ☐ inhére 動 (～に)本来備わる(in)
notable [nóutəbl] ☐☐ 1400	注目に値する；著名な ▶ be notable for ～ ～で有名である ☐ note 動 に注意する，注目する ▶ Please note my words. 私の言うことに注意してください。

You may have a **vivid** memory from early childhood.

あなたは幼い子供時代の鮮明な記憶を持っているかもしれない。

St. Petersburg was once the capital of **Imperial** Russia.

サンクトペテルブルクはかつて帝政ロシアの首都であった。

They were **hostile** to the new executive who joined the company.

彼らは会社に加わった新しい役員に敵対的であった。

We are often deceived by **superficial** resemblance.

私たちはしばしば表面的な類似にだまされる。

Japan is a country with **scarce** energy resources.

日本はエネルギー資源が乏しい国である。

Investments showed a **gross** profit of $2 million.

投資は200万ドルの総利益を生んだ。

The Russian language is difficult to learn due to its **inherent** properties.

ロシア語はその本来的に備わった特性のせいで習得するのが難しい。

The **notable** characteristic of the English weather is its changeability.

イングランドの天気で注目に値する特徴はその変わりやすさである。

動詞編

update
㊀ [ʌ́pdéɪt]
□□ 1401

を最新のものにする；をアップデートする
▶ an updated version 最新版
图 [ʌ́pdèɪt] 最新情報；(情報・プログラムの)更新
▶ a weather update 天気の最新情報

refresh
[rɪfréʃ]
□□ 1402

(気分)をさわやかにする；(記憶など)を新たにする；を最新のものにする
▶ refresh *oneself* with ～ ～で元気を回復する
□ refréshment 图〔～s〕軽い飲食物；元気を回復させるもの

bloom
[blu:m]
□□ 1403

花が咲く；栄える
▶ 語源は古北欧語の blom「花」, blomi「繁栄」。
图 花；開花；最盛期；(熟した果実の表面の)果粉
▶ in full bloom 満開で

conquer
㊀ [ká(:)ŋkər]
□□ 1404

を征服する；を克服する
▶ conquer Mt. Eiger アイガー山を征服する
▶ conquer a sense of inferiority 劣等感を克服する
□ cónquèst 图 征服；克服
□ cónqueror 图 征服者

induce
[ɪndjú:s]
□□ 1405

を引き起こす；を説得する
▶ induce ～ to *do*「～に(説得して)…させる」
□ indúcement 图 動機, 誘因
□ indúction 图 誘発；帰納(法)；誘導

attain
[ətéɪn]
□□ 1406

を獲得する, 達成する；に達する
▶ attain popularity 人気を博する
□ attáinment 图 達成, 実現

spray
[spreɪ]
□□ 1407

を吹きかける, に吹きつける
▶ spray insecticide on plants「植物に殺虫剤を噴射する」(= spray plants with insecticide)
图 噴霧(液)；噴霧器

The store manager **updates** the sales data once a week.	店長は1週間に1回，売り上げデータを最新のものにする。
Music helps **refresh** your mind after a long day at work.	職場での長い1日の後，音楽が気分をさわやかにするのに役立つ。
I think that these lilies will **bloom** in a few days.	私はこれらのユリは数日たてば花が咲くと思う。
Some people fear that aliens may appear and **conquer** the Earth.	宇宙人が現れて地球を征服するかもしれないと恐れている人もいる。
The medicine may **induce** sleep, so don't take it before driving.	その薬は眠気を引き起こすこともあるので，運転する前には飲まないように。
He **attained** most of his knowledge at university.	彼は大学で自身の知識の大半を得た。
The man **sprayed** all the plants with an insecticide.	その男性はすべての植物に殺虫剤を吹きかけた。

retrieve
[rɪtríːv]
□□ 1408

(情報)を検索する；を取り戻す；を回復する
- □ retríeval [名] 回収；回復；検索
- ▶ information retrieval 情報検索
- □ retríever [名] レトリーバー(獲物を回収する猟犬)；回収者

---

portray
[アク] [pɔːrtréɪ]
□□ 1409

を描く；(の役)を演じる
- □ pórtrait [名] 肖像(画)
- ▶ a portrait painter 肖像画家
- □ portráyal [名] 描写；肖像

---

scratch
[skrætʃ]
□□ 1410

を引っかく；を取り消す，削除する
- ▶ scratch the surface of ～ ～を表面的に扱う

[名] 引っかき傷；引っかくこと
- ▶ from scratch 何もない所から，最初から

---

designate
[発] [アク] [dézɪgnèɪt]
□□ 1411

を指定する；を任命する
- [TG] **designate *A* as *B*「AをBに指定する」**
- ▶「AをBに任命する」という意味にもなる。また，as は省略されることもある。
- □ dèsignátion [名] 指定；任命

---

contradict
[アク] [kὰ(ː)ntrədíkt]
□□ 1412

と矛盾する；に反対意見を言う
- ▶ contradict *oneself* 矛盾したことを言う
- □ còntradíction [名] 矛盾；反駁(はんばく)
- □ còntradíctory [形] 矛盾した

---

sigh
[発] [saɪ]
□□ 1413

ため息をつく

[名] ため息
- ▶ with a sigh of relief 安堵(あんど)のため息をついて

---

disrupt
[dɪsrʌ́pt]
□□ 1414

を混乱させる；を分裂させる
- ▶ disrupt *one's* attention 人の注意を混乱させる
- □ disrúption [名] 混乱；妨害
- □ disrúptive [形] (～に)混乱をもたらす(to)

---

depart
[dɪpáːrt]
□□ 1415

出発する；(～から)それる(from)
- ▶ depart from the truth 真実に反する
- □ depárture [名] 出発(⇔ arrival 到着)

She successfully **retrieved** necessary information from the database.	彼女はデータベースから首尾よく必要な情報を検索した。
The detective is **portrayed** as an intelligent character.	その刑事は聡明な人物として描かれている。
The cat **scratched** me on the arm.	その猫は私の腕を引っかいた。
The wetland was **designated** as a conservation area.	その湿地は保護地域に指定された。
The company's actual work style **contradicted** what he learned in training.	その会社の実際の働き方は，彼が研修で学んだことと矛盾していた。
She **sighed** with relief to hear that her son was safe.	彼女は息子が無事だと聞いて安堵のため息をついた。
Climate change could **disrupt** the agricultural economy.	気候変動は農業経済を混乱させかねない。
In Japan, trains almost always **depart** on time.	日本では，列車はほとんどいつも時間どおりに出発する。

navigate [nǽvɪgèɪt] ☐☐ 1416	(を)**誘導する**；(を)操縦する；(を)航行する ☐ nàvigátion 图 航行 ☐ návigàtor 图 航海士；ナビゲーター
beg [beg] ☐☐ 1417	に(〜を)**切に頼む**(for)；(を)懇願する ▶ beg 〜 to do「〜に…してくれと頼む」 ▶ beg for 〜 〜を請う，頼む ☐ béggar 图 物もらい，物ごいをする人
inhabit [ɪnhǽbɪt] ☐☐ 1418	に**住んでいる**；に宿る，存する ▶ inhabit は他動詞で，live in と同義。 ☐ inhábitant 图 居住者，住民；棲息動物
diagnose [dàɪəgnóʊs] ☐☐ 1419	(を)**診断する** ▶ diagnose A with [as (having)] B 「A(人)を B(病気)と診断する」 ▶ diagnose the illness as 〜 その病気を〜と診断する ☐ dìagnósis 图 診察；診断(複数形は diagnoses)
comprehend [kà(:)mprɪhénd] ☐☐ 1420	を**理解する** ☐ còmprehénsion 图 理解(力) ☐ còmprehénsible 囮 理解できる ☐ còmprehénsive 囮 包括的な
oblige [əbláɪdʒ] ☐☐ 1421	に**義務づける**；に恩恵を施す 🔟 be obliged to do 「…する義務がある，…せざるを得ない」 ▶ be obliged 感謝している ☐ òbligátion 图 義務，責任 ☐ oblígatòry 囮 義務的な
cram [kræm] ☐☐ 1422	に**詰め込む**；詰め込み勉強をする 🔟 cram A with B「A に B を詰め込む」 ▶ cram A into B A を B に詰め込む 图 すし詰め(状態)；詰め込み勉強 ▶ a cram school 学習塾，予備校
flock [flɑ(:)k] ☐☐ 1423	**群がる，集まる** 图 群れ；群衆 ▶ a flock of sheep 羊の群れ

0	800	1500	1900

She always **navigates** for her husband when they go for a drive.	ドライブに行くときは彼女がいつも夫を誘導する。
She **begged** the concert attendant to let her enter the hall.	彼女はコンサートの案内係にホールに入れてくれるように切に頼んだ。
America is **inhabited** by many people from all over the world.	アメリカには世界中から来た多くの人々が住んでいる。
The doctor **diagnosed** the patient with a mild illness.	医師は患者が軽い病気にかかっていると診断した。
She could not **comprehend** what he was saying.	彼女は彼の言っていることを理解することができなかった。
We are **obliged** to educate children, work and pay taxes.	私たちは子供を教育し, 勤労し, 納税する義務がある。
The boy **crammed** his mouth with a piece of bread.	その少年は口に1切れのパンを詰め込んだ。
Many people **flocked** to the new restaurant featured on TV.	多くの人がテレビで特集されたその新しいレストランに群がった。

underestimate

発 [ʌ̀ndəréstɪmèɪt]

□□ 1424

(を)**過小評価する**(⇔ òveréstimate (を)過大評価する)；(を)軽く見る；を少なく見積もる

　名 [ʌ̀ndəréstɪmət] 過小評価，軽視；過小見積もり

---

clarify

[klǽrəfàɪ]

□□ 1425

を**明確にする**

▶ clarify *one's* idea 自分の考えを明確にする

□ clàrificátion 名 説明；浄化

---

spark

[spɑːrk]

□□ 1426

を**引き起こす**；を刺激する；スパークする

名 火花；ひらめき；(事件などの)きっかけ

□ spárkle 動 きらきら光る；火花を散らす

　　　名 きらめき；火花

---

seize

発 [siːz]

□□ 1427

を**つかむ**；を奪い取る；を没収する

▶ seize control of a country 国の支配権を奪う

□ séizure 名 奪取；没収；発作

---

soar

発 [sɔːr]

□□ 1428

急上昇する；空高く飛ぶ

▶ sore「痛い」と同音。

▶ Oil prices are soaring. 石油価格がうなぎ上りだ。

---

glow

[ɡloʊ]

□□ 1429

光り[照り]輝く；赤く燃える；紅潮する

名 輝き；白熱；幸福感

□ glówing 形 白熱した；熱烈な

---

disguise

発 [dɪsɡáɪz]

□□ 1430

を(～に)**変装させる**(as)；を偽る

▶ しばしば disguise *oneself* または受身形で用いる。

名 変装；見せかけ

▶ in disguise 変装した，偽装した

---

distort

[dɪstɔ́ːrt]

□□ 1431

を**歪める**；歪む

▶ distort the fact 事実を曲げる

□ distórtion 名 歪み；歪曲

---

undermine

[ʌ̀ndərmáɪn]

□□ 1432

を**徐々にむしばむ**；を侵食する

▶ undermine ～'s health ～の健康をむしばむ

We should not **underestimate** our own talents.	私たちは自分自身の才能を過小評価するべきでない。
The man **clarified** the main point of his presentation.	その男性は自分のプレゼンの最重要ポイントを明確にした。
His comments on a review site **sparked** a flood of protests.	レビューサイト上での彼の意見は大量の抗議を引き起こした。
I failed to **seize** the opportunity to meet the mayor of our city.	私は市長に会うチャンスをつかみ損ねた。
The stock price of the company has **soared**.	その会社の株価が急上昇した。
The metal **glowed** in the dark, giving off a soft green light.	その金属は暗闇の中で光り輝き，柔らかい緑色の光を放っていた。
She **disguised** herself as a man, so nobody could recognize her.	彼女は男性に変装したので，だれも彼女だと気づかなかった。
He negatively **distorted** his friend's message by mistake.	彼は誤って友人の伝言を否定的に歪めた。
The new theory accounts for what **undermines** health.	その新しい理論は何が健康をむしばむかの説明となる。

abolish
🏃 [əbá(:)lɪʃ]
□□ 1433

を**廃止する**(≒ do away with)
▶ abolish the death penalty 死刑を廃止する
□ abolition [æbəlíʃən] 图 廃止

strip
[strɪp]
□□ 1434

を[から]**取り去る**；を裸にする
🆃🅖 strip A from B「BからAを取り去る」
▶ strip B of A と書き換えられる。
图 細長い一片；細長い土地[地区]

dispose
[dɪspóuz]
□□ 1435

〔dispose of で〕を**処分する**；を(…する)気にさせる(to do)；を配置する
□ dispósal 图 処分，処理
▶ at ~'s disposal ～の自由[意のまま]になって
□ dìsposítion 图 性質；(…したい)気持ち；配置

dump
[dʌmp]
□□ 1436

を**投棄する**；をどさっと落とす
图 ごみ捨て場；ごみの山
□ dúmper 图 ごみを捨てる人[機械]

weave
[wi:v]
□□ 1437

を**織る**；(計画・物語など)を作り上げる
▶ 活用：weave - wove - woven
▶ woven cloth 織物(≒ textile)

refine
[rɪfáɪn]
□□ 1438

を**洗練する**；を精製する
▶ refine oil [sugar]「石油[砂糖]を精製する」
□ refínement 图 洗練，改良；精製
□ refíned 🔢 精製された；洗練[改良]された

enrich
[ɪnrítʃ]
□□ 1439

を**豊かにする**；(物質)を濃縮化する
▶ enriched uranium 濃縮ウラン
□ enríchment 图 価値を高めること

coordinate
🏃 [kouɔ́:rdɪnèɪt]
□□ 1440

を**調整する**；を組織する；(服など)をコーディネートする
图 [kouɔ́:rdɪnət] 座標；コーディネート
🔢 [kouɔ́:rdɪnət] 同等の，対等の
□ coòrdinátion 图 連携，協調；(筋肉運動の)整合

We should **abolish** the outdated practice as it is no longer useful.	もはや役に立たないので，その時代遅れの慣例を<u>廃止</u>するべきである。
First, we need to <u>strip</u> the tape from the package.	まず包みからテープを<u>はがす</u>必要がある。
His will indicated how to **dispose** of his property.	彼の遺言は自分の財産を<u>処分する</u>方法を示していた。
It is illegal to **dump** waste into the river.	川にごみを<u>投棄する</u>のは違法である。
This beautiful scarf <u>is woven</u> from silk thread.	この美しいスカーフは絹糸で<u>織られている</u>。
He greatly <u>refined</u> his manners as he became an adult.	彼は大人になって大いに行儀作法を<u>洗練した</u>。
The goal of this treatment is to **enrich** the quality of your life.	この治療の目的はあなたの生活の質を<u>豊かにする</u>ことである。
The guide **coordinated** a travel schedule for the people on the tour.	案内人がツアーの人々のために<u>旅行日程</u>を<u>調整した</u>。

名詞編

headline
[hédlàin]
□□ 1441

(新聞などの)見出し
▶ make [hit, grab] (the) headlines
「大きなニュースとして取り上げられる」

internship
[íntə:rnʃìp]
□□ 1442

㊤実務[医学]研修；研修期間
□ íntern 图 主に㊤ (病院住み込みの)研修医；(一般に)
研修生 動 主に㊤ インターンとして働く；[intá:rn] を
抑留する

outlet
㋐ [áutlèt]
□□ 1443

**直売店，特売店；はけ口；㊤(電気の)コンセ
ント (≒㊧sócket)**
▶ an outlet mall アウトレットモール (安売り主体のショッ
ピングセンター)
▶ an outlet for creativity 創造力のはけ口

remedy
[rémədi]
□□ 1444

治療(法)；治療薬；解決法
▶ a folk remedy「民間療法」
▶ a remedy for the cold = a cold remedy 風邪薬
動 を改善する；を救済する

pill
[pɪl]
□□ 1445

錠剤，丸薬；(the ～)ピル，経口避妊薬
▶ She's on [taking] the pill. 彼女はピルを服用している。

reception
[rɪsépʃən]
□□ 1446

反応；宴会；受付；受信(状態)
▶ a wedding reception 結婚披露宴
□ recéive 動 を受ける；を受け取る
□ recéipt 图 領収書，レシート；受け取ること
□ recéptionist 图 受付係
□ recípient 图 受取人；(臓器提供を)受ける人

transaction
[trænsækʃən]
□□ 1447

(商)取引；(人と人との)交流
▶ Cash transactions only. 現金払いのみ。
□ transáct 動 (～と)取引を行う (with)

mutation
[mjutéɪʃən]
□□ 1448

突然変異(体)；変化
□ mútate 動 突然変異する
□ mútant 图 突然変異体

Their sudden marriage grabbed the newspaper headlines this week.	彼らの突然の結婚は今週の新聞の大見出しで取り上げられた。
He has completed a one-year internship with a law firm in Tokyo.	彼は東京の法律事務所での1年間の実務研修を修了した。
A lot of tourists rushed to the outlets that sell famous brands.	多くの観光客が有名ブランド品を売る直売店に殺到した。
He tried some folk remedies for his illness.	彼は自分の病気に民間療法をいくつか試した。
The doctor gave her five days' worth of pills for her cold.	医師は彼女に5日分の風邪薬の錠剤を出した。
Her new novel is getting a good reception from the readers.	彼女の新しい小説は読者から良好な反応を得ている。
I am wondering how secure our online transactions are.	私は私たちのオンライン取引がどれくらい安全かと思っている。
Some chemicals can cause genetic mutations in humans.	化学薬品の中には人間の遺伝子の突然変異を引き起こしかねないものがある。

dairy
圏 [déəri]
□□ 1449

〔集合的に〕**乳製品**；乳製品加工所［販売者］
形 酪農の
▶ dairy products 乳製品

compassion
[kəmpǽʃən]
□□ 1450

同情
▶ have compassion on [for] 〜 〜に同情する
□ compássionate 形 情け深い；特別の
▶ a compassionate allowance 特別手当

posture
[pá(:)stʃər]
□□ 1451

姿勢；心構え
▶ have good [poor] posture 姿勢がよい［悪い］
動 気取る；（〜の）ふりをする(as)
▶ posture as an artist 芸術家ぶる

curse
[kəːrs]
□□ 1452

悪態，ののしりの言葉；呪い；
〔通例 a 〜〕災い
▶ put a curse on 〜 〜に呪いをかける
動 （を）ののしる；を呪う

funeral
[fjúːnərəl]
□□ 1453

葬式
▶ conduct [hold] a funeral 葬儀を行う
形 葬儀の
▶ a funeral service 葬儀

census
[sénsəs]
□□ 1454

国勢調査；交通調査
▶ take [conduct] a census「国勢調査を行う」
▶ a census taker 国勢調査員

encyclopedia
圏 [ɪnsàɪkləpíːdiə]
□□ 1455

百科事典
▶ encyclopaedia とつづることもある。
□ encýclopédic 形 百科事典の；博学な

cereal
圏 [síəriəl]
□□ 1456

〔通例〜s〕**穀物**；シリアル（穀物加工食品）

fragment
㊆ [frǽgmənt]
□□ 1457

断片
▶ fragments of broken pottery 壊れた陶器の破片
動 [frægmént] をばらばらにする；分裂する
□ frágmentàry 形 断片的な

384

I am trying to eat less red meat and <u>dairy</u>.	私は赤肉と<u>乳製品</u>をとる量を減らそうとしている。
She felt deep <u>compassion</u> for the <u>victims</u> of the accident.	彼女はその事故の犠牲者に深い<u>同情</u>を感じた。
This chair helps people <u>maintain</u> a good <u>posture</u>.	この椅子は人がよい<u>姿勢</u>を保つ助けになる。
Being angry, he <u>released a scream</u> and a <u>curse</u>.	かっとなって，彼は叫び声と<u>ののしりの言葉</u>を発した。
She went back to her hometown to <u>attend</u> her grandfather's <u>funeral</u>.	彼女は祖父の<u>葬儀</u>に参列するために故郷に帰った。
According to the recent national <u>census</u>, the population is decreasing.	最近の<u>国勢調査</u>によると，人口は減少している。
This electronic dictionary contains 15 volumes of an <u>encyclopedia</u>.	この電子辞書は15巻の<u>百科事典</u>を収録している。
Some people avoid <u>cereals</u> to lose <u>weight</u>.	<u>減量</u>するため<u>穀物</u>を避ける人もいる。
Our solar system is only a <u>fragment</u> of the whole universe.	私たちの太陽系は宇宙全体の<u>断片</u>にすぎない。

patch
[pætʃ]
□□ 1458

(〜の)**部分，斑点**；継ぎ；貼り薬
▶ an elbow patch ひじ当て
動 に継ぎを当てる
□ pátchwòrk **名** パッチワーク

rubbish
[rʌ́bɪʃ]
□□ 1459

英 **ごみ**(≒ **米** gárbage)；つまらないもの
▶ a pile of rubbish ごみの山
形 (〜が)下手な(at)

maze
[meɪz]
□□ 1460

迷路(≒ lábyrìnth)；複雑に込み入ったもの
▶ a maze of regulations 複雑な規則

outlook
⑦ [áʊtlʊ̀k]
□□ 1461

見解；見通し；眺め

breakthrough
[bréɪkθrùː]
□□ 1462

大発見，飛躍的進歩
▶ a major breakthrough 主要な大発見

triumph
発⑦ [tráɪəmf]
□□ 1463

勝利；勝利の喜び；偉業
動 勝利を得る，成功する
□ triúmphant **形** 勝利を収めた；勝ち誇った

ally
発 [ǽlaɪ]
□□ 1464

同盟国；提携者；援助者；盟友
動 〔通例受身形または ally *oneself* で〕(〜と)同盟
[連合]する(with)；同盟[連合]する
□ allíance **名** 同盟；提携；連合
□ állìed **形** 同盟[提携]している；連合の

spectator
⑦ [spékteɪtər]
□□ 1465

(試合などの)観客
▶ a spectator sport 見て楽しむスポーツ
□ spéctacle **名** (際立った)光景，壮観；見世物

sphere
発 [sfíər]
□□ 1466

領域；球体；天体
□ sphérical **形** 球形の，球面の
□ hemisphere [hémɪsfìər] **名** (地球・天体の)半球；脳半球

Giant pandas have black **patches** around their eyes.	ジャイアントパンダには目の周りに黒い部分がある。
In this city, most of household **rubbish** is burned up at a high temperature.	この市では，家庭ごみの大半は高温で焼却される。
The new store is like a complicated **maze** for the shoppers.	その新しい店は買い物客にとって複雑な迷路のようである。
Her trip to India totally changed her **outlook** on life.	彼女のインドへの旅は彼女の人生観を完全に変えた。
The professor finally made a **breakthrough** in biology.	その教授はついに生物学における大発見をした。
She achieved a great **triumph** during the tournament.	彼女はトーナメント中にすばらしい勝利を収めた。
Japan is an **ally** and trade partner of the United States.	日本はアメリカ合衆国の同盟国であり貿易相手国である。
The **spectators** of the game were very excited about the victory.	その試合の観客たちは勝利にとても興奮していた。
After graduation, he and I moved in different social **spheres**.	卒業後，彼と私は異なる社会的領域に進んだ。

county
発[káʊnti]
□□ 1467

郵 郡；囲州
▶ Madison County マディソン郡

behalf
[bɪhǽf]
□□ 1468

利益，味方
▶ on behalf of ～ / on ～'s behalf
「(「～の利益のために／に味方して」から転じて)
(人)に代わって，(人)を代表して」
▶ in behalf of ～ / in ～'s behalf　～のために

interval
⑦[íntərvəl]
□□ 1469

(時間の)間隔；合間；隔たり；小休止
▶ at intervals 折に触れて
▶ a sunny interval 晴れ間

circulation
[sə̀ːrkjʊléɪʃən]
□□ 1470

循環；流通；(新聞・雑誌の)発行部数
▶ in circulation 流通して
□ círculàte 動 循環する；広まる

blade
[bleɪd]
□□ 1471

刃；(プロペラなどの)羽根；(草などの)葉
▶ a steel blade 鋼鉄の刃
▶ the blades of wind turbines 風力タービンの羽根

theft
[θeft]
□□ 1472

窃盗(罪)
▶ identity theft 個人情報詐取
□ thief 名 泥棒
▶ robber「強盗」と区別。

vacuum
発⑦[vǽkjuəm]
□□ 1473

真空；空虚
▶ in a vacuum 真空中で；孤立して
▶ a vacuum cleaner 電気掃除機
動 (を)電気掃除機で掃除する

collision
[kəlíʒən]
□□ 1474

衝突；対立
▶ be on a collision course with ～　～と衝突進路にある
▶ come into collision with ～　～と衝突[対立]する
□ collíde 動 (～と)衝突する(with)

bargain
[báːrgɪn]
□□ 1475

買い得品；取引；契約
▶ make a bargain 取引をする；契約を結ぶ
動 交渉をする
□ bárgaining 名 交渉

A **county** has its own government to deal with local matters.	郡は地元の問題に対処するための独自の政府を持つ。
On **behalf** of my whole family, I'd like to thank you for all your help.	家族全員を代表して，私はあなたのご助力に感謝したく思います。
The city shuttle bus runs at **intervals** of five minutes.	その市のシャトルバスは5分間隔で走っている。
Good blood **circulation** helps the brain stay healthy.	良好な血液の循環は脳が健康でいる助けとなる。
The company has decided to sell ceramic **blades** instead of metal ones.	その会社は金属刃の代わりにセラミックスの刃を販売することを決めた。
The greatest art **theft** in history occurred during World War II.	史上最大の美術品窃盗は第二次世界大戦中に起こった。
A rocket engine can operate in the **vacuum** of space.	ロケットエンジンは宇宙空間の真空の中で作動することができる。
There was a **collision** between two boats last night.	昨夜2隻の船による衝突があった。
She found a good **bargain** at the market.	彼女は市場でお買い得品を見つけた。

---

landmark
[lǽndmɑ̀ːrk]
□□ 1476

(ある場所の)目印；画期的な出来事
▶ a landmark in the history of science 科学史における画期的な出来事

revenue
㋐ [révənjùː]
□□ 1477

歳入(⇔ expénditure 歳出)；収益
▶ tax revenue「税収」

treaty
㋐ [tríːti]
□□ 1478

(国家間の)条約；協定
▶ sign a treaty 条約に調印する
▶ a peace treaty 平和条約

形容詞編

supreme
㋐ [supríːm]
□□ 1479

最高の
▶ the Supreme Court 最高裁判所
□ supremacy [suprémasi] 图 最高；優位；主権

thorough
㋐ [θə́ːrou]
□□ 1480

徹底的な；まったくの
□ thóroughly 副 徹底的に；完全に
□ thóroughness 图 完全；徹底

naked
㋐ [néikid]
□□ 1481

裸の
▶ with the naked eye 裸眼で，肉眼で
▶ lie naked 裸で横たわる

sincere
㋐ [sinsíər]
□□ 1482

心からの；誠実な
▶ She is sincere. 彼女は誠実(な人)だ。
□ sincerity [sinsérəti] 图 誠実，真摯
□ sincérely 副 心から
▶ Sincerely (yours), = Yours sincerely, 敬具(手紙の結び)

tame
[teim]
□□ 1483

飼いならされた，人に慣れた；退屈な
動 を飼いならす；を抑える
▶ tame wild animals 野生動物を手なずける

insufficient
[ìnsəfíʃənt]
□□ 1484

不十分な；不適当な
▶ insufficient supplies 必需品の不足
□ insufficiency 图 不十分；不適当
□ insufficiently 副 不十分に；不適当に

Tokyo Skytree is one of the newest landmarks in Tokyo.	東京スカイツリーは東京の最も新しい目印の1つである。
There was an increase of 5.2 percent in tax revenues last year.	昨年は5.2パーセントの税収の増加があった。
A lot of international treaties have been signed in Canada.	多くの国際条約がカナダで調印されてきた。
In many countries in the past, the king was the supreme authority.	昔は多くの国で，王は最高権力者だった。
The police's thorough investigation revealed the cause of the accident.	警察の徹底的な調査が事故の原因を明らかにした。
The artist won an award for his sculpture of the naked body.	その美術家は裸体の彫刻で賞を取った。
They all accepted her sincere apology.	彼らは皆，彼女の心からの謝罪を受け入れた。
Our cat is tame, but she is sometimes frightened of strangers.	私たちの猫は人に慣れているが，ときどき見知らぬ人を怖がる。
His salary is an insufficient amount for supporting his family.	彼の給料は彼の家族を養うには不十分な金額である。

dim [dɪm] ☐☐ 1485	薄暗い；ぼんやりした ▶ dim memories of one's childhood 子供時代のおぼろげな記憶 動 をぼやけさせる；(感情・記憶などが)薄れる
acute [əkjúːt] ☐☐ 1486	(痛み・感情などが)激しい；(知覚などが)鋭い；急性の(⇔ chrónic → 1198) ▶ have an acute sense of smell 嗅覚が鋭い
disabled [dɪséɪbld] ☐☐ 1487	障害のある；障害者用の ▶ a disabled car 障害者用自動車；故障車 ☐ dìsabílity 名 (身体)障害 ▶ disability insurance 障害保険
metropolitan [mètrəpá(ː)lətən] ☐☐ 1488	大都市の，首都圏の 名 都会人 ☐ metropolis [mətrá(ː)pəlɪs] 名 主要都市，大都市
monetary 発 [má(ː)nətèri] ☐☐ 1489	金銭的な；金融の ▶ monetary policy 金融政策 ▶ the International Monetary Fund 国際通貨基金(IMF)
alternate 発 [ɔ́ːltərnət] ☐☐ 1490	代わりの(≒ altérnative)；交互の ▶ on alternate days 1日おきに(= every other day) 動 [ɔ́ːltərnèɪt] 交互に起こる，交替する ☐ álternately 副 交互に
partial 発 [pɑ́ːrʃəl] ☐☐ 1491	部分的な；不公平な(⇔ impártial 公平な) ▶ be partial to ～ ～をひいきする ☐ pártially 副 部分的に
divine [dɪváɪn] ☐☐ 1492	神の；神にささげる 動 を推測する，見抜く ▶ a divining rod (水脈などを捜すための Y 字型の)占い棒 ☐ divinity [dɪvínəti] 名 神性；神
drastic [drǽstɪk] ☐☐ 1493	徹底的な，抜本的な；極端な ☐ drástically 副 徹底的に

The streetlights near my house are very dim.

私の家の近くの街灯はとても薄暗い。

Soon after eating oysters, she had an acute pain in her stomach.

カキを食べて間もなく，彼女は胃に激しい痛みを覚えた。

There are parking spaces prepared for physically disabled people.

身体障害者のために駐車スペースが用意されている。

A metropolitan area typically has a convenient transportation system.

大都市圏には概して便利な交通機関がある。

He is not interested in objects of little monetary value.

彼は金銭的価値のほとんどない物には興味がない。

The hikers took an alternate route to the top of the mountain.

ハイカーたちは山頂まで代わりのルートを取った。

Reducing waste is only a partial solution to global warming.

ごみを減らすことは地球温暖化に対する部分的な解決策にすぎない。

Sunlight is often used to represent divine grace or revelation.

太陽の光は神の恩寵や啓示を表すのによく使われる。

The man made a drastic change in his daily eating habits.

その男性は毎日の食習慣に抜本的な変更を加えた。

fierce
[fɪərs]

□□ 1494

猛烈な；どう猛な
▶ a fierce animal どう猛な動物
□ fíercely 副 激しく，猛烈に

sole
[soul]

□□ 1495

唯一の；単独の；独占的な
名 足の裏；靴底
□ sólitùde 名 孤独；独居

spontaneous
[spɑ(:)ntéɪniəs]

□□ 1496

自然発生的な；自発的な
▶ spontaneous combustion 自然発火
□ spontáneously 副 自発的に
□ spontaneity [spɑ̀(:)ntəní:əti] 名 自発性

spatial
楽 [spéɪʃəl]

□□ 1497

空間の
▶ one's spatial awareness 人の空間認識
□ space 名 空間，余地
□ spácious 形 広々とした，広大な

neat
[ni:t]

□□ 1498

きちんとした；見事な
▶ 同音の NEET「ニート」(15〜34歳の無業者)と区別。
□ néatly 副 きれいに；きちんと

tidy
[táɪdi]

□□ 1499

きちんとした，整頓された；相当の
▶ a tidy person きれい好きな人
▶ a tidy sum of money 相当な金
動 を片づける(≒ tidy up)

loyal
[lɔ́ɪəl]

□□ 1500

(〜に)忠実な(to)；誠実な
▶ royal「王の」と区別。
▶ loyal customers 義理堅い客
□ lóyalty 名 忠義；誠実

Their product survived <u>fierce</u> <u>competition</u> with another company's.	彼らの製品は他社の製品との<u>猛烈</u>な競争を乗り切った。
Newspapers were <u>the sole</u> source of information for people at that time.	新聞は当時の人々にとって<u>唯一</u>の情報源であった。
He received <u>spontaneous</u> applause from the audience after his speech.	彼は演説の後，聴衆からの<u>自然発生的</u>な拍手を受けた。
The man described <u>the spatial</u> layout of the room over the phone.	男性は電話で，その部屋の<u>空間</u>レイアウトを説明した。
Some people are unable to <u>keep their rooms neat</u> and clean.	自分の部屋を<u>きちんとした</u>清潔な状態に保つことができない人がいる。
She cannot put up with <u>the house not being tidy</u>.	彼女は家が<u>きちんと片づいていない</u>のを我慢できない。
Most of the employees in the company are <u>loyal</u> to their president.	その会社の従業員のほとんどは社長に<u>忠実</u>である。

基本動詞の使い方②

make「を作る」

① 「を作る」

☐ **make** wine from grapes「ブドウからワインを作る」☐ **make** a fire「火をおこす」☐ **make** a plan「計画を立てる」☐ **make** a decision「決定する」☐ **make** a guess「推測する」☐ **make** arrangements「準備する」

② 「を〜にする」

☐ **make** it possible to *do*「…することを可能にする」

③ 「に…させる」

☐ **make** him talk to the principal「彼に校長と話をさせる」

let「を放置する」

① 「に…させる[させておく]」

☐ He **let** me use his camera.「彼は自分のカメラを私に使わせてくれた」

☐ The mother **let** her children play in the garden.「母親は自分の子供たちを庭で遊ばせておいた」

② 「を〜(の状態)にさせる」

☐ **let** him in「彼を中に入れる」☐ **let** the cat out「猫を部屋の外に出す」

be「ある・いる」

① 「である」

☐ He **is** a lawyer.「彼は弁護士である」☐ She **is** intelligent.「彼女は聡明である」

☐ The plan **is** for Mike to join our team.「計画はマイクが私たちのチームに加わるというものである」

② 「いる；ある」

☐ He **is** in the office.「彼は事務所にいる」☐ His restaurant **is** in Kagurazaka.「彼のレストランは神楽坂にある」☐ There **are** several people waiting outside.「外で数人が待っている」

seem「ように思える」

① 「に思える」

☐ The problem **seems** difficult to solve.「その問題は解決するのが難しいように思える」☐ He **seems** (to be) an honest man.「彼は正直者であるように思える」

☐ That **seems** like a good idea.「それはいい考えのように思える」

② (seem to *do* の形で)「…するように思える」

☐ He **seems** to live in luxury.「彼はぜいたくに暮らしているように思える」

☐ She **seems** to have studied in London.「彼女はロンドンで学んだように思える」

Part 3

ここで差がつく
難単語

400語

入試頻出とは言えなくとも，知っ
ておくといざというときに役に立
つ難単語。最後まで気を抜かず学
習しよう！

Section 16　単語番号 1501 〜 1600

動詞編

bless [bles] □□ 1501	**に恩恵を与える**；に感謝する
	▶ be blessed with ～「～に恵まれる」
	▶ God bless you! あなたに神のお恵みがありますように。
	□ bléssing 图 (神の)恵み；祝福
	□ blessed [blésɪd] 厖 聖なる；祝福された；喜ばしい

regain [rɪɡéɪn] □□ 1502	**を取り戻す**
	▶ regain one's health 健康を回復する

conform [kənfɔ́ːrm] □□ 1503	**順応する**；一致する
	🆂 conform to ～「～に順応する，従う」
	□ confórmity 图 一致；服従

enroll [ɪnróʊl] □□ 1504	**登録する，入会する**；を登録させる
	□ enróllment 图 登録，加入

entitle [ɪntáɪtl] □□ 1505	**に権利を与える**；に題名をつける
	🆂 be entitled to ～「～の権利[資格]がある」
	▶ be entitled to do …する権利[資格]がある

halt 🅰 [hɔːlt] □□ 1506	**を止める**；止まる
	图 (一時的な)停止，休止
	▶ come to a halt 止まる

provoke [prəvóʊk] □□ 1507	**(感情・行動など)を引き起こす**；を挑発する
	▶ provoke ～ to do ～を挑発して…させる
	□ pròvocátion 图 挑発
	□ provócative 厖 挑発的な

invade [ɪnvéɪd] □□ 1508	**を侵略する**；を侵害する；(場所)に殺到する
	□ invásion 图 侵略；侵害；殺到
	▶ an invasion of privacy プライバシーの侵害
	□ inváder 图 侵略者；侵害者

This area is **blessed** with natural beauty.	この地域は自然美に恵まれている。
She fainted, but soon **regained** consciousness.	彼女は失神したが，すぐに意識を取り戻した。
While in Japan, Lucas tried to **conform** to Japanese customs.	日本にいる間，ルーカスは日本の慣習に順応しようとした。
He **enrolled** in a local gym to learn Latin dance.	彼はラテンダンスを習うために地元のジムに入会した。
Members of the store are **entitled** to a five percent discount.	その店の会員は5％の割引を受ける権利がある。
The specialists were not able to **halt** the spread of this year's flu.	専門家たちは今年のインフルエンザの蔓延を食い止めることができなかった。
The topic of immigration usually **provokes** emotional reactions.	移民の話題はたいてい感情的な反応を引き起こす。
Animals usually do not **invade** the territories of other animals.	動物はたいていほかの動物の縄張りを侵略しない。

squeeze [発] [skwi:z] □□ 1509	**押し入る**；を押し込む；(を)搾る；(を)強く押す ▶ squeeze a lemon レモンを搾る [名] 搾ること
crawl [krɔ:l] □□ 1510	**はう**；ゆっくり進む ▶ crawl on hands and knees 四つんばいになってはう [名] はうこと；徐行；クロール
digest [アク] [daɪdʒést] □□ 1511	を**消化する**；を理解する；を要約する [名] [dáɪdʒest] 要約，ダイジェスト版 □ digéstive [形] 消化の；消化を助ける □ digéstion [名] 消化；理解(力)
utter [ʌ́tər] □□ 1512	**(声)を発する**；(考えなど)を述べる [形] 完全な，まったくの □ útterance [名] 発話；発言
refrain [rɪfréɪn] □□ 1513	**控える** [TG] **refrain from *doing*** 「…するのを控える，慎む」 [名] (歌などの)繰り返し，リフレイン
populate [pá(:)pjulèɪt] □□ 1514	に**住む，の住民である**；に人を住まわせる □ pòpulátion [名] 人口 □ pópulous [形] 人口密度の高い，人口の多い
accommodate [アク] [əká(:)mədèɪt] □□ 1515	を**収容する**；を(～に)適応させる(to) □ accòmmodátion [名] [米] (～s) 宿泊設備；収容能力 □ accómmodàting [形] 親切な；協調的な
steer [発] [stɪər] □□ 1516	(を)**操縦する**；を(～へ)向ける(to) □ stéering [名] 操縦 ▶ a steering wheel (車の)ハンドル
drown [発] [draʊn] □□ 1517	**溺死**(できし)**する**；を水浸しにする ▶ drown *oneself* 入水(じゅすい)自殺する

The cat somehow **squeezed** through a gap in the fence.	その猫はなんとかフェンスの隙間に押し入って通った。
The baby **crawled** across the floor to his mother.	その赤ん坊は床をはって母親の所に行った。
It takes three to four hours to **digest** meat and fish.	肉や魚を消化するには3，4時間かかる。
She was too shocked to **utter** a word at all.	彼女はひどくショックを受けて，言葉を発することがまったくできなかった。
Politicians should **refrain** from using bad language.	政治家は汚い言葉を使うのを控えるべきである。
Some scholars think the Ainu **populated** Hokkaido by the 13th century.	アイヌ民族は13世紀までには北海道に住みついたと考える学者もいる。
The elevator **accommodates** up to 12 people.	そのエレベーターは最大12人まで収容する。
As an experienced navigator, he **steered** the boat into the harbor.	経験豊かな航海士として，彼は船を操縦して入港させた。
The rowboat turned over and she nearly **drowned** in the lake.	手漕ぎボートがひっくり返り，彼女は湖で溺れて死ぬところだった。

dip
[dɪp]
☐☐ 1518

を浸す；（手など）を（〜に）突っ込む（into / in）；下がる
▶ dip は「さっと浸す」，immerse は「完全に浸す」の意。
图 ちょっと浸すこと；一泳ぎ；低下；くぼみ

soak
🔈 [soʊk]
☐☐ 1519

を浸す；をずぶぬれにする；浸る
▶「一定時間液体に浸しておく」の意。
▶ get [be] soaked through びしょぬれになる
▶ soak oneself （風呂などに）つかる；びしょぬれになる

stir
🔈 [stəːr]
☐☐ 1520

をかき回す；を揺り動かす
图 かき回すこと；動揺
☐ stírring 形 興奮させる，刺激的な；感動的な
☐ stir-frý 動 を（かき混ぜながら）さっと炒める

transplant
[trænsplǽnt]
☐☐ 1521

を移植する；を移住させる
🆀 transplant A to [into] B「A を B に移植する」
图 [trǽnsplænt] 移植（手術）
☐ trànsplantátion 图 移植；移住

reassure
[rìːəʃʊ́ər]
☐☐ 1522

を安心させる
☐ rèassúrance 图 安心させること
☐ rèassúring 形 安心させるような

resume
🔈 [rɪzjúːm]
☐☐ 1523

（を）再開する；を取り戻す
▶ resume doing 再び…し始める
☐ resumption [rɪzʌ́mpʃən] 图 再開，続行

speculate
[spékjulèɪt]
☐☐ 1524

（と）推測する；投機する
☐ spèculátion 图 推測；投機
☐ spéculàtive 形 推測の；投機の

surpass
🔈 [sərpǽs]
☐☐ 1525

を上回る
▶ surpass oneself 自分を超える，今までよりうまくやる
☐ surpássing 形 並ぶもののない

appoint
[əpɔ́ɪnt]
☐☐ 1526

を任命する；（日時・場所など）を指定する
▶ appoint A B「A を B（という役）に任命する」
☐ appóintment 图 約束，予約；任命
▶ make an appointment 予約する

She **dips** biscuits in tea before eating them.	彼女は食べる前に紅茶にビスケットを浸す。
She made pickles by **soaking** cucumbers in vinegar.	彼女はキュウリを酢に浸すことによってピクルスを作った。
She **stirred** her tea with a spoon.	彼女はスプーンで紅茶をかき混ぜた。
The surgeon successfully **transplanted** a heart into the child.	外科医は首尾よくその子供に心臓を移植した。
My mother **reassured** me that everything should go well.	私の母は万事うまくいくと私を安心させた。
She **resumed** her career after two years of maternity leave.	彼女は2年間の産休の後, 仕事を再開した。
He **speculated** that life might exist on Mars.	彼は火星に生物が存在するかもしれないと推測した。
Computers have **surpassed** the human mind in some aspects.	コンピューターはいくつかの点で人間の知力を上回った。
We all agreed to **appoint** Mr. White music director of our orchestra.	私たち全員が当オーケストラの音楽監督にホワイト氏を任命することに同意した。

intrigue [発] [ɪntríːg] □□ 1527	**に興味を持たせる**；陰謀を企てる [名] [íntriːg] 陰謀；魅力 □ intríguing [形] 興味をそそる
decay [dɪkéɪ] □□ 1528	**腐敗する**(≒ rot)；(徐々に)衰える [名] 腐敗(した状態)；衰退 ▶ tooth decay 虫歯 ▶ in decay 衰退して
contaminate [ア] [kəntǽmɪnèɪt] □□ 1529	**を汚染する**；を堕落させる □ contàminátion [名] 汚染；堕落 ▶ radioactive contamination 放射能汚染
swell [swel] □□ 1530	**膨張する，腫**(は)**れる**；を膨らませる ▶ 活用：swell - swelled - swollen [swelled] [名] 膨張；増大
delete [dɪlíːt] □□ 1531	**を削除する，消す** [名] デリートキー，削除キー □ delétion [名] 削除，消去
tolerate [ア] [tá(ː)lərèɪt] □□ 1532	**を許容する，我慢する**(≒ put up with) □ tólerance [名] 寛容；我慢；耐性 □ tólerant [形] 寛容な □ tólerable [形] 我慢できる，耐えられる
envy [énvi] □□ 1533	**をうらやむ** ▶ envy him his artistic gift 彼の芸術的才能をうらやむ [名] ねたみ；羨望(せんぼう)；〔the ～〕羨望の的 □ énvious [形] (～を)うらやんで(of)
pray [発] [preɪ] □□ 1534	**(を)祈る** ▶ pray silently 黙禱(もくとう)する □ prayer [名] [preər] 祈り(の言葉)；[préɪər] 祈る人 ▶ kneel in prayer ひざまずいて祈る
confess [ア] [kənfés] □□ 1535	**(を)告白する** ▶ confess (to ～) that ... 「(～に)…と白状する」 □ conféssion [名] 告白，自白 ▶ make a confession 自白[告白]する

She was **intrigued** by the article about a recently discovered plant.	彼女は最近発見された植物に関する記事に興味を抱いた。
Fresh food easily **decays** in the summer.	夏の間は生鮮食品はすぐに腐敗する。
The oil spill from the ship **contaminated** the sea.	船からの石油流出が海を汚染した。
He noticed that his twisted wrist **swelled** greatly.	彼はひねった手首がひどく腫れていることに気づいた。
You should **delete** spam messages right away.	すぐに迷惑メールを削除するべきだ。
I just cannot **tolerate** his selfishness.	私はどうしても彼のわがままを我慢することができない。
Many writers **envy** her talent for literature.	多くの作家が彼女の文学の才能をうらやむ。
She **prayed** that her son might recover from his illness.	彼女は自分の息子が病気から回復するよう祈った。
He **confessed** to the judge that he did the crime.	彼は裁判官に自分がその罪を犯したと白状した。

resign
㋜ [rɪzáɪn]
☐☐ 1536

(を)**辞任する**；を放棄する
▶ resign *oneself* to ~ ～を甘受する，あきらめる
☐ resignation [rèzɪgnéɪʃən] 名 辞職；辞表

dissolve
㋜ [dɪzá(:)lv]
☐☐ 1537

(を)**溶かす**；(議会など)を解散する；(契約など)を解消する；溶ける
▶ dissolve *one's* anger 怒りを静める
☐ dìssolútion 名 分解；解散；溶解

unfold
[ʌnfóʊld]
☐☐ 1538

(閉じたもの)**を開く**；を明らかにする；開く；明らかになる
▶ unfold a map 地図を広げる

awaken
[əwéɪkən]
☐☐ 1539

を目覚めさせる；(～から)覚める(from)
☐ awáke 形 目覚めて；気づいて
☐ wake 動 目覚める；気づく；を起こす

conceive
[kənsíːv]
☐☐ 1540

(を)**思いつく**；と想像する；(を)妊娠する
▶ conceive a bright idea 名案を思いつく
☐ concéption 名 概念(≒ cóncept)
☐ concéivable 形 考えられる，想像し得る

名詞編

entrepreneur
[à:ntrəprənə́:r]
☐☐ 1541

起業家，事業家
☐ èntreprenéurial 形 起業家としての
▶ entrepreneurial skill 起業家としての手腕

stake
[steɪk]
☐☐ 1542

利害関係；(通例~s)賭け金；杭
▶ at stake 「問題となって；危機に瀕して」
動 を賭ける；に杭を立てる
▶ stake money on the races 競馬に金を賭ける

surplus
㋐ [sə́:rpləs]
☐☐ 1543

余剰(⇔ shórtage 不足)，**過剰**；黒字
▶ a trade surplus 貿易黒字(⇔ a trade deficit 貿易赤字)
形 余分の

inflation
[ɪnfléɪʃən]
☐☐ 1544

インフレ(ーション)；(物価の)高騰
☐ infláte 動 を膨らませる；を誇張する

The minister **resigned** from his post due to his misuse of political funds.	大臣は政治資金の不正使用のせいでその職を辞任した。
She **dissolved** a vitamin C tablet in water.	彼女はビタミンCの錠剤を水に溶かした。
She **unfolded** the letter inside the envelope.	彼女は封筒の中の手紙を開いた。
He is often **awakened** by nightmares.	彼は悪夢で目覚めることが多い。
He **conceived** a new business plan while taking a bath.	彼は入浴中に新しい事業計画を思いついた。
Japan has produced many young **entrepreneurs** in the IT field.	日本はIT分野において多くの若い起業家を輩出してきた。
The company has a major **stake** in the project.	その会社はその事業に大きな利害関係を持っている。
A **surplus** of apartment buildings has lowered the cost of rent.	アパート・マンションの過剰は家賃を低下させた。
Pension payments should be increased in line with **inflation**.	年金の支払いはインフレに連動して増えるべきである。

sweatshop [swétʃɑ(:)p] ☐☐ 1545	搾取工場 ▶ 労働者を低賃金で長時間働かせる工場などを指す。
clash [klæʃ] ☐☐ 1546	衝突；対立；かち合うこと；ガチャンという音 **動** (〜と)衝突する(with)；(意見などが)対立する ▶ clash over an issue ある問題で意見が対立する
sociology [sòusiá(:)lədʒi] ☐☐ 1547	社会学 ☐ sòciológical **形** 社会学的な ☐ sòciólogist **名** 社会学者
ideology **発** [àidiá(:)lədʒi] ☐☐ 1548	イデオロギー，思想傾向 ☐ ìdeológical **形** イデオロギーの ▶ ideological differences イデオロギーの相違
margin [má:rdʒɪn] ☐☐ 1549	余白；差；利ざや ▶ by a wide [narrow] margin 大差[小差]で ☐ márginal **形** あまり重要でない
realm **発** [relm] ☐☐ 1550	領域；領土 ▶ in the realm of politics 政治の世界で
domain [douméin] ☐☐ 1551	分野；領域；ドメイン(= domain name) ▶ the domain of science 科学の分野
algorithm [ǽlgərìðm] ☐☐ 1552	アルゴリズム；問題解決の手順 ▶ 一般に，問題を解決するための処理手順を指し，数学の公式 やコンピューターのプログラミングがその代表的なもの。
prairie **発** [préəri] ☐☐ 1553	大草原 ▶ 特に米国ミシシッピ川流域の大草原を指す。 ▶ a prairie dog プレーリードッグ
frontier **⑦** [frʌntíər] ☐☐ 1554	〔通例 the 〜s〕最先端；〔the 〜〕**米** 辺境地； 国境 ▶ the frontier spirit 開拓者精神

Workers in **sweatshops** earn less than the minimum wage set by law.	搾取工場の労働者は法律に定められた最低賃金より稼ぎが少ない。
There were **violent** **clashes** between police and demonstrators.	警察とデモ隊との激しい衝突があった。
She wants to **major** in **sociology** at college.	彼女は大学で社会学を専攻したいと思っている。
Ideologies such as religious beliefs or political concepts can lead to war.	宗教的信条や政治的概念のようなイデオロギーは戦争につながりかねない。
She wrote some notes in the **margin** of the page.	彼女はそのページの余白にメモを書いた。
The writer decided to write about the **realms** of fantasy.	著者は空想の世界について書くことに決めた。
Many Japanese have received major awards in the **domain** of physics.	多くの日本人が物理学の分野で主要な賞を受賞している。
Computers are getting faster at processing **algorithms** these days.	最近，コンピューターはアルゴリズムの処理がより速くなりつつある。
A herd of buffalo **inhabits** the nearby **prairie**.	バッファローの群れが近くの大草原に生息している。
Students can study at the **frontiers** of space engineering at this university.	この大学では学生たちは宇宙工学の最先端で研究できる。

bullet 発 [búlɪt] ☐☐ 1555	銃弾 ▶ a magic bullet 特効薬 ▶ a bullet train 超特急列車；(日本の)新幹線
shield [ʃiːld] ☐☐ 1556	盾，防御物 動 を防御する；を隠す
despair [dɪspéər] ☐☐ 1557	絶望 動 (〜に)絶望する(of) ☐ desperate [déspərət] 形 絶望的な；必死の
radiation [rèɪdiéɪʃən] ☐☐ 1558	放射能，放射線 ☐ ràdioáctive 形 放射能の ☐ rádiant 形 (光り)輝く
placebo 発 [pləsíːbou] ☐☐ 1559	偽薬，プラシーボ；気休め ▶ プラシーボは，患者の気休めや薬効テストに用いる偽薬のこと。 ▶ placebo effect プラシーボ効果
nursery 発 [nə́ːrsəri] ☐☐ 1560	託児所；苗床 ▶ a nursery school 保育園 ☐ nurse 名 看護師 動 を看護する；(物)を育てる
spouse 発 [spaʊs] ☐☐ 1561	配偶者 ▶ 夫(husband)または妻(wife)のこと。
makeup [méɪkÀp] ☐☐ 1562	化粧；化粧品；構成；性質 ▶ wear thick makeup 厚化粧をしている
mummy [mÁmi] ☐☐ 1563	ミイラ；英 ママ，お母さん(= 米 mómmy) ☐ múmmifỳ 動 をミイラにする，ミイラ化する
flesh [fleʃ] ☐☐ 1564	(人・動物の)肉；果肉 ▶ fresh「新鮮な」と区別。 ▶ flesh and blood (血の通った)人間，肉体

The police officer wears a special vest to protect himself from **bullets**.	その警官は<u>銃弾から身を守るための特殊なチョッキ</u>を着ている。
The military has been creating a **shield** against missiles.	軍は<u>ミサイルに対する盾</u>を作り出してきている。
She quit her job and left in **despair**.	彼女は<u>絶望して</u>，仕事を辞め去っていった。
The biggest problem of a nuclear disaster is exposure to **radiation**.	原子力災害の最大の問題は<u>放射能の被ばく</u>である。
The doctor gave a **placebo** to the patient in the clinical trial.	医師は臨床試験においてその患者に<u>偽薬</u>を与えた。
Day care **nurseries** are available to pre-school children in the city.	<u>保育用託児所</u>は市内の就学前の子供が利用できる。
The man is very glad that he has a supportive **spouse**.	その男性は自分に支えとなる<u>配偶者</u>がいることをとてもうれしく思っている。
Before the play, the actors put on costumes and **makeup**.	芝居の前に，役者たちは衣装を身につけ<u>化粧</u>をした。
The **mummy** found in the tomb was buried with a lot of gold.	その墓で見つかった<u>ミイラ</u>は多くの金製品とともに埋葬されていた。
The trap had cut deeply into the rabbit's **flesh**.	そのわなは<u>ウサギの肉</u>に深く食い込んでいた。

limb
発 [lɪm]
□□ 1565

手足
▶ arm と leg を指す。

odor
発 [óʊdər]
□□ 1566

におい；気配
▶ an odor of suspicion 怪しい気配
□ deódorant 名 脱臭剤 形 脱臭効果のある

laundry
発 [lɔ́:ndri]
□□ 1567

洗濯(物)；クリーニング店
⑯ do the laundry「洗濯をする」
□ láunder 動 を洗濯する；(金)を洗浄する
▶ money laundering 資金洗浄，マネーロンダリング

tide
[taɪd]
□□ 1568

潮(の干満)；動向
▶ turn the tide 形勢を一変させる
□ tídal 形 潮の
▶ a tidal wave 津波(tsunami)，高波

questionnaire
⑦ [kwèstʃənéər]
□□ 1569

アンケート
▶ fill in [out] a questionnaire アンケートに記入する

nonsense
[ná(:)nsens]
□□ 1570

ばかげた物[話，考え]；無意味な言葉
▶ What a nonsense! なんてばかな(ことを)。
▶ make a nonsense of ～ ～を無意味なものにする
形 無意味な

revenge
[rɪvéndʒ]
□□ 1571

復讐
▶ get [take, have] revenge on ～「～に復讐する」
動 (revenge oneself または受身形で)復讐する
□ avénge 動 (正義のために)(被害など)の復讐をする

intellect
⑦ [íntəlèkt]
□□ 1572

知性；(the ～(s))知識人
□ intelléctual 形 知的な；知性の 名 知識人，知性豊かな人

hospitality
[hà(:)spətǽləti]
□□ 1573

親切なもてなし，歓待；受容性
□ hospitable [há(:)spətəbl] 形 もてなしのよい；快適な；寛容な
▶ a hospitable couple 人を親切にもてなす夫婦

He stretched his long limbs just after he got out of bed.	彼はベッドから出た直後にその長い手足を伸ばした。
Dogs can detect odors that humans cannot notice.	犬は人間が気づくことのできないにおいを感知することができる。
On Sundays he does the laundry and cleans his room.	日曜日には彼は洗濯をし，部屋を掃除する。
I cannot tell whether the tide is going out or coming in.	潮が引いているのか満ちているのか，私にはわからない。
If you have time, please answer the questionnaire.	お時間があるようでしたら，アンケートに答えてください。
John should have known better than to say such nonsense.	ジョンはそのようなばかなことを言わないだけの分別があるべきだった。
He was determined to take revenge on his political enemies.	彼は彼の政敵に復讐する決意を固めた。
He thinks that he is a man of superior intellect.	彼は自分がすぐれた知性を持つ人間だと思っている。
The Japanese hotel shows great hospitality towards its guests.	その日本のホテルは客に対してすばらしいもてなしをする。

librarian
⑦ [laɪbréəriən]
□□ 1574

司書，図書館員
□ líbràry 图 図書館；蔵書；書斎

manuscript
⑦ [mǽnjuskrìpt]
□□ 1575

(手書きの)原稿；写本
▶ a manuscript of *Beowulf*『ベーオウルフ』の写本

obsession
[əbséʃən]
□□ 1576

(考えなどに)取りつかれること；妄想；
強迫観念
□ obséss 動 (人)に取りつく
▶ be obsessed with ~ (妄想など)に取りつかれる
□ obséssive 形 強迫観念の

hygiene
⑦ [háɪdʒiːn]
□□ 1577

衛生(状態)；健康法
▶ improve hygiene 衛生状態を改善する
□ hỳgiénic 形 衛生的な，清潔な

paradigm
⑦ [pǽrədàɪm]
□□ 1578

理論的枠組み，パラダイム；模範
▶ paradigm shift「パラダイムシフト」
(思考枠組みの根本的変化)

形容詞編

legitimate
⑦ [lɪdʒítəmət]
□□ 1579

合法的な；妥当な
□ legítimacy 图 合法(性)；嫡出(性)

authentic
⑦ [ɔːθéntɪk]
□□ 1580

本物の；信頼できる
▶ an authentic signature 本物のサイン
□ àuthentícity 图 本物であること，真実性

empirical
[ɪmpírɪkəl]
□□ 1581

経験的な；経験主義の
▶ empirical evidence「経験的証拠」
□ empírically 副 経験的に

immense
[iméns]
□□ 1582

膨大な
▶ an immense amount of ~ 膨大な量の~
□ imménsely 副 非常に；膨大に

0	800	1500	1900

The **librarian** recommended this book as a reference on English grammar.	その司書は英文法に関する参考図書としてこの本を薦めてくれた。
The writer's **manuscript** has been kept in the university library.	その作家の原稿は大学の図書館に保管されている。
She seemed to have an **obsession** with losing weight.	彼女は痩せることに取りつかれているように見えた。
The hospital's standard of **hygiene** is high.	その病院の衛生基準は高い。
The professor introduced a new **paradigm** into linguistic studies.	その教授は言語学研究に新たな理論的枠組みを取り入れた。
He has three offshore companies for **legitimate** tax avoidance purposes.	彼は合法的な租税回避の目的で海外の会社を3つ持っている。
She was moved by the **authentic** works by Picasso at the museum.	彼女はその美術館でピカソの本物の作品に感動した。
The teacher explained how to collect **empirical** evidence.	その教師は経験的証拠の集め方を説明した。
There are **immense** varieties of chilies in Mexico.	メキシコには膨大な種類のトウガラシがある。

absurd [əbsə́ːrd] □□ 1583	**ばかげた**；不合理な ▶ Don't be absurd! ばか言うなよ。 □ absúrdity [名] 不合理；ばかげたこと
weird [発] [wɪərd] □□ 1584	**異様な**(≒ bizárre)，**奇妙な** ▶ weird and wonderful 奇妙きてれつな
accidental [アク] [æksɪdéntəl] □□ 1585	**偶然の**；過失による ▶ accidental homicide 過失致死 □ àccidéntally [副] 偶然に；誤って □ áccident [名] 事故；不測の出来事
uneasy [ʌníːzi] □□ 1586	**不安な**；落ち着かない；ぎこちない ▶ have an uneasy conscience 良心がとがめる □ unéase [名] 不安，懸念
jealous [発] [dʒéləs] □□ 1587	**嫉妬深い**；用心深い [TG] **be jealous of 〜**「〜に嫉妬する」 □ jéalousy [名] 嫉妬
feminine [fémənɪn] □□ 1588	**女らしい**(⇔ másculine ➡ 1681) ▶ feminine fashion 女性的なファッション □ féminìsm [名] 男女同権主義 □ féminist [名] 男女同権主義者
swift [swɪft] □□ 1589	**素早い** ▶ be swift to *do*「すぐに…する」 □ swíftly [副] 速やかに，直ちに
hollow [há(ː)loʊ] □□ 1590	**空洞の**；空虚な；うわべだけの ▶ hollow promises うわべだけの約束 [名] くぼみ；空洞；空虚
crude [kruːd] □□ 1591	**大まかな**；粗野な；未精製の ▶ crude oil 原油 ▶ in crude terms 大まかに言えば

Many people think that legalizing drugs is <u>an absurd</u> idea.	多くの人は麻薬を合法化するのは<u>ばかげた</u>考えだと思っている。
I have been having <u>very weird</u> dreams these days.	私は最近よく<u>とても奇妙な</u>夢を見る。
Their <u>accidental</u> meeting led to a successful partnership.	<u>彼らの偶然の出会い</u>がすばらしい協力関係につながった。
Young people tend to <u>feel uneasy about the future</u>.	若者は将来に関して<u>不安な気持ちになる</u>傾向がある。
His friend <u>was jealous</u> of his cooking <u>skills</u>.	彼の友人は彼の料理の腕前に<u>嫉妬していた</u>。
She prefers to <u>dress in a feminine way</u>.	彼女は<u>女性らしい服装を</u>することを好む。
The rescue of victims requires <u>swift action</u>.	被害者の救出は<u>素早い行動</u>を必要とする。
As she had not eaten anything, her stomach felt <u>hollow</u>.	彼女は何も食べていなかったので，胃が<u>空っぽの</u>感じがした。
He read a <u>crude summary of the novel</u>.	彼はその小説の<u>大まかな要約</u>を読んだ。

sore
[sɔːr]
☐☐ 1592

痛い；腹が立って
▶ soar「急上昇する」と同音。
▶ have a sore throat のどが痛む

pessimistic
⑦ [pèsəmístɪk]
☐☐ 1593

悲観的な(⇔ òptimístic → 882)
☐ péssimìsm 图 悲観主義
☐ péssimist 图 悲観論者

vain
[veɪn]
☐☐ 1594

無駄な；うぬぼれた
▶ in vain「無駄に」
▶ be vain about one's appearance 自分の外見を鼻にか
ける
☐ vanity [vǽnəti] 图 うぬぼれ

susceptible
⑨ [səséptəbl]
☐☐ 1595

(〜の)影響を受けやすい(to)；感染しやすい
▶ a boy of a susceptible nature 感受性の強い少年
☐ suscèptibílity 图 感受性；影響を受けやすい性質

edible
[édəbl]
☐☐ 1596

食用の，食べられる
▶「食用に適している」の意。eatable「(おいしく)食べられ
る」と区別。
图 (〜s)食用品

sheer
[ʃɪər]
☐☐ 1597

純然たる，真の；すごい；(布が)薄地の
▶ by sheer force 力ずくで
圓 まったく，すっかり；垂直に

explicit
⑦ [ɪksplísɪt]
☐☐ 1598

明白な(⇔ implícit → 1795)；率直な
▶ an explicit statement 明確な陳述
☐ explícitly 圓 はっきりと，明確に

prone
[proʊn]
☐☐ 1599

(〜に)なりやすい(to)；(…する)傾向がある
(to do)
▶ be prone to disease 病気にかかりやすい
▶ an earthquake-prone country 地震(が起こりやすい)国

affluent
⑦ [ǽfluənt]
☐☐ 1600

裕福な；豊富な
▶ an affluent society 裕福な社会
☐ áffluence 图 裕福；豊富

I have a <u>**sore** throat</u> due to a cold.	私は風邪のせいで<u>のどが痛い</u>。
You should not be **pessimistic** about <u>your future</u>.	君は将来について<u>悲観的</u><u>になって</u>はいけない。
I <u>tried in **vain**</u> to persuade him to <u>get along</u> with his father.	私は，彼を説得して父親とよい関係を築かせようとしたが<u>無駄だった</u>。
Most <u>food is **susceptible** to heat</u>, so it is wise to store it in a cool place.	たいていの食品は熱の<u>影響を受けやすい</u>ので，涼しい場所に保管するのが賢明である。
My grandfather is good at picking out <u>**edible** mushrooms</u> in the forest.	私の祖父は森で<u>食用キノコを選び出す</u>ことが得意である。
The girl appears to be <u>a **sheer** genius</u> in science.	その少女は科学分野における<u>真の天才</u>のようだ。
He always gives us <u>**explicit** instructions</u>.	彼はいつも私たちに<u>明白な指示</u>をくれる。
If you work without a break, you become more <u>**prone** to error</u>.	休憩を取らずに働いていると，<u>間違いをもっと犯しやすく</u>なる。
Advertisers are targeting <u>society's **affluent** groups</u>.	広告主たちは社会の<u>富裕層</u>をターゲットにしている。

動詞編

collaborate [kəlǽbərèit] □□ 1601	共同して働く；(〜に)協力する(with) ▶ collaborate to *do*「共同[協働]して…する」 □ collàborátion 图 共同；協力；合作，共同研究 □ colláboràtive 形 協力的な；合作の
exert 発 ⑦ [ɪgzə́ːrt] □□ 1602	を及ぼす；(力など)を行使する 19 exert *A* on *B*「B に A (影響など)を及ぼす」 □ exértion 图 努力；行使
excel ⑦ [ɪksél] □□ 1603	(〜で)秀でている(in / at)；に勝る □ éxcellence 图 卓越，優秀 □ éxcellent 形 優秀な，(〜に)秀でた(in / at)
prosper [prɑ́(ː)spər] □□ 1604	栄える，成功する；繁殖する □ prospérity 图 繁栄，繁盛，成功 □ prósperous 形 繁栄している，成功した
surge [səːrdʒ] □□ 1605	殺到する；(感情が)こみ上げる；急騰する 图 (感情の)高まり；殺到；急騰 ▶ feel a surge of anger 怒りがこみ上げてくるのを感じる
intervene ⑦ [ìntərvíːn] □□ 1606	(〜に)介入する(in)；介在する ▶ if nothing intervenes その間に何も(不都合が)なければ □ intervéntion 图 介入；介在
insert ⑦ [ɪnsə́ːrt] □□ 1607	を挿入する ▶ insert a key in a lock かぎを錠前に差し込む □ insértion 图 挿入
overtake [òuvərtéik] □□ 1608	を追い抜く；に追いつく(≒ catch up with)；(災難・強い感情などが)を襲う ▶ 活用：overtake - overtook - overtaken ▶ be overtaken by emotion 激情に襲われる

Researchers from many countries **collaborated** to analyze the data.	多くの国の研究者が共同してそのデータを分析した。
The state government **exerts** great influence on the possession of guns.	州政府は銃の所持に関して大きな影響を及ぼす。
The country **excels** at inventing electronic devices and parts.	その国は電子機器や部品を発明するのに秀でている。
Jack **prospered** in business in his hometown.	ジャックは故郷で事業に成功した。
Visitors **surged** through the gates to the entrance of the museum.	来場者はゲートを通り抜け博物館の入り口に殺到した。
The police do not usually **intervene** in family disputes.	警察は通常、家庭争議に介入しない。
He **inserted** an IC card into the ticket machine.	彼は券売機にICカードを挿入した。
It is dangerous to **overtake** a car on an inside lane.	内側車線で車を追い抜くのは危険である。

snap [snæp] ☐☐ 1609	を**パチンと鳴らす**；をポキッと折る；ポキッと折れる；パチンと音を立てる ▶ snap at ~ ~にがみがみ言う **名** パチンと鳴ること；ポキッと折れること
carve [kɑːrv] ☐☐ 1610	を**彫る**；を切り開く；(肉)を切り分ける ▶ carve A into B「A を彫って B を作る」 ▶ a carving knife 肉切り用包丁
addict [ədíkt] ☐☐ 1611	〔受身形で〕(~の)**中毒になる** (to)；(~に)凝る **名** [ǽdɪkt] (麻薬などの)常習者；(熱狂的な)ファン ▶ a drug addict 麻薬中毒者 ☐ addíction **名** 依存，中毒 ☐ addíctive **形** 依存性の，中毒性の
condemn **発** [kəndém] ☐☐ 1612	を**非難する**；〔受身形で〕(~の刑を)宣告される (to) ▶ be condemned to death 死刑を宣告される ☐ còndemnátion **名** 非難；有罪宣告
convict **アク** [kənvíkt] ☐☐ 1613	に**有罪を宣告する** ▶ be convicted of theft「窃盗罪の判決を受ける」 **名** [kɑ́(ː)nvɪkt] 有罪判決を受けた者，受刑者 ☐ convíction **名** 確信；有罪判決
dictate **アク** [díkteɪt] ☐☐ 1614	を**指図する**；を書き取らせる；を規定する ☐ dictátion **名** 口述；書き取り；命令 ☐ díctator **名** 独裁者；威圧的な人
prescribe **アク** [prɪskráɪb] ☐☐ 1615	(薬など)を**処方する**；を規定する ☐ prescríption **名** 処方；処方箋
inhibit [ɪnhíbət] ☐☐ 1616	を**抑制する**；を妨げる ☐ ìnhibítion **名** 抑制，禁止；抑制するもの ☐ inhíbitor **名** 反応抑制剤；抑制遺伝子
stray [streɪ] ☐☐ 1617	**はぐれる，(道に)迷う** **形** はぐれた；迷った ☐ astráy **形** 道に迷った **副** 道に迷って

| 0 | 800 | 1500 | 1900 |

She **snapped** her fingers while listening to music.	彼女は音楽を聞いている間，指をパチンと鳴らした。
He **carved** the marble into the shape of a bird.	彼は大理石を彫って鳥の形にした。
Many people have become **addicted to online games**.	多くの人がオンラインゲームの中毒になっている。
The press **condemned** the movie producer for his immoralities.	報道機関はその映画製作者を不道徳な行為ゆえに非難した。
There is not enough evidence to **convict** him.	彼に有罪を宣告するに足る十分な証拠がない。
He **dictated** to his secretary how to do her job.	彼は自分の秘書に仕事の仕方を指図した。
The doctor **prescribed** some medicine for my high blood pressure.	医師は私の高血圧の薬を処方した。
Seeing certain colors seems to **inhibit** anger.	ある色を見ると怒りを抑制するように思える。
The cow **strayed** from the rest of the herd.	その牛は群れのほかの牛たちからはぐれた。

roam
[発] [roum]
□□ 1618

(を)歩き回る；放浪する
□ róaming [名] ローミング（契約外の通信サービス）

enclose
[ɪnklóuz]
□□ 1619

を同封する；を取り囲む
▶ Please find enclosed ~. ~を同封します
□ enclósure [名] 囲われた土地；囲うこと；同封(物)

execute
[発] [ア] [éksɪkjùːt]
□□ 1620

を実行する；を処刑する
▶ execute *one's* promise 約束を果たす
□ èxecútion [名] 実行；処刑
□ executive [ɪgzékjutɪv] [名] 重役　[形] 経営上の

coincide
[発] [ア] [kòuɪnsáɪd]
□□ 1621

同時に起こる；一致する
▶ coincide with ~「~と同時に起こる；~と一致する」
□ coíncidence [名] 偶然の一致

lag
[læg]
□□ 1622

遅れる；徐々に弱まる
[TG] lag behind ~「~より遅れる」
[名] 遅れること；(時間の)ずれ
▶ jet lag 時差ぼけ

cling
[klɪŋ]
□□ 1623

しがみつく；くっつく
[TG] cling to ~「~にしがみつく，くっつく」
▶ 活用：cling - clung - clung

erase
[ɪréɪs]
□□ 1624

を消す
▶ erase a blackboard 黒板を消す
□ eráser [名] 消しゴム；黒板拭き

grind
[graɪnd]
□□ 1625

(穀物など)をひく
▶ 活用：grind - ground - ground
▶ ground beef 牛ひき肉

knit
[発] [nɪt]
□□ 1626

を編む；を結合する；編み物をする
▶「(を)結合する」の意味では，過去形・過去分詞形は knit。
[名] ニット製品；編み方
□ knot [名] 結び(目)；ノット；海里；群れ

He likes to **roam** the streets for shopping on his day off.	彼は休日には買い物のために通りを歩き回るのが好きである。
We have **enclosed** a catalog detailing our products.	当社の製品を詳述するカタログを同封しました。
My team plans and **executes** the company's strategy.	私のチームは会社の戦略を立て，実行する。
My mother's birthday sometimes **coincides** with Mother's Day.	私の母の誕生日はときどき母の日と同じ日になる。
We **lag** far behind our competitors in productivity.	我が社は生産性においてライバル会社よりはるかに遅れている。
The boy was **clinging** to his mother at the clinic.	その男の子は診療所で母親にしがみついていた。
We sometimes wish we could **erase** some of our memories.	私たちはときどき自分の記憶のいくつかを消すことができればいいのにと思う。
Mr. Brown's shop roasts and **grinds** coffee every day for his customers.	ブラウン氏の店は毎日客のためにコーヒー豆を焙煎してひく。
Mary is **knitting** a sweater for her baby.	メアリーは自分の赤ん坊のためにセーターを編んでいる。

425

inquire ㉗ [ɪnkwáɪər] ☐☐ 1627	(を)**尋ねる** ▶ inquire A of B「A を B(人)に尋ねる」 ☐ inquiry [ínkwəri] 图 質問；調査 ☐ inquísitive 形 詮索好きな；好奇心の強い
betray [bɪtréɪ] ☐☐ 1628	を**うっかり表す**；を裏切る ▶ betray *oneself* うっかり本性を表す ☐ betráyal 图 裏切り
leak [li:k] ☐☐ 1629	**漏れる**；を漏らす 图 漏れ(穴)；漏洩 ▶ a leak of classified documents 機密文書の漏洩 ☐ léakage 图 漏れ，漏出；漏洩
smash [smæʃ] ☐☐ 1630	を**粉砕する**；を強打する；粉々に壊れる；激突する 图 粉々に壊れること；激突 ▶ go to smash めちゃめちゃに壊れる
bounce ㋰ [baʊns] ☐☐ 1631	**跳ねる**；反射する；を弾ませる；(E メールが)(宛先不明で)返送される 图 跳ね返り，バウンド
sprawl [sprɔ:l] ☐☐ 1632	**(都市などが)不規則に広がる**；だらしなく手足を伸ばす 图 (都市の)スプロール現象
converse [kənvə́:rs] ☐☐ 1633	(〜と)**会話をする**(with) ☐ cònversátion 图 会話
recite [rɪsáɪt] ☐☐ 1634	を**暗唱する**；を詳述する ▶ recite a poem to the class クラスの人に詩を朗読する ☐ rècitátion 图 暗唱；詳述 ☐ recítal 图 独奏[独唱]会；詳述
disregard [dìsrɪgá:rd] ☐☐ 1635	を**無視する**；を軽視する ▶ disregard the importance of 〜 〜の重要性を無視する 图 (〜に対する)無視，無関心(of / for)

| 0 | 800 | 1500 | 1900 |

She **inquired** the way to the police station.	彼女は交番への道を<u>尋ねた</u>。
Our tone often **betrays** our thoughts and feelings.	私たちの口調は私たちの考えや気持ちを<u>うっかり表す</u>ことがよくある。
They did not know why the secret information **leaked** to outsiders.	彼らはなぜ部外者に機密情報が<u>漏れた</u>のかわからなかった。
Someone **smashed** the window of his car and stole the audio equipment.	だれかが彼の車の窓を<u>粉砕し</u>、オーディオ装置を盗んだ。
The three children **bounced** up and down on the bed.	3人の子供たちはベッドの上でぴょんぴょん<u>跳ねた</u>。
As towns and cities **sprawl**, fields and forests shrink.	町や市が<u>不規則に広がる</u>につれ、野原や森は縮小する。
Anna can **converse** with perfect strangers about any topic.	アナはどんな話題についてもまったく見知らぬ<u>人と会話する</u>ことができる。
He can **recite** famous lines from Shakespeare from memory.	彼は記憶を頼りにシェークスピアの有名なせりふを<u>暗唱する</u>ことができる。
She **disregarded** her doctor's advice and continued to eat sweets.	彼女は医師の忠告を<u>無視し</u>、甘い物を食べ続けた。

427

frown	眉をひそめる
🇬🇧 [fraun]	▶ frown in distaste 不快感で顔をしかめる
☐☐ 1636	名 しかめっ面

evoke	を呼び起こす
[ɪvóuk]	▶ evoke a response 反応を引き出す，喚起する
☐☐ 1637	☐ èvocátion 名 喚起；誘発

pledge	を誓う，約束する；を与えることを約束する
[pledʒ]	▶ pledge $100 million in aid 救援として1億ドルの供与を約束する
☐☐ 1638	名 誓約；公約；担保

aspire	(〜を)熱望する(to)
[əspáiər]	▶ aspire to do「…することを熱望する」
☐☐ 1639	☐ àspirátion 名 熱望，願望

contemplate	(を)熟考する；を予想する
🔊 [ká(:)ntəmplèit]	☐ còntemplátion 名 熟考
☐☐ 1640	

名詞編

grace	優美，優雅；分別；(神の)恩寵
[greis]	☐ gráceful 形 優美な
☐☐ 1641	☐ grácefully 副 優美に
	☐ grácious 形 優しい；礼儀正しい；優雅な

enlightenment	啓蒙，啓発
[ɪnláitənmənt]	☐ enlíghten 動 (人)に教える；を啓蒙する
☐☐ 1642	☐ enlíghtening 形 啓発的な；はっきりさせる

commerce	商業；貿易
🔊 [ká(:)mərs]	▶ e-commerce 電子商取引
☐☐ 1643	☐ commércial 形 商業の；営利的な
	名 (テレビなどの)コマーシャル

draft	下書き；為替手形；隙間風
🇬🇧 [dræft]	▶「隙間風」の意味の場合，🇬🇧では普通 draught [drɑ:ft] を用いる。
☐☐ 1644	動 の下書きをする，草稿を書く

| 0 | 800 | 1500 | 1900 |

She **frowned** at the noisy students on the train.	彼女は電車の中で騒がしい学生たちに眉をひそめた。
The piece of music **evoked** memories of his youth.	その楽曲は彼の若いころの記憶を呼び起こした。
The country must **pledge** to work with other countries for world peace.	その国は世界平和のために他の国々と協力することを約束しなければならない。
My brother **aspires** to be a top basketball player.	私の兄は一流のバスケットボール選手になることを熱望している。
She has been **contemplating** changing her career.	彼女は転職をずっと熟考している。
She is blessed with the natural **grace** of movement.	彼女は生まれつきの身のこなしの優雅さに恵まれている。
The newspaper's mission is to bring **enlightenment** to the masses.	新聞の使命は大衆を啓蒙することである。
Commerce and free trade bring benefits to the country.	商業と自由貿易はその国に利益をもたらす。
She made a rough **draft** of her speech.	彼女は自分のスピーチの大ざっぱな下書きを書いた。

barrel
㋰ [bǽrəl]
☐☐ 1645

バレル(液量の単位)；たる
▶ a barrel of beer ビール1たる
🔲 をたるに詰める；(車が)疾走する

timber
[tímbər]
☐☐ 1646

㋞ 木材(≒㋞ lúmber)；樹木
▶ cut down timber 立木を切り倒す

garment
[gáːrmənt]
☐☐ 1647

衣服
▶ 主にビジネスの文脈で用い，一般的には clothes を用いる。

thread
㋞ [θred]
☐☐ 1648

糸；(議論などの)筋道
▶ a thread of hope 一縷の望み
🔲 に糸を通す；(を)縫うように進む

cabinet
[kǽbɪnət]
☐☐ 1649

〔しばしば the C-〕内閣；戸棚
▶ the Shadow Cabinet ㋞ 影の内閣(野党側の模擬内閣)

bureau
㋞ [bjúərou]
☐☐ 1650

(官庁の)局；事務局；案内所
☐ buréaucracy ㋞ 官僚制度
☐ búreaucràt ㋞ 官僚；官僚主義的な人

autonomy
[ɔːtá(ː)nəmi]
☐☐ 1651

(個人の)自律；自治(権)；自治体
☐ autónomous ㋛ 自治の；自治権のある；自主的な

toll
㋞ [toul]
☐☐ 1652

損害(の程度)；死傷者数；通行料
▶ pay a toll of $5 5ドルの通行料を払う
☐ tòll-frée ㋛㋞ フリーダイヤルの

discourse
㋰ [dískɔːrs]
☐☐ 1653

話し合い，会話；講演；論説
▶ a discourse marker 談話標識
🔲 [dɪskɔ́ːrs] (〜について)論じる(on)

superstition
[sùːpərstíʃən]
☐☐ 1654

迷信
☐ sùperstítious ㋛ 迷信深い

The price for a **barrel** of oil has been slowly increasing.	石油１バレル当たりの価格は緩やかに上昇している。
There are clear advantages to using **timber** for building a house.	家を建てるのに木材を使用することには明白な利点がある。
The girl loves to wear the knitted **garment** made by her mother.	その少女は母親に編んでもらったニットの服を着るのが大好きである。
This kimono is sewn with gold and silver **thread**.	この着物は金糸と銀糸で縫われている。
The prime minister is going to reorganize the **Cabinet** this year.	首相は今年内閣を改造するつもりである。
The Immigration **Bureau** is not in charge of granting work visas.	移民局は労働ビザの発給を担当していない。
Western culture emphasizes personal **autonomy** and freedom of speech.	西欧文化は個人の自律と言論の自由を重視する。
Anxiety can take a **toll** on our mental and physical health.	不安は私たちの精神と肉体の健康に損害を及ぼしかねない。
I hope for lively **discourse** at the meeting.	私は会合での活発な話し合いを願っている。
It is not worth believing such a childish **superstition**.	そのような子供じみた迷信を信じる価値はない。

glimpse
[glɪm*p*s]
□□ 1655

ちらりと見えること

[TG] **catch [get, have] a glimpse of ～**
「～をちらりと見る，～がちらりと見える」

[動] をちらりと見る(≒ glance)

arithmetic
[ア] [əríθmətɪk]
□□ 1656

計算；算数

[形] [æ̀rɪθmétɪk] 算数の，算術の

□ àrithmétical [形] 算数の，算術上の

glossary
[glá(:)səri]
□□ 1657

用語小辞典；用語集

□ gloss [glɑ(:)s] [名] 注釈，用語解説 [動] を注釈する

archive
[発] [ɑ́ːrkàɪv]
□□ 1658

〔しばしば～s〕**記録文書，公文書**；公文書保管所；(コンピューターの)アーカイブ

[動] を保管する

legacy
[発] [légəsi]
□□ 1659

遺産

▶「遺言によって譲られる財産」が原義で，比喩的意味での遺産を指す。一般に「相続財産，遺産」を表す語に inheritance, heritage がある。

[形] 時代遅れの

anthropology
[ア] [æ̀nθrəpá(:)lədʒi]
□□ 1660

人類学

▶ anthropo- 人類＋logy 学(問)
▶ cultural [social, physical] anthropology 文化[社会，自然]人類学

□ ànthropólogist [名] 人類学者

rage
[reɪdʒ]
□□ 1661

激怒；猛威

▶ fly into a rage 逆上する，かっとなる
▶ road rage ロードレイジ(運転中に激怒し加害行為に及ぶこと)

[動] 激怒する；猛威を振るう

sorrow
[sɔ́(:)roʊ]
□□ 1662

悲しみ

▶ in sorrow and in joy 悲しいときもうれしいときも

□ sórrowful [形] 悲嘆に暮れた

psychiatrist
[発] [saɪkáɪətrɪst]
□□ 1663

精神科医

□ psychíatry [名] 精神医学

□ psỳchiátric [形] 精神病学の

He caught a **glimpse** of the aurora while in Alaska.	彼はアラスカに滞在中に<u>オーロラをちらりと見た</u>。
He reviewed his **arithmetic** and realized he made a mistake.	彼は<u>計算</u>を見直し，間違いをしたことに気づいた。
He referred to the **glossary** to understand Shakespeare.	彼はシェークスピアを理解するために<u>用語小辞典</u>を参照した。
We can get information from the **archives** of the local history museum.	私たちは<u>郷土歴史資料館の記録文書</u>から情報を得ることができる。
Future generations will be left with a **legacy** of plastic pollution.	未来の世代はプラスチック汚染という<u>遺産</u>を残されることになる。
He studied **anthropology** because he was interested in culture.	彼は文化に興味があったので，<u>人類学</u>を研究した。
People should stop themselves from expressing their **rage** online.	人々はオンライン上で<u>自分の怒り</u>を表すことをやめるべきである。
Nothing could relieve <u>her deep **sorrow** at the death</u> of her pet.	ペットの死に対する<u>彼女の深い悲しみ</u>を和らげるものは何もなかった。
He sees a **psychiatrist** to help him understand his feelings.	彼は自分の気持ちを理解する助けとなるように<u>精神科医</u>にかかっている。

ward ⊕ [wɔːrd] □□ 1664	**行政区**；**病棟** ▶ a children's ward 小児病棟
stall [stɔːl] □□ 1665	**露店**；**エンスト**；**失速** ▶ go into a stall 失速する，停止する 🔲 (自動車などが)止まる；失速する
flame [fleɪm] □□ 1666	**炎**；**情熱** 🔲 炎を上げて燃える；興奮する □ flámmable 🔲 燃えやすい(≒ inflámmable)
moisture [mɔ́ɪstʃər] □□ 1667	**水分**；**湿気** □ móisturìze 🔲 を潤す □ moist 🔲 湿った；涙ぐんだ
irony ⊕ [áɪərəni] □□ 1668	**皮肉** □ irónic(al) 🔲 皮肉な
warrior ⊕ [wɔ́(ː)riər] □□ 1669	**戦士** ▶ 日本の「武士」は a samurai (warrior) と言う。
astronomy ⑦ [əstrá(ː)nəmi] □□ 1670	**天文学** □ àstronómical 🔲 天文(学)の；天文学的な □ astrónomer 🔲 天文学者
probe ⊕ [proub] □□ 1671	**(無人)宇宙探査機**；**(〜の)精査**(into)；**探り針** 🔲 (を)精査する；(探り針で)(を)調べる
altitude [ǽltɪtjùːd] □□ 1672	**高度，標高** ▶ alti- (⇐ ラテン語 altus「高い」) + tude 状態 ▶ -tude で終わる語：latitude「緯度」，longitude「経度」
tumor [tjúːmər] □□ 1673	しゅよう **腫瘍**；**腫れ物** ▶ a brain [cerebral] tumor 脳腫瘍

In 2002, Chiyoda Ward in Tokyo banned smoking on some sidewalks.	2002年，東京都千代田区は一部の歩道での喫煙を禁止した。
He bought some noodles at a stall in Taipei.	彼は台北の露店でめん料理を買った。
Notre Dame de Paris went up in flames on April 15, 2019.	パリのノートルダム大聖堂は2019年4月15日に炎上した。
Leaves absorb moisture from the damp air.	葉は湿った空気から水分を吸収する。
The remarried couple got divorced again by the irony of fate.	再婚した夫婦が運命の皮肉で再び離婚した。
In the story, the woman was the most brave warrior in the land.	物語では，その女性がその国で最も勇敢な戦士だった。
The professor became famous for his discoveries in astronomy.	その教授は天文学上の発見で有名になった。
The space probe returned to the earth after a long trip.	その宇宙探査機は長い旅を終え地球に帰還した。
The explorer discovered a village at an altitude of around 2,500 meters.	探検家は標高約2,500メートルにある村を発見した。
He had the tumors in his right lung surgically removed.	彼は右肺の腫瘍を手術で取り除いてもらった。

defect　㋐[díːfekt]　☐☐ 1674	欠陥；不足 　動 [dɪfékt]（敵側に）寝返る；離脱する 　☐ deféctive 形 欠陥のある，不完全な
sanitation　[sæ̀nɪtéɪʃən]　☐☐ 1675	公衆衛生(学)；下水[衛生]設備 　☐ sánitàry 形 公衆衛生の；衛生的な，清潔な 　▶ poor sanitary conditions ひどい衛生状態
longevity　[lɑ(ː)ndʒévəti]　☐☐ 1676	長寿；寿命；長年勤続
scope　[skoʊp]　☐☐ 1677	(活動・能力などの)範囲；余地 　▶ beyond my scope 私の能力を越えて 　動 を詳しく調べる
sentiment　㋑[séntəmənt]　☐☐ 1678	感情；感想；感傷 　▶ sympathetic sentiment toward ~ ~に対する共感 　☐ sèntiméntal 形 感傷的な

plausible　[plɔ́ːzəbl]　☐☐ 1679	もっともらしい 　☐ plàusibílity 名 もっともらしさ
vigorous　[vígərəs]　☐☐ 1680	精力的な；激しい；活力のある 　☐ vígor 名 活力；迫力，勢い；生命力
masculine　㋑[mǽskjʊlən]　☐☐ 1681	男らしい(⇔ féminine → 1588) 　☐ màsculínity 名 男らしさ
rigid　㋐[rídʒɪd]　☐☐ 1682	厳しい；硬直した 　☐ rigídity 名 厳格；硬直 　☐ rígorous 形 厳密な

A **defect** in the electrical system caused the fire.	電気系統の欠陥がその火災を引き起こした。
Public **sanitation** needs to be at the top of the world's agenda.	公衆衛生は世界の課題の最優先事項である必要がある。
The twin sisters enjoyed their health and **longevity**.	その双子の姉妹は自らの健康と長寿を享受した。
The police are expanding the **scope** of the investigation.	警察は捜査の範囲を広げている。
Public **sentiment** against terrorism has increased in the country.	反テロリズムの国民感情がその国で高まった。
He gave a **plausible** explanation for making the floor wet.	彼は床をぬらしたことについてもっともらしい説明をした。
They are making **vigorous** efforts to complete the new project.	彼らは新しいプロジェクトを完了するために精力的な努力をしている。
The little boy already shows a lot of **masculine** qualities.	その幼い少年はすでにたくさんの男らしい性質を示している。
His **rigid** attitude at work upsets his coworkers.	仕事中の彼の厳しい態度は同僚たちをうろたえさせる。

adverse
[ædvə́ːrs]
☐☐ 1683

不都合な；逆の
▶ adverse weather conditions 悪天候
☐ advérsely 圏 逆に；不利に
☐ advérsity 图 逆境，不運
▶ in adversity 逆境にあって

coherent
⊕ [kouhíərənt]
☐☐ 1684

一貫した，筋の通った；結束した
☐ cohérently 圏 一貫して
☐ cohérence 图 結束；一貫性
☐ cohésion 图 結合；結束

literal
[lítərəl]
☐☐ 1685

文字どおりの；逐語的な；散文的な
▶ a literal translation 逐語訳
☐ líterally 圏 文字どおり

arbitrary
⑦ [áːrbətrèri]
☐☐ 1686

恣意的な；独断的な
▶ an arbitrary decision 独断的決定
☐ àrbitrárily 圏 任意に；独断的に

anonymous
⑦ [əná(ː)nɪməs]
☐☐ 1687

匿名の
▶ an anonymous author 匿名の作家
☐ ànonýmity 图 匿名(性)

antique
⊕ [æntíːk]
☐☐ 1688

骨董の，アンティークの；古風な
图 骨董品，アンティーク
☐ antíquity 图 古代；古いこと

eternal
[itə́ːrnəl]
☐☐ 1689

永遠の；不変の
▶「時間上の始まりも終わりもない」の意。
☐ etérnity 图 永遠

intermediate
⊕ [ìntərmíːdiət]
☐☐ 1690

中級の；中間の
▶ elementary「初級の」；advanced「上級の」

subordinate
⊕ [səbɔ́ːrdɪnət]
☐☐ 1691

(～より)下位の(to)；副次的な
图 部下；従属物
動 [səbɔ́ːrdənèit] を下位に置く

438

The new medicine may have **adverse effects** on patients' skin.	その新薬は患者の肌に悪影響があるかもしれない。
She gave a **coherent** explanation of the incident.	彼女はその事件に関して一貫した説明をした。
He took his classmate's joke in the **literal** sense.	彼は級友の冗談を文字どおりの意味にとった。
He did not know what food to order, so he just made an **arbitrary** selection.	彼はどの食べ物を注文していいかわからなかったので，単に恣意的な選択をした。
The company posted **anonymous** reviews of their own products.	その会社は自社製品についての匿名のレビューを投稿した。
It is hard to tell good things from junk at **antique** shops.	骨董店ではよいものをがらくたから見分けるのが難しい。
The cosmetic company is doing a search on **eternal** youth.	その化粧品会社は永遠の若さを探究している。
This book is aimed at students at the **intermediate** level.	この本は中級レベルの学生に向けたものである。
He did not like being in a **subordinate** position to his younger colleagues.	彼は年下の同僚たちより下位の立場であることを好まなかった。

gloomy
[glúːmi]
□□ 1692

陰気な；薄暗い；悲観的な
- □ gloom 图 薄暗がり；憂うつ

thermal
[θə́ːrməl]
□□ 1693

熱の，熱による；保温用の
- 图 上昇温暖気流；（~s）保温下着
- □ gèothérmal 圏 地熱の

faint
[feint]
□□ 1694

かすかな；めまいがする；弱々しい
- ▶ faint praise 心のこもらない賛辞
- 勔 気を失う　图 気絶

naive
速 [naːíːv]
□□ 1695

お人よしの，愚直な；純朴な
- ▶ 日本語の「ナイーブ」は「素朴な，純真な」(innocent)，「感じやすい」(sensitive)の意。
- ▶ naïve ともつづる。

apt
[æpt]
□□ 1696

(…する)傾向がある(to do)；適切な；利発な
- ▶ an apt remark 適切なコメント
- □ áptitùde 图 才能；利発さ；傾向，性向

arrogant
[ǽrəgənt]
□□ 1697

横柄な，傲慢な
- □ árrogance 图 横柄，傲慢，尊大
- □ árrogantly 勔 横柄に

extrovert
[ékstrəvə̀ːrt]
□□ 1698

外向的な；社交的な
- 图 外向性の人；活発な人，社交家
- □ èxtrovérsion 图 外向性
- □ íntrovèrt 圏 内向的な　图 内向性の人

conspicuous
㋻ [kənspíkjuəs]
□□ 1699

目立つ
- ▶ be conspicuous by one's absence いないことでかえって目立つ
- ▶ cut a conspicuous figure 異彩を放つ

intact
㋻ [intǽkt]
□□ 1700

損なわれていない，手つかずの
- ▶ keep ~ intact「~を手つかずのままにしておく」

She is in a <u>gloomy</u> mood as it has been raining for three days.	３日間雨が降り続いているので，彼女は<u>陰気な気分だ</u>。
Most electricity in Japan is generated at <u>thermal</u> power stations.	日本のほとんどの電力は<u>火力発電所</u>で生み出される。
He noticed that a <u>faint light</u> was shining behind the clouds.	彼は<u>かすかな光</u>が雲の後ろで光っているのに気づいた。
My grandmother is so <u>naive</u> as to believe obvious lies.	私の祖母は明らかなうそを信じるほど<u>お人よし</u>である。
A careless person is <u>apt</u> to make the same mistakes.	不注意な人は同じ間違いを<u>する傾向がある</u>。
His <u>arrogant</u> behavior isolates him from everyone else.	彼の<u>横柄な</u>態度は彼をほかのすべての人から孤立させる。
His <u>extrovert</u> speaking style helped him make many friends.	彼の<u>外向的な</u>話し方は彼が多くの友人を作る助けとなった。
She was <u>conspicuous</u> in wearing a red dress at the party last night.	彼女は昨夜パーティーで赤いドレスを着ていて<u>目立っていた</u>。
We should try to keep the world's remaining jungles <u>intact</u>.	私たちは世界中の残存しているジャングルを<u>手つかずのまま</u>にしておくよう努めるべきである。

Section 18 単語番号 1701 ～ 1800

動詞編

embody
[ɪmbá(:)di]
□□ 1701
を具現する；を包含する
□ embódiment [名] 具体化；具体物

illuminate
[発] [アク] [ɪlú:mɪnèɪt]
□□ 1702
を照らす；を解明する
▸ illuminate the author's argument 著者の論点を明らかにする
□ illùminátion [名] 照明

console
[kənsóʊl]
□□ 1703
を慰める
[名] [ká(:)nsoʊl] コンピューターの入力操作装置
□ cònsolátion [名] 慰め
▸ a consolation game 敗者復活戦

verify
[vérɪfàɪ]
□□ 1704
の正しさを証明[確認]する
□ vèrificátion [名] 立証，証明；確認
□ vérity [名] 真実(性)；〔～ties〕(宗教上の)真理

disclose
[dɪsklóʊz]
□□ 1705
を公表する，暴く
▸ disclose *one's* identity 自分の身元を明かす
□ disclósure [名] 公開；暴露
▸ information disclosure 情報公開

stack
[stæk]
□□ 1706
を積む，積み重ねる；〔～ up で〕(車が)渋滞する
[名] (～の)積み重ね，堆積(of)
▸ a stack of books 本の山

rotate
[アク] [róʊteɪt]
□□ 1707
回転する；循環する；を回転させる
□ rotátion [名] 回転；循環
▸ the rotation of the earth 地球の自転
▸ in rotation 順に

constrain
[kənstréɪn]
□□ 1708
に(…することを)強いる(to *do*)；を抑える
▸ be constrained to *do*「…せざるを得ない」
□ constráint [名] 制約，抑制；圧力

The law must **embody** the concept of justice.	法律は正義の概念を具現しなければならない。
The garden is **illuminated** by rows of LED lights.	庭は何列にも並んだLED照明によって照らされている。
I **consoled** her on the loss of her cat.	私は彼女が飼い猫を亡くしたことについて彼女を慰めた。
Passports **verify** travelers' identity when crossing borders.	パスポートは国境を越える際に旅行者の身元を証明する。
Ken **disclosed** the company secret to his friends and got fired.	ケンは友人たちに会社の秘密を暴露して首になった。
The chairs in the room are **stacked** in three neat piles.	その部屋の椅子は3つの山にきちんと積み重ねられている。
The earth **rotates** about 1,700 kilometers per hour.	地球は時速約1,700キロメートルの速さで自転している。
He was **constrained** to work in harsh conditions.	彼は厳しい条件で働くことを強いられた。

hinder [híndər] ☐☐ 1709	**を妨げる** ▶ hinder ~ from *doing* 「~が…するのを妨げる」 ☐ híndrance 图 妨害
withstand [wɪðstǽnd] ☐☐ 1710	**に耐える** ▶ withstand high temperatures 高温に耐える
tweet [twíːt] ☐☐ 1711	**(を)ツイートする，つぶやく** 图 小鳥のさえずり；ツイート
sneeze [sníːz] ☐☐ 1712	**くしゃみをする** 图 くしゃみ ▶ have a sneeze coming くしゃみが出そうである
erupt [ɪrʌ́pt] ☐☐ 1713	**(火山が)噴火する；勃発する** ☐ erúption 图 噴火；噴出；勃発
blur 発 [bláːr] ☐☐ 1714	**をぼかす；を曇らせる；をあいまいにする** ▶ blur the distinction 区別をあいまいにする 图 ぼんやり見えるもの；汚れ
overlap [òuvərlǽp] ☐☐ 1715	**(一部)重なる；(と)重複[共通]する** 图 [óuvərlæp] 重複部分；(画面の)オーバーラップ
embed [ɪmbéd] ☐☐ 1716	**〔通例受身形で〕埋め込まれる，はめ込まれる** 图 [émbed] 従軍記者[ジャーナリスト]
displace [dɪspléɪs] ☐☐ 1717	**に取って代わる(≒ repláce)；を移動させる** ▶ a displaced person 移動を余儀なくされた人，難民 ☐ displácement 图 置き換え；強制退去；解雇
render [réndər] ☐☐ 1718	**を(ある状態に)する；(援助など)を与える** ▶ render A B (形容詞)「A を B (の状態)にする」 ▶ render a decision [judgment] 決定[判断]を下す

Her lack of experience **hindered** her from finding a good job.	彼女の経験不足は彼女がいい仕事を見つけるのを妨げた。
Most modern architecture **withstands** natural disasters well.	たいていの現代建築は自然災害によく耐える。
Many people **tweet** about their daily lives on their smartphones.	多くの人がスマートフォンで日常生活についてツイートする。
He **sneezed** after breathing the cold wind when he opened the front door.	彼は玄関を開けたとき，冷たい風を吸ってくしゃみをした。
If the volcano **erupts**, it will cause enormous damage.	その火山が噴火すると，それは甚大な被害を引き起こすことになる。
You may **blur your vision** if you gaze at a bright light too much.	明るい光を見つめすぎると，視界がぼやけるかもしれない。
The concepts of intelligence and wisdom **overlap**.	知能と知恵の概念は一部重なる。
Smartphones are deeply **embedded** in our daily lives.	スマートフォンは私たちの日常生活に深く組み込まれている。
Robots are **displacing** human workers in many workplaces.	多くの職場でロボットが人間の労働者に取って代わっている。
The power failure **rendered** the laboratory useless.	停電は実験室を使えなくした。

plunge [plʌndʒ] ☐☐ 1719	(〜に)(を)**突っ込む**(into);没頭する;陥る ▶ plunge into a river「川に飛び込む」 名 突っ込むこと;急落
surrender [səréndər] ☐☐ 1720	を**放棄する,引き渡す**;(〜に)屈する(to) ▶ surrender to the enemy 敵に降伏する 名 降伏;放棄
plug [plʌg] ☐☐ 1721	〔plug in で〕の**プラグを電源に差し込む**; を(〜で)ふさぐ(with) ▶ be plugged into 〜「〜に接続している」 名 プラグ;栓;広告 ☐ ùnplúg 動 のプラグを抜く;の栓を抜く
suck [sʌk] ☐☐ 1722	(を)**吸う**;(を)しゃぶる ▶ suck on a cough drop せき止めキャンディーをなめる ☐ súction 名 吸うこと,吸引
mock [mɑ(:)k] ☐☐ 1723	を**ばかにする**(≒ make fun of);のまねをして からかう 名 あざけり 形 偽の;模擬の ▶ a mock exam 模擬試験
tease [ti:z] ☐☐ 1724	(を)**からかう**;をいじめる ☐ téaser 名 からかう[いじめる]人;難問
soothe [su:ð] ☐☐ 1725	を**なだめる**;を和らげる ☐ sóothing 形 なだめるような ▶ a soothing voice 心を落ち着かせるような声
stain [stein] ☐☐ 1726	を**汚す**;に着色する 名 染み;着色剤;汚点 ▶ remove a stain 染みを取り除く ☐ stáinless 形 染みのない;さびない,ステンレスの
shun [ʃʌn] ☐☐ 1727	を**避ける** ▶ shun publicity 人前に出ることを避ける ▶ shun the media spotlight メディアの注目を避ける

0	800	1500	1900

The children **plunged** into the swimming pool one by one.	子供たちは1人ずつプールに飛び込んだ。
They finally **surrendered** their weapons to the police.	彼らはようやく警察に武器を引き渡した。
He **plugged** in the game console and started playing immediately.	彼はゲーム機のプラグを電源に差し込み，すぐにゲームを始めた。
She **sucked** a deep breath, sending the fresh air to her lungs.	彼女は深く息を吸い，新鮮な空気を肺に送った。
He felt bad when someone **mocked** his repeated mistakes.	彼はだれかが自分の度重なる失敗をばかにしたとき，嫌な気分になった。
He often **teased** his younger brother for being shorter than him.	彼は自分より背が低いことでよく弟をからかった。
Her words helped a lot to **soothe** the crying child.	彼女の言葉は泣いている子供をなだめるのに大いに役立った。
I **stained** my sweater with spilled tomato juice.	私はトマトジュースをこぼしてセーターを汚した。
Some teenagers **shun** their parents in front of their friends.	ティーンエージャーの中には友人の前では自分の親を避ける者もいる。

stumble
[stʌ́mbl]
□□ 1728

よろけながら歩く；(～に)つまずく(on / over)
▶ stumble across [on, upon] ～　～に偶然出くわす
名 つまずくこと；へま

flush
[flʌ́ʃ]
□□ 1729

を紅潮させる；を水で流す；紅潮する
▶ be flushed with ～「(～という感情)で紅潮している」
▶ flush the toilet　トイレの水を流す
名 赤面；水洗

impair
[ɪmpéər]
□□ 1730

を損なう
▶ Alcohol impairs judgment.　アルコールは判断を損なう。
□ impáirment 名 悪化，損傷

presume
発 ⑦ [prɪzjúːm]
□□ 1731

と思う；と推定する；を前提とする
□ presúmption 名 推定，想定
□ presúmable 形 推測できる，ありそうな

contend
[kənténd]
□□ 1732

と主張する；競う
TG contend that ...「…と主張する」
□ conténtion 名 主張，論点
▶ an issue of contention　論議の対象となる問題

roar
[rɔ́ːr]
□□ 1733

うなる，ほえる；大笑いする
名 どなり声；ほえ声；轟音

haunt
[hɔ́ːnt]
□□ 1734

(記憶・考えなどが)につきまとう；(幽霊などが)に出る；によく行く
名 (人が)よく行く場所，たまり場
□ háunted 形 幽霊の出る；とりつかれた
▶ a haunted house　幽霊屋敷

divert
⑦ [dəvə́ːrt]
□□ 1735

(注意など)をそらす；を迂回させる；(資金など)を転用する
□ divérsion 名 気晴らし；(方向)転換

await
[əwéɪt]
□□ 1736

を待つ(≒ wait for)

She **stumbled** on a rough road.	彼女はでこぼこ道をよろけながら歩いた。
Her face was **flushed** with embarrassment.	彼女の顔は恥ずかしさで紅潮していた。
Frequent use of smartphones may **impair** normal brain function.	スマートフォンの頻繁な使用は正常な脳の働きを損なうかもしれない。
I **presume** that he earns a lot of money as a business owner.	彼は事業主として大金を稼いでいると思う。
He **contends** that he never said such a thing.	彼は自分は決してそのようなことを言っていないと主張している。
You rarely hear a tiger or a lion **roar** in a zoo.	動物園でトラやライオンがほえるのを聞くことはめったにない。
The **suspicion** that Steven has been lying for a year **haunts** her.	スティーブンは1年間うそをついていたのではないかという疑いが彼女につきまとっている。
His speech was intended to **divert** attention from the current problems.	彼の演説は，今起きている問題から注意をそらすように意図されていた。
The students **are** anxiously **awaiting** their new teacher.	学生たちは新任の教師を心待ちにしている。

fetch [fetʃ] ☐☐ 1737	を(行って)持って[連れて]くる ▶ Go and fetch a doctor. 医者を連れてきてくれ。 ▶ fetch 自体に go (and) bring back の意味があるが, 上のように重複して用いることもある。
unify [júːnɪfàɪ] ☐☐ 1738	を統合[統一]する; 統一される ☐ ùnificátion 名 統一, 統合
inspect [ɪnspékt] ☐☐ 1739	を点検する; を視察する ☐ inspéction 名 点検; 検閲 ☐ inspéctor 名 検査官; 英 警部
entail [ɪntéɪl] ☐☐ 1740	を伴う, 引き起こす; (…すること)を含む(*doing*) ▶ entail working long hours (必然的に仕事が) 長時間勤務を余儀なくさせる

名詞編

tactics [tǽktɪks] ☐☐ 1741	作戦, 方策; 戦術, 戦法 ☐ táctical 形 戦術(上)の, 戦術的な
feat [fiːt] ☐☐ 1742	偉業, 功績; 妙技 ▶ accomplish [perform] a feat「偉業を成す」
prestige 楽 発 [prestíːʒ] ☐☐ 1743	名声; (形容詞的に)名声のある ☐ prestígious 形 威信のある, 名声の高い ▶ a prestigious university 名門大学
analogy 発 [ənǽlədʒi] ☐☐ 1744	類推; 類似 ▶ draw [make] an analogy between *A* and *B* *A* と *B* を比較する ☐ análogous 形 類似の
conscience 楽 発 [kɑ́(ː)nʃəns] ☐☐ 1745	良心; 分別 ☐ conscientious [kɑ̀(ː)nʃiénʃəs] 形 良心的な; 念入りな

He fetched the dishes from the kitchen and set them out on the table.	彼は台所から皿を持ってきて，それらをテーブルの上に並べた。
The politician succeeded in unifying the country.	その政治家は国を統一することに成功した。
Customs officers inspect baggage of international travelers.	税関職員は海外旅行者の手荷物を点検する。
The strategy entails great risk, but it is worth trying.	その戦略は大きなリスクを伴うが，やってみる価値がある。
If you use these sales tactics, you will succeed.	こうした販売作戦を使えば，あなたは成功するでしょう。
She accomplished a feat of winning three championships in a row.	彼女は3回連続して優勝するという偉業を成し遂げた。
Japanese anime's prestige throughout the world has risen sharply.	日本のアニメの世界中での名声は急激に高まった。
He supported his view by analogy with another view.	彼は別の見解との類推によって自分の見解を立証した。
It goes against my conscience to accept dishonest money.	不正な金を受け取ることは私の良心に反する。

textile [tékstaɪl] □□ 1746	織物；繊維(産業) ▶ the textile industry 繊維産業
deficit ㉗[défəsɪt] □□ 1747	赤字，不足；欠陥 ▶ a trade deficit 貿易赤字 □ defícient 形 欠けている；不十分な □ defíciency 名 不足；欠陥
plague 発[pleɪg] □□ 1748	疫病；(害虫などの)異常発生 ▶ a plague of rats ネズミの異常発生 動〔しばしば受身形で〕(~に)苦しめられる(by / with)
hazard [hǽzərd] □□ 1749	危険(要素)；偶然 ▶ at [in] hazard 危険にさらされて 動 を思い切って言って[やって]みる □ házardous 形 危険な；有害な
metabolism [mətǽbəlìzm] □□ 1750	(新陳)代謝，代謝作用 □ mètabólic 形 (新陳)代謝の ▶ a metabolic disorder 代謝異常
paralysis [pərǽləsɪs] □□ 1751	麻痺；(比喩的に)麻痺(状態) □ pàralýtic 形 麻痺性の □ páralỳze 動 を麻痺させる；を麻痺状態にさせる
grid [grɪd] □□ 1752	(電気などの)供給網；格子(模様)；碁盤目 動 にグリッド[格子，碁盤目]をつける
carriage 発[kǽrɪdʒ] □□ 1753	馬車；車両(= 米 car)；立ち居振舞い；英 輸送 ▶ a baby carriage 米 ベビーカー(= 英 a pram)
friction [frík ʃən] □□ 1754	不和；摩擦 ▶ trade friction「貿易摩擦」

The company exports <u>cotton</u> **textiles** to five countries around the world.	その会社は世界の５つの国に<u>綿織物</u>を輸出している。
We have to **make up the deficit** immediately.	私たちはすぐに<u>赤字の埋め合わせ</u>をしなければならない。
Thousands of people **died** due to **plagues** and famines.	<u>疫病</u>と<u>飢饉</u>が原因で数千人が<u>亡く</u>なった。
Many people still smoke despite <u>the</u> health **hazards** of cigarettes.	多くの人がタバコの健康に対する<u>危険性</u>にもかかわらずいまだに喫煙している。
Lack of sleep is not good for <u>the</u> body's **metabolism**.	睡眠不足は体の<u>新陳代謝</u>にとってよくない。
A stroke caused **paralysis** of the left side of his body	脳卒中の発作は彼の左半身の<u>麻痺</u>を引き起こした。
The energy-storage revolution will improve <u>the electricity</u> **grid**.	エネルギー貯蔵における革命は電気供給網を改善するだろう。
The soldiers saluted <u>the queen in her</u> **carriage**.	兵士たちは<u>馬車の中の女王</u>に敬礼した。
Trade imbalances caused **friction** between America and Mexico.	貿易不均衡はアメリカとメキシコの間に<u>不和</u>を引き起こした。

rebel [アク] [rébəl] □□ 1755	**反逆者** [動] [rɪbél] 反逆[反抗]する □ rebéllion [名] 反逆，謀反 □ rebéllious [形] 反抗的な
regime [発] [rəʒíːm] □□ 1756	**政権，政体**；体制 ▶ a military regime 軍事体制
monopoly [アク] [mənɑ́(ː)pəli] □□ 1757	**独占(権)** □ monópolìze [動] を独占する
staple [stéɪpl] □□ 1758	**必需食品**；主要産物 [形] 主要な ▶ staple crops 主要作物
merchandise [mə́ːrtʃəndàɪz] □□ 1759	**商品** ▶ 個々の品ではなく，集合的な「商品」を指す。 [動] を売買する；を売り込む □ mérchandìsing [名] 販売促進 □ mérchant [名] 商人
vendor [véndər] □□ 1760	**物売り，行商人**；自動販売機 □ vend [動] (を)売る，売り歩く ▶ a vending machine 自動販売機
supervisor [アク] [súːpərvàɪzər] □□ 1761	**監督者**；指導教員 □ súpervìse [動] (を)監督する ▶ supervise extracurricular activities 課外活動を監督する □ sùpervísion [名] 監督，管理
predecessor [発] [prédəsèsər] □□ 1762	**前任者**(⇔ succéssor 後継者)；前のもの ▶ pre- 以前に + decessor「引退する役人」(⇐ decedere「去る」)
personnel [発] [pə̀ːrsənél] □□ 1763	〔集合的に〕**職員，社員** [形] 職員の，人事の ▶ a personnel department 人事部

The government forces are preparing to fight anti-government **rebels**.	政府軍は反政府の反逆者たちと戦う準備をしている。
The dictator punished anyone who criticized the **regime**.	その独裁者は政権を批判する者はだれでも処罰した。
The company **maintains** a virtual **monopoly** in the market.	その会社はその市場で事実上の独占を維持している。
To the Dutch, milk and cheese are **staples**.	オランダ人にとって，牛乳とチーズは必需食品である。
The store has a wide selection of **merchandise**.	この店は商品を幅広く取りそろえている。
We found a street **vendor** selling ice cream.	私たちはアイスクリームを売る露店商を見つけた。
If you have a problem, please **consult** with your **supervisor**.	問題があれば，監督者に相談してください。
At first, the new manager followed the instructions from her **predecessor**.	最初，新しい部長はその前任者からの指示に従った。
The sales **personnel** attended a special training at headquarters.	営業部職員は本社での特別研修に参加した。

vessel [vésəl] ☐☐ 1764	船舶；容器；(体液が通る)脈管 ▶ a blood vessel 血管
liver [lívər] ☐☐ 1765	肝臓 ▶ a liver transplant 肝臓移植 ▶「肝炎」は hepatitis と言う。
duration [djuəréɪʃən] ☐☐ 1766	(時間の)継続，持続(時間) ▶ for the duration (of ~) (~の)続く間中；当分の間
certificate 🔈 [sərtífɪkət] ☐☐ 1767	証明書；免許状 ☐ cèrtificátion 🈺 証明，保証；証明[保証]書 ☐ cértify 🈺 を証明する
geometry 🔈 [dʒiá(:)mətri] ☐☐ 1768	幾何学 ☐ gèométric 🈺 幾何学の ▶ a geometric pattern 幾何学模様
symmetry 🔈 [símətri] ☐☐ 1769	(左右)対称(⇔ àsýmmetry 非対称)；調和 ☐ symmétrical 🈺 対称の，シンメトリーの ☐ àsymmétric(al) 🈺 非対称の
biography 🔈 [baɪá(:)grəfi] ☐☐ 1770	伝記 ☐ bìográphical 🈺 伝記の ☐ àutobiógraphy 🈺 自伝
masterpiece [mǽstərpìːs] ☐☐ 1771	傑作 ▶ the masterpieces of Impressionist paintings 印象派絵画の傑作
rhyme 🔈 [raɪm] ☐☐ 1772	押韻詩；韻；(通例~s)詩歌 ▶ in rhyme 韻を踏んで 🈺 (語)に(~と)韻を踏ませる(with)；韻を踏む
premium 🔈 [príːmiəm] ☐☐ 1773	保険料；プレミア；景品 ▶ put a premium on ~ ~を重んじる 🈺 特別高級の，高品質の

A Portuguese trading **vessel** is headed for the coast of India.	ポルトガル船籍の商船がインド沿岸に向かっている。
Drinking alcohol can damage the **liver**.	飲酒は肝臓に損傷を与える可能性がある。
We made a contract with a five-year **duration** with the company.	私たちはその会社と5年継続の契約を結んだ。
You should submit a birth **certificate** within 14 days after your child's birth.	子の誕生後、14日以内に出生証明書を提出するべきである。
He published a book on Euclidean **geometry** a few years ago.	彼は数年前にユークリッド幾何学に関する本を出版した。
In snow crystals, there is always a six-fold **symmetry**.	雪の結晶には、常に6角形の対称が存在する。
Hundreds of good **biographies** of presidents throughout history exist.	歴代の大統領に関する何百ものすぐれた伝記が存在する。
The museum houses several **masterpieces** of modern art.	その美術館は数点の現代美術の傑作を収蔵している。
She chants a **rhyme** with her child every night.	毎晩彼女は子供と一緒に押韻詩を詠唱する。
I paid the annual **premium** for my car insurance.	私は自動車保険の年間保険料を支払った。

breakdown

[bréɪkdàun]

☐☐ 1774

崩壊；(神経)衰弱；故障；内訳

▶ have a breakdown 故障する；健康を害する

courtesy

憑 [kə́ːrtəsi]

☐☐ 1775

礼儀正しさ；好意；優遇

形 儀礼上の；無料サービスの

☐ courteous [kə́ːrtiəs] 形 礼儀正しい

protocol

憑 [próutəkɔ̀(ː)l]

☐☐ 1776

(条約)議定書；外交儀礼；プロトコル

▶「プロトコル」は「コンピューター間の通信のための手順などの約束事」のこと。

specimen

憑 [spésəmɪn]

☐☐ 1777

標本；実例

▶ 同義語：sample「サンプル，見本，標本」
▶ a blood specimen 血液の標本[サンプル]

thesis

憑 [θíːsɪs]

☐☐ 1778

論文；命題，テーゼ

▶ 複数形は theses [θíːsiːz]。
☐ antithesis [æntíθəsɪs] 名 対照；アンチテーゼ

形容詞編

eligible

憑 [élɪdʒəbl]

☐☐ 1779

適格の，資格のある；(結婚相手として)望ましい

名 適任者；有資格者

intrinsic

[ɪntrínsɪk]

☐☐ 1780

固有の，本質的な(⇔ extrínsic 非本質的な)

▶ intrinsic in human nature 人間の本性に固有の

diligent

[dílɪdʒənt]

☐☐ 1781

勤勉な；入念な

☐ díligence 名 勤勉，努力

vocational

[voukéɪʃənəl]

☐☐ 1782

職業の，職業訓練の(ための)

☐ vocátion 名 職業；天職

A **breakdown** of morals will increase crime rates.	道徳の崩壊は犯罪率を高める。
She has the **courtesy** of greeting everyone with a smile.	彼女には笑顔でみんなに挨拶する礼儀正しさがある。
The Kyoto **Protocol** was aimed at reducing the greenhouse gases.	京都議定書は温室効果ガスの削減を目的としていた。
These insect **specimens** can be used for display.	これらの虫の標本は展示用に使うことができる。
She is still working on her doctoral **thesis**.	彼女はまだ博士論文に取り組んでいる。
You are **eligible** for salary increase based on your performance.	あなたはあなたの業績に基づき昇給に適格である。
The teacher emphasizes the **intrinsic** value of education.	その先生は教育の本質的な価値を強調する。
She is a **diligent** student with many goals in life.	彼女は人生におけるたくさんの目標を持った勤勉な学生である。
Unlike the U.S., Germany never abandoned **vocational** education.	アメリカとは異なり，ドイツは職業教育を決して放棄しなかった。

bankrupt

[bǽŋkrʌpt]

☐☐ 1783

破産宣告を受けた；破綻している

▶ go bankrupt「破産[倒産]する」

🔲 を破産させる　🔲 破産者；破綻者

☐ bánkruptcy 🔲 破産，倒産

stern

🔈[stə́:rn]

☐☐ 1784

厳しい；いかめしい

🔲 船尾

▶ stand at the stern of a boat 船尾に立つ

stubborn

🔈[stʌ́bərn]

☐☐ 1785

頑固な，強情な(≒ óbstinate)；手に負えない

▶ stubborn resistance 執拗な抵抗

☐ stúbbornly 🔲 頑固に

☐ stúbbornness 🔲 頑固さ

maternal

[mətə́:rnəl]

☐☐ 1786

母の，母親らしい(⇔ patérnal 父の)；妊婦の

▶ maternal love 母性愛

☐ matérnity 🔲 母であること；産科病棟

fertile

🔈🔈[fə́:rtəl]

☐☐ 1787

肥沃な(⇔ bárren 不毛の)；多産の

☐ fertílity 🔲 肥沃；多産

☐ fértilìze 🔲 を肥沃にする

☐ fértilìzer 🔲 (化学)肥料

ripe

[raɪp]

☐☐ 1788

熟した；成熟した

☐ rípen 🔲 熟す，実る

stiff

[stɪf]

☐☐ 1789

硬直した，凝った；堅い

▶ stiff shoulders 肩凝り(≒ a stiff neck)

☐ stíffen 🔲 を硬直させる

obsolete

🔈[ɑ̀(:)bsəlíːt]

☐☐ 1790

廃れた，使われなくなった；古くなった

▶ become obsolete「廃れる」

▶ an obsolete word 廃語，死語

vacant

🔈[véɪkənt]

☐☐ 1791

空いている

☐ vácancy 🔲 空室；欠員

Many companies went **bankrupt** during the recession.	その不況の間に多くの会社が倒産に至った。
The police are planning to take **sterner measures** to combat crime.	警察は犯罪と闘うためにより厳しい措置をとる予定である。
Frank was too **stubborn** to accept that he made some mistakes.	フランクはあまりにも頑固なので自分が間違いを犯したことを認めることができなかった。
Jane has a strong **maternal** instinct, so she wants a baby.	ジェーンには強い母性本能があり，それで赤ん坊を欲しがっている。
The land is **fertile** enough to grow various crops on.	この土地は種々の作物を育てるのに十分肥沃である。
You had better eat **ripe** fruit before it goes bad.	熟した果物は腐る前に食べたほうがいい。
My shoulder is **stiff** because I used a computer for a long time.	私は長時間コンピューターを使ったので肩が凝っている。
Typewriters have become **obsolete** due to computers.	タイプライターはコンピューターのせいで廃れてしまった。
I stood on the train because there were no **vacant** seats.	空いた席がなかったので私は列車内で立っていた。

461

acoustic [発] [əkúːstɪk] □□ 1792	**音響の**；聴覚の；(楽器が)アコースティックの ▶ the acoustic nerve 聴神経 ▶ an acoustic guitar アコースティックギター
preliminary [アク] [prɪlímənèri] □□ 1793	**予備の，準備の** [名]〔通例～ies〕予備[準備]段階
approximate [発] [əprɑ́(ː)ksɪmət] □□ 1794	**おおよその** □ appróximately [副] おおよそ □ appròximátion [名] 類似；類似物；概数
implicit [アク] [ɪmplísɪt] □□ 1795	**暗黙の**(⇔ explícit ➡ 1598)；内在する □ implícitly [副] 暗に
punctual [pʌ́ŋktʃuəl] □□ 1796	**時間を守る** □ pùnctuálity [名] 時間厳守
compatible [アク] [kəmpǽtəbl] □□ 1797	**矛盾しない**；互換性のある；気が合う ▶ a program compatible with the new OS 新しいOSと互換性のあるプログラム □ compàtibílity [名] 互換性；適合性
ample [ǽmpl] □□ 1798	**十分すぎるほどの**；広い □ ámplifỳ [動] を増幅する
pervasive [pərvéɪsɪv] □□ 1799	**隅々に広がった**；浸透する；充満する □ perváde [動] の隅々に広がる；に充満する □ pervásion [名] 浸透；普及；充満
ubiquitous [発] [jubíkwətəs] □□ 1800	**至る所にある**

He is studying **acoustic** phonetics at a London university.	彼はロンドンの大学で音響音声学を学んでいる。
He has enough information for starting **preliminary** investigations.	彼は予備の調査を始めるのに十分な情報を持っている。
The kids guessed the **approximate** weight of the item on the table.	子供たちは机の上にある物のおおよその重さを推測した。
Her words contained an **implicit** understanding of our decision.	彼女の言葉は私たちの決定に対する暗黙の理解を含んでいた。
John is always **punctual** for appointments.	ジョンはいつも約束の時間を守る。
The candidate's idea is **compatible** with our company's policy.	その入社志望者の考えは我が社の方針に矛盾しない。
There is **ample** room for the expansion of this student center.	この学生センターを拡張するのに十分すぎるほどのスペースがある。
Gender discrimination has been **pervasive** in many societies.	性差別は多くの社会において隅々まで広がっている。
Convenience stores are **ubiquitous** in Japan.	日本ではコンビニエンスストアは至る所にある。

動詞編

deduce [dɪdjúːs] ☐☐ 1801	**を推測する, 演繹する** ▶ deduce that ...「…と推測[演繹]する」 ☐ dedúction **名** 推論；演繹法 ☐ dedúct **動** を控除する
simulate [símjulèɪt] ☐☐ 1802	**を模擬実験する**；**を装う**；**をまねる** ☐ sìmulátion **名** シミュレーション, 模擬演習
merge [məːrdʒ] ☐☐ 1803	**(を)合併する**；**を融合させる**；**溶け込む** ☐ mérger **名** 合併 ▶ mergers and acquisitions 合併買収(M & A)
penetrate [pénətrèɪt] ☐☐ 1804	**(に)浸透する**；**(に)進出する**；**(を)貫く**；**(を)見抜く** ▶ penetrate the world market 世界市場に進出する ☐ pènetrátion **名** 貫通；進出, 浸透；洞察力 ☐ pénetràting **形** 洞察力のある
cater [kéɪtər] ☐☐ 1805	**(の)料理をまかなう**；**(要望などに)応える** ☐ cáterer **名** 仕出し屋；(ホテルの)宴会係 ☐ cátering **名** 仕出し業；料理の提供
assault **発** [əsɔ́(ː)lt] ☐☐ 1806	**に暴行する**；**を攻撃する** **名** 攻撃, 非難；暴行 ▶ an assault rifle 突撃ライフル銃
torture [tɔ́ːrtʃər] ☐☐ 1807	**を拷問にかける**；**を苦しめる** ▶ be tortured 苦問[苦悩]している **名** 拷問；苦痛(の種)
bleed [bliːd] ☐☐ 1808	**出血する** ▶ Your nose is bleeding. 鼻血が出ているよ。 ☐ blood **名** 血液

He **deduced** their relationship from their conversation.	彼は彼らの会話からその関係性を推測した。
They **simulated** an economic crisis that would arise in Japan.	彼らは日本で起こるであろう経済危機をシミュレーションした。
The three banks **merged** into a single organization.	その3つの銀行は合併し単一の組織になった。
Much of the rain **penetrated** deep into the ground.	雨の多くは地中深くに浸透した。
A famous restaurant will be **catering** their wedding.	有名レストランが彼らの結婚式の料理をまかなうことになっている。
The gang **assaulted** him with clubs.	ギャングはこん棒で彼に暴行した。
These devices were used to **torture** enemy spies.	これらの装置は敵のスパイを拷問するのに使われた。
He was **bleeding** from a large cut on his shoulder.	彼は肩の大きな切り傷から出血していた。

erect [ɪrékt] □□ 1809	を**建てる**；を直立させる 形 直立した，垂直の □ eréction 名 直立；建造(物)
cherish [tʃérɪʃ] □□ 1810	を**大切にする**；を心に抱く ▶ cherish a hope [dream] 希望[夢]を抱く
arouse 形 [əráuz] □□ 1811	(感情など)を**引き起こす**；を目覚めさせる □ aróusal 名 覚醒；喚起
doom [du:m] □□ 1812	〔通例受身形で〕**運命にある** ▶ be doomed to *do* 「…する運命にある」 名 (不幸な)運命；破滅
mourn [mɔ:rn] □□ 1813	(を)**悼む**(≒ grieve)；(を)嘆く □ móurnful 形 嘆き悲しむ □ móurning 名 悲嘆；哀悼；喪服
dread 形 [dred] □□ 1814	を**ひどく恐れる** ▶ dread to think that ... …と考えて恐ろしくなる 名 恐れ；不安 □ dréadful 形 ひどい；恐ろしい ▶ a dreadful disaster 恐ろしい災害
nourish [nɔ́:rɪʃ] □□ 1815	に**栄養を与える**；をはぐくむ □ nóurishment 名 (栄養のある)食物，滋養物 □ nóurishing 形 栄養のある，滋養分の多い
inject [ɪndʒékt] □□ 1816	(人)に**注射する，を注入する**；を導入する ▶ inject A with B 「A(人)に B を注射する」 □ injéction 名 注射，注入；導入
swear [sweər] □□ 1817	(〜を)**ののしる**(at)；(を)誓う(≒ vow) ▶ 活用：swear - swore - sworn ▶ swear to *do* …することを誓う 名 ののしり，悪態

466

They have **erected** high concrete walls along the border.	彼らは境界線に沿って高いコンクリートの壁を建てた。
He still **cherishes** his memories in London.	彼は今でもロンドンでの思い出を大切にしている。
Her speech about global warming **aroused** strong emotions among people.	地球温暖化に関する彼女の演説は人々の間に強い感情を引き起こした。
All living creatures are **doomed** to die in the end.	すべての生き物は最後には死ぬ運命にある。
She still **mourns** her son's untimely death.	彼女はいまだに自分の息子の早すぎる死を悼んでいる。
I used to **dread** going to the dentist as a child.	私は子供のころ歯医者に行くのをひどく恐れていた。
Children should be **nourished** well.	子供たちは十分に栄養を与えられるべきである。
The children were **injected** with the influenza vaccine.	その子供たちはインフルエンザワクチンを注射された。
The man **swore** at the TV when the player missed a shot.	その男性は選手がミスショットをしたときテレビに向かってののしった。

bid [bɪd] □□ 1818	(〜に)の**値をつける**(for / on);(挨拶(あいさつ))を述べる ▶ bid her goodbye 彼女にさようならと言う [名] 付け値;入札;努力
corrupt [kərʌ́pt] □□ 1819	を**堕落させる**;を買収する;堕落する [形] 堕落した;不正な □ corrúption [名] 収賄;腐敗;堕落
preoccupy [priɑ́(:)kjupàɪ] □□ 1820	の**心を奪う,** を**夢中にさせる** □ preòccupátion [名] 没頭;先入観,偏見
browse [braʊz] □□ 1821	(を)**拾い読みする**;(を)閲覧する;(商品など)を見て歩く □ brówser [名] 本を拾い読みする人;ブラウザー
compile [kəmpáɪl] □□ 1822	を**編集する**;(資料など)をまとめる ▶ compile a dictionary「辞書を編纂(へんさん)する」 □ còmpilátion [名] 編集 □ compíler [名] 編集者;コンパイラー
allocate [ǽləkèɪt] □□ 1823	を**割り当てる, 分配する** ▶ allocate *A B*「A(人)に B を割り当てる」 □ àllocátion [名] 割り当て,配分;配置
offset [ア] [ɔ̀(:)fsét] □□ 1824	を**相殺(そうさい)する, 埋め合わせる**;をオフセット印刷にする [名] [ɔ́(:)fsèt] 相殺するもの;オフセット印刷 [形] [ɔ́(:)fsèt] オフセットの
restrain [rɪstréɪn] □□ 1825	を**制止する**;を規制する ▶ restrain *oneself* from smoking タバコを吸うのを自制する □ restráint [名] 抑制;規制
comply [kəmpláɪ] □□ 1826	**従う, 応じる** ▶ comply with 〜 「(規則など)に従う;(依頼など)に応じる」 □ complíance [名] 法令遵守;応諾

He **bid** $1,000 for the painting at the auction.	彼は競売でその絵に1,000ドルの値をつけた。
Illegal money may **corrupt** politicians.	違法な金は政治家を堕落させることもある。
She is **preoccupied** with taking care of her father.	彼女は父親の介護に心を奪われている。
I often **browse** through scientific journals when I have time.	私は時間があるとき，よく科学誌を拾い読みする。
The two singers have **compiled** this album from live recordings.	その2人の歌手はライブ録音からこのアルバムを編集した。
Ten percent of the budget is **allocated** to national defense.	予算の10パーセントが国防に割り当てられている。
Higher prices will **offset** the increased cost of materials.	価格の上昇は材料費の増加を相殺することになる。
When spectators are excited, they often cannot **restrain** themselves.	観衆は興奮しているとき，たいてい自制することができない。
Most of the universities **complied** with government regulations.	ほとんどの大学が政府の規則に従った。

expire [ɪkspáɪər] □□ 1827	**期限が切れる** □ èxpirátion 图囲 満了，（契約などの）終了 □ expíry 　图囲 満了，終了 ▶ an expiration [expiry] date 有効期限；賞味期限
embark [ɪmbá:rk] □□ 1828	**(〜に)乗り出す**(on)；乗船[搭乗]する □ èmbarkátion 图 乗船，搭乗 □ dìsembárk 　動 (船などから)降りる
flap [flæp] □□ 1829	**パタパタ動く**；羽ばたく(≒ flútter)；をパタパタ動かす 　图 はためき；パタパタするもの[音]；(ポケットなどの)垂れぶた
furnish [fá:rnɪʃ] □□ 1830	**に(〜を)備えつける**(with) □ fúrnished 　形 家具付きの □ fúrnishing 图 〔通例〜s〕家具調度品 □ fúrniture 　图 〔集合的に〕家具
forge [fɔ:rdʒ] □□ 1831	**を偽造する**；(関係など)を築く；を鍛造する 　图 鍛冶屋の仕事場；鉄工所 □ fórgery 图 偽造(罪)；偽造物
thrust [θrʌst] □□ 1832	**を押しつける**；を突き刺す；押し進む ▶ 活用：thrust - thrust - thrust 　图 ぐいと押すこと；推進力；(the 〜)要旨
dispatch [dɪspætʃ] □□ 1833	**を派遣する**；を発送する；を処理する 　图 派遣，急派；発送
resent 動⑦ [rɪzént] □□ 1834	**に憤慨する** □ reséntment 图 憤慨；恨み ▶ feel resentment against 〜 〜に恨みを抱いている □ reséntful 　形 (〜に)憤慨した(about / at / of)；恨みに 　　　　　　　思っている
reconcile ⑦ [rékənsàɪl] □□ 1835	**を(〜と)一致させる**(with)；を和解させる ▶ be reconciled with 〜 〜と和解する □ rèconciliátion 图 和解；調停；一致

0	800	1500	1900

She found that her passport was about to expire.	彼女は自分のパスポートの期限が切れかかっていることに気づいた。
They have embarked on a mission for space exploration.	彼らは宇宙探査の任務に乗り出した。
The banner for minorities' rights was flapping in the wind.	少数民族の権利を求める横断幕が風の中ではためいていた。
British people tend to furnish their rooms with large mirrors.	イギリス人は自分の部屋に大きな鏡を備えつける傾向がある。
It is illegal to forge a passport.	パスポートを偽造するのは違法である。
He thrust the documents into his bag.	彼はかばんの中に書類を押し込んだ。
The police dispatched police cars to the crime scene.	警察は犯行現場にパトカーを派遣した。
She suspects that her friend resents her remarks.	彼女は友人が自分の発言に憤慨しているのではないかと思っている。
My father told me to reconcile my statements with my conduct.	父は私に自分の発言を行動と一致させるように言った。

allege [əlédʒ] □□ 1836	**を主張する** ▶ be alleged to *do*「…すると言われている」 □ allégedly 副 申し立てによると □ àllegátion 名 申し立て，主張
oppress ⑦[əprés] □□ 1837	**を抑圧[迫害]する；を悩ませる** ▶ be oppressed by[with] ~ ~で悩んで[憂うつになって]いる □ oppréssion 名 抑圧，弾圧 □ oppréssive 形 抑圧する；過酷な
expel ⑦[ɪkspél] □□ 1838	**を追放する；を吐き出す** ▶ 同意語：banish「を追放する」，deport「を国外追放する」 □ expúlsion 名 追放；除名
ascend [əsénd] □□ 1839	**(を)上がる**(⇔ descénd →1337) ▶ ascend to a high rank 高い地位まで出世する □ ascént 名 上昇
commence [kəméns] □□ 1840	**始まる；を開始する；…し始める**(to *do* / *doing*) ▶ commence work 仕事[作業]を始める □ comméncement 名 開始；米 学位授与式(の日)
名詞編	
advent ⑦[ædvènt] □□ 1841	**(the ~)出現，到来**
reign 発[reɪn] □□ 1842	**治世；統治** ▶ rain「雨」，rein「手綱」と同音。 動 (~に)君臨する(over) □ réigning 形 君臨する；(タイトル保持者が)現在の
diplomacy ⑦[dɪplóʊməsi] □□ 1843	**外交(的手腕)** □ díplomàt 名 外交官 □ dìplomátic 形 外交の
embassy ⑦[émbəsi] □□ 1844	**大使館；大使一行** ▶ the Thai Embassy in Tokyo 在東京タイ大使館 □ ambássador 名 大使

The lawsuit **alleged** that the company concealed important information.	訴訟はその会社が重要情報を隠していたと主張した。
The military entered the area and **oppressed** the local people.	軍はその地域に入り，現地の住民を迫害した。
He was **expelled** from the country for illegal entry.	彼は不法入国のためにその国から追放された。
She lost her breath after she **ascended** the stairs.	彼女は階段を上った後，息切れがした。
The ceremony **commenced** at two in the afternoon.	その式典は午後2時に始まった。
With the **advent** of digital cameras, the use of film has been declining.	デジタルカメラの出現とともに，フィルムの使用は減少してきている。
The Romans conquered the Celts during the **reign** of Julius Caesar.	古代ローマ人はユリウス・カエサルの治世にケルト族を征服した。
We must commit to making **diplomacy** with other countries.	我々は他国との外交を構築することに献身しなければならない。
If you are in danger abroad, contact your country's **embassy**.	外国で危険な状況に陥ったら，自国の大使館に連絡を取りなさい。

exile ㋐ [éksaɪl] ☐☐ 1845	亡命(者)；(国外)追放 ▶ be sent into exile 追放される **動** (通例受身形で)国外追放される
refuge ㋐ [réfju:dʒ] ☐☐ 1846	避難(所)；保護 ▶ take [seek] refuge (in ～)「(～に)避難する」 ☐ refugee [rèfjudʒíː] **名** 難民, 亡命者
plight [plaɪt] ☐☐ 1847	窮状(= predícament)；(悪い)状態 ▶ in a sorry plight 情けないありさまで
solitude ㋐ [sá(ː)lətjùːd] ☐☐ 1848	ひとりでいること；孤独 ☐ sólitàry **形** ひとりの, 孤独の ▶ lead a solitary life ひとり暮らしをする
fallacy ㋐ [fæləsi] ☐☐ 1849	誤った考え, 誤信；錯誤 ☐ fallácious **形** 誤った推論に基づく；虚偽の
latitude [lætətjùːd] ☐☐ 1850	緯度；(行動・思想などの)許容範囲 ▶「経度」は longitude と言う。 ▶ live in high latitudes 高緯度地帯に住む
eclipse ㋐ [ɪklíps] ☐☐ 1851	(日食・月食などの)食(しょく)；(名声などの)失墜 **動** (天体)を欠けさせる, 食する；の影を薄くする
basin ㋔ [béɪsən] ☐☐ 1852	流域；盆地, 海盆；洗面器[台] ▶ the Ganges basin ガンジス川流域
erosion [ɪróʊʒən] ☐☐ 1853	浸食；衰退 ☐ eróde **動** を浸食する；をむしばむ
archaeology [àːrkiá(ː)lədʒi] ☐☐ 1854	考古学 ▶ archaeo- 古代の + logy 学(問) ☐ àrchaeólogist **名** 考古学者

He went into exile to another country due to political suppression.	彼は政治的弾圧のためにほかの国に亡命した。
Caught in the rain, the man took refuge under the bridge.	雨に見舞われて，その男性は橋の下に避難した。
The NGO appealed to the government about the plight of homeless people.	そのNGO（非政府組織）は政府に路上生活者の窮状について訴えた。
She has lived in solitude for a long time.	彼女は長い間ずっとひとりで暮らしている。
There are many popular fallacies about dieting.	ダイエットについての多くのありがちな誤った考えがある。
Kuala Lumpur is situated at a latitude of about three degrees north.	クアラルンプールは北緯約３度に位置する。
The man sat on the balcony to wait for the solar eclipse.	その男性はバルコニーに座り，日食を待った。
The storm caused a flood in the river basin.	暴風雨は河川流域に氾濫を引き起こした。
Deforestation will lead to soil erosion.	森林破壊は土壌の浸食につながる。
Tutankhamen is the greatest discovery in Egyptian archaeology.	ツタンカーメンはエジプト考古学における最も偉大な発見である。

errand [アク] [érənd] □□ 1855	**(人の)使い, 使い走り**；用件 ▶ run [go on] errands [an errand]「お使いに行く」
mercy [mə́ːrsi] □□ 1856	**慈悲**；〔通例 a ～〕幸運 ▶ at the mercy of ～ ～のなすがままで □ mérciful [形] 慈悲深い(⇔ mérciless 無慈悲な)
rhetoric [アク] [rétərɪk] □□ 1857	**修辞(法)**；美辞麗句 □ rhetórical [形] 修辞的な ▶ a rhetorical question 修辞疑問
verse [vəːrs] □□ 1858	**韻文**(⇔ prose 散文)；詩 □ vérsifỳ [動] を韻文にする
congestion [kəndʒéstʃən] □□ 1859	**混雑** □ congést [動] を混雑させる ▶ a congested road 混雑した道路
sewage [発] [súːɪdʒ] □□ 1860	**下水** ▶ a sewage plant 下水処理場 □ séwer [名] 下水道, 下水管
complement [ká(ː)mpləmənt] □□ 1861	(～の) **補完物, 補足**(to)；(文法の)補語 [動] [ká(ː)mpləmènt] を補完する；を引き立てる □ còmpleméntary [形] 補い合う, 相補的な
subsidy [アク] [sʌ́bsədi] □□ 1862	**補助金**；報奨金 □ súbsidìze [動] に補助金[助成金]を与える
mortgage [発] [mɔ́ːrgɪdʒ] □□ 1863	**住宅ローン**；抵当(権) ▶ place a mortgage on the land 土地を抵当に入れる [動] を抵当に入れる
attorney [アク] [ətə́ːrni] □□ 1864	[米] **弁護士**；代理人 □ attòrney géneral [名] 司法[法務]長官

| 0 | 800 | 1500 | 1900 |

He had to <u>run an **errand**</u> for his <u>mother</u>.

彼は母親のために<u>お使いに行か</u>なければならなかった。

She <u>showed no **mercy**</u> to her rival.

彼女は自分のライバルに<u>慈悲</u>を示さなかった。

I don't like <u>the empty **rhetoric**</u> he uses to impress others.

私は，人に感銘を与えるために彼が使う<u>空虚な修辞</u>が好きでない。

Shakespeare's plays <u>are written</u> mostly <u>in **verse**</u>.

シェークスピアの戯曲は大部分が<u>韻文で書かれている</u>。

We missed the event due to <u>traffic **congestion**</u>.

私たちは<u>交通渋滞</u>のせいで，その催しに行きそびれた。

In the past, <u>**sewage** poured directly into rivers</u>.

昔は，<u>下水</u>は川に<u>直接流れ込んでいた</u>。

The newly married couple are <u>**complements** to each other</u>.

その新婚の夫婦はお互いを<u>補完する存在</u>である。

The government granted the company a <u>**subsidy**</u> for their new business.

政府はその会社に<u>新事業のための補助金</u>を与えた。

The family <u>applied for a **mortgage**</u> to buy a house.

その家族は<u>家を買うために住宅ローンを申請した</u>。

The court appointed an <u>**attorney**</u> to represent the defendant.

裁判所は被告の代理人を務める<u>弁護士</u>を任命した。

outfit
[áʊtfìt]
□□ 1865

衣装一式；装備[道具]一式；組織
▶ 舞台衣装や民族衣装には costume を用いる。
▶ a carpenter's outfit 大工道具一式
[動] に必要な装備を施す

bulk
[bʌlk]
□□ 1866

〔the ～〕(～の)**大半**(of)；大きさ；大量
▶ buy in bulk 大量に買う
□ búlky [形] かさばった；大きい

reunion
[riːjúːnjən]
□□ 1867

再会(の集い)；再結合
▶ a family reunion 一族再会

synthesis
[アク] [sínθəsɪs]
□□ 1868

合成；総合(⇔ análysis ➡ 363)
▶ 複数形は syntheses [sínθəsìːz]。
□ sýnthesìze [動] を合成する
□ synthétic [形] 総合の；合成の
[名] 〔～s〕合成物質；模造品

mold
[moʊld]
□□ 1869

鋳型；鋳物；性格；かび
▶ [英] では mould ともつづる。
[動] を型に入れて(～を)作る(into)

thirst
[発] [θəːrst]
□□ 1870

(のどの)渇き；(～に対する)渇望(for)
▶ a thirst for knowledge 知識欲
[動] のどが渇く；(～を)渇望する(for / after)
□ thírsty [形] のどが渇いた

greed
[griːd]
□□ 1871

強欲
□ gréedy [形] 欲張りな，貪欲な；切望する

bribe
[braɪb]
□□ 1872

賄賂
▶ take [accept] bribes 賄賂を受け取る
[動] を買収する
□ bríbery [名] 贈収賄

contempt
[kəntémpt]
□□ 1873

軽蔑；恥辱
▶ fall into contempt 恥をかく
□ contémptuous [形] (～を)軽蔑する(of)

She bought a new **outfit** for attending a wedding reception.	彼女は結婚披露宴に出席するための新しい衣装一式を買った。
The **bulk** of residents in this area are Chinese.	この地域の住人の大半は中国人である。
Our college **reunion** will be held next month.	私たちの大学の同窓会が来月行われる。
Plastic is made by **the synthesis** of various chemicals.	プラスチックは種々の化学物質の合成により作られる。
Pour the clay into a **mold**, and you will get a figure.	粘土を鋳型に流し込めば，像ができ上がる。
I was about to die of hunger and **thirst** on that day.	私はその日，空腹とのどの渇きで死にそうだった。
He has caused trouble by **his greed** for money.	彼は自分の金銭欲によってもめ事を起こしてきた。
It was found out that the politician received a **bribe**.	その政治家が賄賂を受け取ったことが発覚した。
He has great **contempt** for bullies.	彼は弱い者いじめをする人を非常に軽蔑している。

texture [tékstʃər] □□ 1874	**感触，手触り**；本質；質感 ▶ Tofu is soft in texture. 豆腐は柔らかな食感である。
orphan [ɔ́ːrfən] □□ 1875	**孤児** [形] 孤児の；見捨てられた [動]〔受身形で〕孤児になる □ órphanage [名] 児童養護施設
harassment [həræ̀smənt] □□ 1876	**嫌がらせ，ハラスメント** ▶ sexual harassment 性的嫌がらせ，セクハラ □ harass [həræ̀s] [動] を絶えず悩ます，困らせる
hay [heɪ] □□ 1877	**干し草** ▶ hay fever 花粉症 ▶ Make hay while the sun shines. 日の照っているうちに干し草を作れ；好機を逃すな。(ことわざ)
doctrine [ア] [dá(ː)ktrɪn] □□ 1878	**教義**；[米]（政策上の）主義 ▶ the Buddhist doctrine 仏教の教義

形容詞編

holistic [hoʊlístɪk] □□ 1879	**全体論の**；（医療が）ホリスティックの ▶ holistic medicine ホリスティック医学（患部の治療だけでなく，精神・生活環境などを含む全体を治療の対象とする）
liable [発] [láɪəbl] □□ 1880	**しがちな**；（～を）受けやすい(to)；責任がある ▶ be liable to *do*「…しがちである」 ▶ be liable to illness 病気にかかりやすい □ lìabílity [名] 責任；（…する）傾向(to *do*)；〔～ties〕負債
earnest [発] [ə́ːrnɪst] □□ 1881	**まじめな，熱心な** [名] まじめ，本気 ▶ in earnest 真剣に
intelligible [ア] [ɪntélɪdʒəbl] □□ 1882	**(簡単に)理解できる**

The **texture** of silk feels smooth.	絹の感触は滑らかな感じである。
The couple **adopted an orphan** into their family.	その夫婦は孤児を養子として家族に迎えた。
The report calls for measures to stop power **harassment**.	その報告書はパワーハラスメントを阻止する対策を求めている。
Cattle and sheep are fed on **hay grown on this farm**.	牛や羊はこの農場で育てられた干し草を与えられている。
She found truth in the **doctrines** of the religion.	彼女はその宗教の教義に真理を見いだした。
I am learning the **holistic** approach in my philosophy course.	私は哲学の授業で全体論的方法を学んでいる。
People are **liable** to make mistakes when they are in a hurry.	人は急いでいるときミスをしがちである。
Her **earnest** efforts resulted in a major medical discovery.	彼女のまじめな努力は重要な医学的発見という結果を生んだ。
This manual is written in **intelligible** terms.	この取扱説明書はわかりやすい言葉で書かれている。

abrupt [əbrʌ́pt] □□ 1883	**突然の**(≒ súdden) □ abrúptly [副] 突然に
reckless [rékləs] □□ 1884	**無謀な**；(～を)顧みない(of) □ récklessly [副] 無謀に(も)
furious [fjúəriəs] □□ 1885	**激怒した**；猛烈な □ fúry [名] 激怒；猛威 ▶ in a fury 激怒して
eloquent [アク] [éləkwənt] □□ 1886	**雄弁な**；説得力のある □ éloquence [名] 雄弁
juvenile [発] [dʒú:vənàɪl] □□ 1887	**青少年の** ▶ a juvenile court 少年裁判所 ▶ juvenile delinquency 少年犯罪 [名] 青少年，未成年者
notorious [アク] [noutɔ́:riəs] □□ 1888	**悪名高い**(≒ ínfamous) ▶ be notorious for ～「～で悪名高い」 □ nòtoríety [名] 悪名をはせること；悪名
timid [tímɪd] □□ 1889	**臆病(おくびょう)な**；内気な ▶ 同義語：cowardly「臆病な」，shy「内気な」 □ timídity [名] 臆病
humid [発] [hjú:mɪd] □□ 1890	**湿気のある**(≒ múggy 蒸し暑い) □ humídity [名] 湿気；湿度
contagious [kəntéɪdʒəs] □□ 1891	**感染(性)の**；病気を伝染する ▶ Laughter is contagious. 笑いは感染する。 □ contágion [名] (接触)伝染；伝染病

Mary was surprised by her son's **abrupt** change in attitude.	メアリーは息子の態度の突然の変化に驚いた。
He had his driver's license suspended for **reckless** driving.	彼は無謀な運転のかどで免許停止になった。
She was **furious** at his rude behavior.	彼女は彼の無礼な態度に激怒した。
A really **eloquent** speaker keeps the audience interested.	本当に雄弁な話し手は聴衆の興味をひき続ける。
The rise in **juvenile** crimes has become a problem in this area.	青少年犯罪の増加はこの地域で問題になってきている。
He is **notorious** for putting his work off.	彼は仕事を先延ばしにすることで悪名高い。
The little boy seems very **timid** without his mother.	その小さな男の子は母親がいないととても臆病に見える。
It is hot and **humid** in Tokyo in summer.	東京の夏は暑くて湿気が多い。
Contagious diseases are likely to spread in crowded places.	感染症は混雑した場所で広がる可能性が高い。

cynical [sínɪkəl] ☐☐ 1892	冷笑的な，皮肉な ☐ cýnic 图 冷笑家；皮肉屋 ☐ cýnicìsm 图 冷笑(的言動)
dumb 発 [dʌm] ☐☐ 1893	ばかげた；口のきけない；無言の ▶「口のきけない」の意味では差別的なので speech-impaired 「言葉が不自由な」などを用いる。
monotonous 発 ⑦ [məná(:)tənəs] ☐☐ 1894	単調な ☐ mónotony 图 単調さ；退屈
perpetual [pərpétʃuəl] ☐☐ 1895	永続的な；ひっきりなしの ▶ perpetual peace 恒久平和 ☐ perpétually 副 永久に，ひっきりなしに ☐ perpétuàte 動 を永続させる
dizzy [dízi] ☐☐ 1896	目まいがする；当惑した 動 に目まいを起こさせる；を当惑させる
weary 発 [wíəri] ☐☐ 1897	疲れ果てた；(〜に)うんざりした(of) 動 を疲れさせる；をうんざりさせる ☐ wear 動 を疲れさせる(out)
numb 発 [nʌm] ☐☐ 1898	麻痺した，無感覚な；ぼう然とした ▶ go numb 麻痺する 動 を無感覚にする，の感覚を麻痺させる
mortal [mɔ́:rtəl] ☐☐ 1899	致命的な(≒ fátal)；死すべき(運命の) (⇔ immórtal 不死の) ▶ mortal limitations 人間の限界 图 (通例〜s)死すべきもの，人間 ☐ mortálity 图 死すべき運命
zealous 発 [zéləs] ☐☐ 1900	熱心な；熱狂的な ☐ zeal [zi:l] 图 熱意

I do not like his cynical view of society.	私は彼の冷笑的な社会観が好きではない。
He calmly endured the interviewer's dumb questions.	彼はインタビュアーのばかげた質問に穏やかに耐えた。
I want to be away from my monotonous daily life.	私は単調な日常生活から離れていたい。
The scientist is hoping to discover a perpetual source of energy.	その科学者は永続的なエネルギー源を発見したいと願っている。
He felt dizzy with the heat, so he rested under the tree.	彼は暑さで目まいがしたので木陰で休んだ。
The man sighed, rubbing his weary eyes with his hand.	その男性は，疲れた目を手でこすりながらため息をついた。
While walking in the snow, his toes became numb with the cold.	雪の中を歩いている間に，彼のつま先は寒さで麻痺した。
Being in mortal danger, he was rushed to the hospital.	致命的な危険にさらされたので，彼は病院に緊急搬送された。
Her zealous commitment to her studies will lead her toward success.	自分の研究に対する彼女の熱心な献身は彼女を成功に導くだろう。

英検準1級 によく出る単語200

超頻出 1〜50

動詞　超頻出

- □ 1　**infect** 動 〜に感染させる　□ **infection** 名 感染(症)
- □ 2　**relocate** 動 〜を移転させる；移転する　□ **relocation** 名 移転
- □ 3　**lessen** 動 〜を縮小させる；縮小する
- □ 4　**supervise** 動 (〜を)監督する　□ **supervision** 名 監督, 管理
- □ 5　**devastate** 動 (土地・地域など)を荒廃させる　□ **devastation** 名 荒廃
- □ 6　**endorse** 動 (行動・主張)を承認する；(小切手など)に裏書きする
- □ 7　**graze** 動 (皮膚など)をすりむく；〜をかすめる　名 かすり傷
- □ 8　**administer** 動 〜を管理する　□ **administration** 名 管理(部)；行政；政府
- □ 9　**activate** 動 〜を活性化する；(機械・システム)を作動させる
- □ 10　**certify** 動 〜を証明する　□ **certificate** 名 証明書；免許状

名詞　超頻出

- □ 11　**immigrant** 名 (他国からの)移住者, 移民　□ **immigrate** 動 移住する
- □ 12　**alternative** 名 ほかにとる方法, 選択肢　形 代替の
- □ 13　**archaeologist** 名 考古学者
- □ 14　**pawnbroker** 名 質屋
- □ 15　**application** 名 申し込み；適用　□ **apply** 動 〜を適用[応用]する；申し込む
- □ 16　**barn** 名 (農家の)納屋
- □ 17　**promotion** 名 昇進；(販売)促進　□ **promote** 動 〜を促進する
- □ 18　**riot** 名 暴動, 反乱　動 暴動を起こす
- □ 19　**obesity** 名 (病的な)肥満　□ **obese** 形 肥満した
- □ 20　**pottery** 名 (集合的に)陶磁器類
- □ 21　**evolution** 名 進化；発展；展開　□ **evolve** 動 (徐々に)発展する；進化する
- □ 22　**wreck** 名 残骸；難破(船)　動 〜を破壊する, 難破させる
- □ 23　**finance** 名 財政；(〜s)財源　動 〜に資金を調達する

- □ 24 **organism** 名 有機体，(微)生物
- □ 25 **memoir** 名 (個人の)回想録
- □ 26 **reduction** 名 減少，削減 □ **reduce** 動 ～を減らす
- □ 27 **retailer** 名 小売業者
- □ 28 **executive** 名 重役，幹部 形 経営上の
- □ 29 **reminder** 名 (予定・注意などを)思い出させるもの
- □ 30 **awareness** 名 意識；自覚，気づき □ **aware** 形 気づいて，知って
- □ 31 **criticism** 名 批評，批判 □ **criticize** 動 ～を批判する；～を批評する
- □ 32 **equality** 名 同等；平等；対等 □ **equal** 形 等しい；匹敵する；平等な
- □ 33 **invasion** 名 侵略；侵害；殺到 □ **invade** 動 ～を侵略する；～を侵害する
- □ 34 **inhabitant** 名 住民；生息動物 □ **inhabit** 動 ～に住んでいる；～に宿る
- □ 35 **livestock** 名 〔集合的に〕家畜
- □ 36 **productivity** 名 生産性，生産力 □ **productive** 形 生産的な；豊かな
- □ 37 **settlement** 名 解決；合意；入植(地) □ **settle** 動 ～を解決する
- □ 38 **allowance** 名 手当，小遣い；許容量
- □ 39 **appliance** 名 (家庭用の電気の)器具
- □ 40 **assistance** 名 援助，支援 □ **assist** 動 (～を)援助する；～を手伝う

形容詞 超頻出

- □ 41 **genetic** 形 遺伝子の；遺伝(学)の □ **gene** 名 遺伝子
- □ 42 **clinical** 形 臨床の；診療所の □ **clinic** 名 診療所；クリニック
- □ 43 **beneficial** 形 役に立つ，有益な □ **benefit** 名 利益，恩恵；給付金
- □ 44 **costly** 形 高価な；多くの犠牲を伴う □ **cost** 名 費用；犠牲
- □ 45 **excessive** 形 過度の，極端な □ **excess** 名 過剰，超過；行きすぎ
- □ 46 **competitive** 形 競争の激しい；競争力のある □ **compete** 動 競う
- □ 47 **massive** 形 大きくて重い；非常に多い □ **mass** 名 (大きな)かたまり
- □ 48 **remarkable** 形 注目に値する；顕著な
- □ 49 **spacious** 形 広々とした，広大な □ **space** 名 空間，余地
- □ 50 **substantial** 形 実質的な；(数量などが)かなりの；実体のある

頻出 *51〜100*

- □ 51 **degrade** 動 〜の価値[地位・身分・品位など]を下げる

- □ 52 **evacuate** 動 (人)を避難させる；避難する　□ **evacuation** 名 避難；撤退

- □ 53 **sprain** 動 (手首・足首)をくじく　名 捻挫

- □ 54 **stroll** 動 (〜を)ぶらぶら歩く，散歩する

- □ 55 **beam** 動 にっこりとほほえむ；光を発する　名 光線

- □ 56 **centralize** 動 〜を中央集権化する　⇔ **decentralize** 〜を地方分権化する

- □ 57 **discard** 動 〜を捨てる，廃棄する

- □ 58 **discriminate** 動 差別する；(〜を)区別する　□ **discrimination** 名 差別；区別

- □ 59 **harass** 動 (人)を絶えず悩ます　□ **harassment** 名 嫌がらせ

- □ 60 **inflict** 動 (打撃・損害・苦痛など)を与える，負わせる

名詞　頻出

- □ 61 **drawback** 名 欠点，短所

- □ 62 **inquiry** 名 質問；問い合わせ；調査　□ **inquire** 動 (〜を)尋ねる

- □ 63 **possession** 名 所有；所有物；(〜s)財産　□ **possess** 動 〜を所有している

- □ 64 **returnee** 名 (外国からの)帰還者；帰国子女

- □ 65 **warehouse** 名 倉庫，商品保管所

- □ 66 **exposure** 名 さらされること；暴露；露出　□ **expose** 動 〜をさらす

- □ 67 **participation** 名 参加；関与　□ **participate** 動 参加する

- □ 68 **circuit** 名 回路；巡回

- □ 69 **descent** 名 下降；下り坂；血統　□ **descend** 動 (〜を)降りる

- □ 70 **expertise** 名 専門的知識

- □ 71 **extinction** 名 絶滅　□ **extinct** 形 絶滅した；廃止された

- □ 72 **hydrogen** 名 水素　*cf.* **oxygen** 酸素

- □ 73 **infant** 名 乳児，幼児

- □ 74 **outsider** 名 部外者；よそ者　⇔ **insider** 内部の人間

□ 75 removal 名 除去；切除；解雇 □ remove 動 〜を取り除く；〜を解雇する

□ 76 subscription 名 定期購読 □ subscribe 動 (〜を)定期購読する(to)

□ 77 activist 名 (政治運動などの)活動家

□ 78 disposal 名 処分, 処理 □ dispose 動 (dispose of で)〜を処分する

□ 79 likelihood 名 可能性, 見込み □ likely 形 ありそうな

□ 80 litter 名 (散らかした)くず, ごみ 動 ごみを散らかす

□ 81 outburst 名 (笑い・怒りなどの)爆発, 噴出

□ 82 suspicion 名 疑い □ suspicious 形 疑わしい

□ 83 anthropologist 名 人類学者 cf. anthropology 人類学

□ 84 investigation 名 調査 □ investigate 動 (〜を)調査する

□ 85 voucher 名 (商品・サービスの)引換券

□ 86 completion 名 完成, 完了；達成 □ complete 動 〜を完成させる, 仕上げる

□ 87 coverage 名 (テレビ・ラジオ・新聞などの)報道；適用範囲

□ 88 digestion 名 消化(作用)；理解力 □ digest 動 〜を消化する

□ 89 lawsuit 名 訴訟 ≒ suit

□ 90 petition 名 請願(書) 動 (〜に)請願する

形容詞 頻出

□ 91 controversial 形 論争の的となる；論争好きな □ controversy 名 論争

□ 92 outdated 形 時代遅れの；失効した

□ 93 protective 形 保護する, 保護用の □ protect 動 〜を保護する

□ 94 durable 形 耐久性のある, 長持ちする

□ 95 extensive 形 広大な；広範囲にわたる ⇔ intensive 集中的な

□ 96 intensive 形 集中的な ⇔ extensive 広大な；広範囲にわたる

□ 97 nutritious 形 栄養のある □ nutrition 名 栄養(の摂取)

□ 98 radioactive 形 放射能の □ radioactivity 名 放射能

□ 99 tender 形 心の優しい；(肉などが)柔らかい

□ 100 hesitant 形 ためらって；ためらいがちな □ hesitate 動 躊躇する

差がつく *101〜200*

□ 101 outsource 動 〜を外部調達する；(仕事など)を外注する

□ 102 replicate 動 〜を複製[複写]する，再現する　□ replication 名 写し

□ 103 summon 動 〜を呼び出す，招集する

□ 104 curb 動 〜を抑制する　名 抑制，制限

□ 105 duplicate 動 〜を複製する　形 複製の　名 複製，複写物

□ 106 facilitate 動 〜を容易にする　□ facilitation 名 容易にすること

□ 107 falsify 動 〜を偽造する；〜の誤りを立証する　□ false 形 間違った

□ 108 formulate 動 (計画など)をまとめる；(考え・理論など)を明確に述べる

□ 109 magnify 動 (レンズなどで)〜を拡大する　□ magnification 名 拡大(率)

□ 110 outweigh 動 (重要度・価値の点で)〜に勝る

□ 111 prosecute 動 〜を起訴する，告訴する　□ prosecution 名 起訴，告訴

□ 112 scold 動 (子供など)を叱る

□ 113 sneak 動 こっそり入る；〜をこっそり持ち出す

□ 114 vomit 動 (食べたものなど)(を)吐く，もどす

□ 115 slap 動 〜を(平手で)ぴしゃりとたたく　名 平手打ち

□ 116 proponent 名 提案者，支持者　⇔ opponent 反対者

□ 117 psychiatry 名 精神医学　*cf.* psychiatrist 精神科医

□ 118 reference 名 言及，参照；参考文献；身元照会　□ refer 動 言及する

□ 119 artifact 名 人造物，(考古学上の)人工遺物

□ 120 assumption 名 仮定；前提　□ assume 動 〜を当然のことと思う；〜と仮定する；(権力など)を手に入れる；〜を引き受ける

□ 121 capability 名 能力；性能；〔〜ties〕可能性　□ capable 形 能力がある；有能な

□ 122 celebrity 名 有名人，セレブ

□ 123 compensation 名 補償(金)　□ compensate 動 補償する；〜に償う

□ 124 conversion 名転換；改宗 □ convert 動〜を変える；〜を改宗させる

□ 125 conviction 名確信；有罪判決 □ convict 動〜に有罪を宣告する

□ 126 diploma 名卒業証書，学位記

□ 127 disgrace 名不名誉，恥 動〜の名を汚す □ disgraceful 形不名誉な

□ 128 initiative 名主導権，率先；自発力；新構想[計画]

□ 129 interference 名干渉；妨害 □ interfere 動干渉する，介入する；
邪魔する

□ 130 publicity 名周知，評判；知名度；宣伝，広告 □ public 形公の；公開の

□ 131 quota 名(生産・販売・輸出入などの)割り当て(量)；ノルマ

□ 132 recess 名休憩；休会；米(学校の)休憩時間

□ 133 recognition 名見分けがつくこと；認識；承認 □ recognize 動〜
を識別できる；〜を認める

□ 134 revolt 名反乱，暴動 動反乱を起こす

□ 135 testimony 名証言；供述書 □ testify 動(〜を)証言する

□ 136 venue 名(スポーツ・コンサート・会議などの)開催地

□ 137 blaze 名炎；火事 動燃え上がる

□ 138 coalition 名連立政府；連合

□ 139 conquest 名征服；克服 □ conquer 動〜を征服する；〜を克服する

□ 140 consistency 名(首尾)一貫性 □ consistent 形首尾一貫した；一
致する

□ 141 detour 名回り道，迂回路 動回り道をする

□ 142 dismay 名狼狽，うろたえ 動(人)をうろたえさせる

□ 143 forestry 名林業；林学；森林地

□ 144 hostage 名人質

□ 145 itinerary 名旅程，旅行計画

□ 146 ransom 名身代金

□ 147 ration 名配給(量)

□ 148 relief 名安心(感)，安堵；緩和；救済 □ relieve 動〜を和らげる

□ 149 **segment** 名部分，区分 □ **segmental** 形部分[区分]の

□ 150 **stance** 名立場，見解，スタンス

□ 151 **swarm** 名(昆虫・ハチなどの)群れ 動群れをなして動く

□ 152 **tariff** 名関税 ≒ duty

□ 153 **token** 名(地下鉄・ゲーム機などの)代用硬貨，トークン；印

□ 154 **wholesale** 名卸売り ⇔ retail 小売り 形卸売りの 副卸売りで

□ 155 **ambassador** 名大使 *cf.* embassy 大使館

□ 156 **pastime** 名気晴らし，道楽

□ 157 **coward** 名臆病者 □ **cowardly** 形臆病な

□ 158 **pardon** 名恩赦，赦免 動～を許す

形容詞 差がつく

□ 159 **synthetic** 形総合の；合成の □ **synthesis** 名合成；総合

□ 160 **cooperative** 形協力的な，協同の □ **cooperate** 動協力する

□ 161 **fatal** 形致命的な；破滅的な □ **fate** 名運命；結末；最期

□ 162 **hasty** 形急いだ；軽率な □ **haste** 名急ぐこと；焦ること

□ 163 **mandatory** 形(法律・規則によって)強制的な，必須の

□ 164 **mimic** 形模擬の 動～の物まねをする

□ 165 **clumsy** 形不器用な，(動作が)ぎこちない

□ 166 **decisive** 形決定的な；断固とした □ **decide** 動～を決める

□ 167 **drowsy** 形眠い，眠気を誘う

□ 168 **invaluable** 形計りしれない価値のある

□ 169 **martial** 形軍の，戦争の *cf.* martial arts 格闘技

□ 170 **neurological** 形神経学の，神経の □ **neurology** 名神経学

□ 171 **serene** 形穏やかな，落ち着いた □ **serenity** 名平穏；落ち着き

□ 172 **variable** 形変わりやすい 名(数学の)変数 □ **vary** 動さまざまである

□ 173 **viable** 形実行可能な；生きていける □ **viability** 名実行可能性

□ 174 **barren** 形(土地が)不毛の，作物が育たない ⇔ fertile 肥沃な

□ 175 **bulky** 形かさばった；大きい □ **bulk** 名(the ～)(～の)大半(of)

□ 176 **coarse** 形 (生地・粒・肌などが)きめの粗い

□ 177 **comprehensive** 形 総合的な，包括的な

□ 178 **confidential** 形 機密の，秘密の；打ち解けた

□ 179 **desperate** 形 絶望的な；必死の □ **despair** 名 絶望

□ 180 **dubious** 形 疑わしい，怪しげな

□ 181 **forthcoming** 形 来るべき，今度の；近刊予定の

□ 182 **irrational** 形 不合理な；分別のない ⇔ **rational** 理性的な；合理的な

□ 183 **pathetic** 形 哀れな，痛ましい

□ 184 **tedious** 形 退屈な □ **tedium** 名 退屈

□ 185 **splendid** 形 すばらしい，輝かしい □ **splendor** 名 豪華；輝き

□ 186 **miserable** 形 みじめな，粗末な □ **misery** 名 みじめさ，悲惨さ

□ 187 **savage** 形 どう猛な，凶暴な；野蛮な

副詞 差がつく

□ 188 **relatively** 副 比較的；相対的に □ **relative** 形 相対的な

□ 189 **barely** 副 かろうじて

□ 190 **ironically** 副 皮肉にも □ **ironic(al)** 形 皮肉な □ **irony** 名 皮肉

□ 191 **permanently** 副 永久に；いつも ⇔ **temporarily** 一時的に

□ 192 **primarily** 副 主に，第一に □ **primary** 形 最も重要な；第一の；
初等教育の

□ 193 **ultimately** 副 結局のところ □ **ultimate** 形 究極の

□ 194 **necessarily** 副 (否定文で)必ずしも(〜ない)

□ 195 **approximately** 副 おおよそ □ **approximate** 形 おおよその

□ 196 **literally** 副 文字どおり □ **literal** 形 文字どおりの；逐語的な；散文的な

□ 197 **technically** 副 規定上では；技術的に □ **technical** 形 技術的な；
専門的な

□ 198 **abruptly** 副 突然に；ぶっきらぼうに □ **abrupt** 形 突然の

□ 199 **intentionally** 副 故意に，わざと □ **intentional** 形 意図的な

□ 200 **virtually** 副 事実上，ほとんど □ **virtual** 形 仮想の；事実上の

TEAP によく出る単語140

超頻出 1〜90

動詞　超頻出

- [ ] 1　notify 動〜に知らせる　□ notification 名通知
- [ ] 2　specify 動〜を明確に述べる　□ specification 名詳述；(通例〜s)仕様書
- [ ] 3　initiate 動〜を新たに始める；〜に手ほどきをする
- [ ] 4　cooperate 動協力する　□ cooperation 名協力，協同
- [ ] 5　mediate 動〜を仲裁する　□ mediation 名調停
- [ ] 6　legislate 動法律を制定する　□ legislation 名法律；立法
- [ ] 7　fluctuate 動変動する　□ fluctuation 名変動
- [ ] 8　affirm 動〜を断言する　□ affirmative 形肯定的な
- [ ] 9　convene 動〜を招集する　□ convention 名慣習；伝統的手法；大会
- [ ] 10　differentiate 動区別する
- [ ] 11　articulate 動はっきりと言葉で述べる　形(考えなどが)はっきりした
- [ ] 12　correlate 動互いに関係がある；〜を互いに関連させる
- [ ] 13　amend 動〜を修正する　□ amendment 名(法律の)改正
- [ ] 14　erode 動〜を浸食する　□ erosion 名浸食
- [ ] 15　forward 動〜を転送する　副前方へ；(時間的に)先へ

名詞　超頻出

- [ ] 16　summary 名要約，まとめ　□ summarize 動(〜を)要約する
- [ ] 17　syllabus 名講義概要
- [ ] 18　procedure 名手順；手続き
- [ ] 19　period 名期間；授業時間
- [ ] 20　passage 名文の一節；通路；経過

□ 21　overview 图概要

□ 22　handout 图プリント；(〜s)(政府の)補助金

□ 23　essay 图レポート，小論文；随筆

□ 24　direction 图(通例〜s)指示；方向；指導

□ 25　emphasis 图強調　□ emphasize 動〜を強調する

□ 26　appointment 图約束；任命

□ 27　admission 图入場[入学，入会](許可)；入場料；容認

□ 28　committee 图委員会

□ 29　stimulus 图刺激(となるもの)　□ stimulate 動〜を刺激する

□ 30　department 图(大学の)学科；(会社などの)部門

□ 31　entrance 图入場；入学(許可)；入口

□ 32　equipment 图装備；設備；備品；能力

□ 33　essence 图本質　□ essential 形必要不可欠な；本質的な

□ 34　feedback 图反応，感想

□ 35　final 图期末試験　形最終の；決定的な

□ 36　framework 图枠組み

□ 37　institute 图研究所；協会；大学　動〜を設ける，実施する

□ 38　registration 图登録，記載　□ register 動〜を記録する，登録する

□ 39　enrollment 图登録，加入　□ enroll 動登録する，入会する；〜を登録させる

□ 40　dormitory 图寮　(略：dorm)

□ 41　degree 图学位；程度；(温度などの)度

□ 42　critic 图批評家，批判者　cf. criticism 批評，批判

□ 43　bachelor 图学士；独身男性

□ 44　announcement 图発表，公表；告知；通知状　□ announce 動〜を発表する

□ 45　bulletin 图(ニュース)速報；広報；会報；(大学の)便覧

495

形容詞　超頻出

□ 69　additional　形 追加の　□ add 動 〜を加える　□ addition 名 追加

□ 70　comparable　形 匹敵する, 比較に値する　□ compare 動 〜を比較する

□ 71　applicable　形 適用できる　□ apply 動 〜を適用[応用]する；申し込む

□ 72　evident　形 明らかな　□ evidence 名 証拠

□ 73　elementary　形 初歩の

□ 74　following　形 (the 〜)以下の, 下記の　名 (the 〜)下記のもの

□ 75　optional　形 選択できる, 任意の　⇔ compulsory 必修の

□ 76　diverse　形 多様な；異なる　□ diversity 名 多様性；相違点

□ 77　identical　形 同一の；よく似た；一卵性の　□ identify 動 〜を特定する

□ 78　integral　形 不可欠な；積分の

□ 79　qualitative　形 質的な　⇔ quantitative 量の, 量的な

□ 80　collaborative　形 協力的な；合作の　□ collaborate 動 共同して働く

□ 81　exponential　形 急上昇の；指数の

□ 82　discrete　形 別個の

□ 83　adjacent　形 隣接した

□ 84　medical　形 医学の, 医療の　□ medicine 名 薬；医学

□ 85　classical　形 古典(派)の；(音楽で)クラシックの　□ classic 形 第一級の

□ 86　ethical　形 倫理的な, 道徳的な　□ ethic 名 倫理, 道徳

□ 87　corporate　形 法人の；会社の；共同の　□ corporation 名 (大)企業；法人

□ 88　imperative　形 絶対に必要な

□ 89　finite　形 有限の　⇔ infinite 無限の

□ 90　elective　形 選挙による；選択の

頻出 91～140

□ 91 tutor 動 (～に)個別指導をする 名 個人[家庭]教師

□ 92 audit 動 ～を聴講する；～の会計検査をする

□ 93 omit 動 ～を省略する；～を抜かす

□ 94 multiply 動 ～を増やす；(数を)かける ⇔ divide (数を)割る

□ 95 subtract 動 ～を(差し)引く；～を取り去る；引き算をする

□ 96 edit 動 ～を編集する □ edition 名 (刊行物の)版

□ 97 innovate 動 革新[刷新]する；～を導入する

□ 98 confer 動 相談する；協議する；～を(～に)授与する(on)

□ 99 dean 名 学部長

□ 100 configuration 名 (システムの)環境設定 □ configure 動 ～の環境設定をする

□ 101 bibliography 名 参考文献

□ 102 delegate 名 代表(者)，使節 動 ～を代表として派遣する

□ 103 master 名 修士(号)；熟達者；(使用人に対する)主人

□ 104 workshop 名 講習会

□ 105 grade 名 等級；米 学年；評点

□ 106 affair 名 〔～s〕情勢，事態；事柄

□ 107 director 名 理事，監督

□ 108 delivery 名 配達(物)；発言；話し方；出産

□ 109 freshman 名 大学 1 年生，高校 1 年生

□ 110 scholarship 名 奨学金；学識

□ 111 vehicle 名 乗り物；伝達媒体

□ 112 requirement 名 必要条件；必要なもの；要求

□ 113 negotiation 名 交渉 □ negotiate 動 交渉する；～を(交渉して)取り決める

□ 114 foundation 名 基礎；基盤；設立；財団

□ 115 division 名 分割；部門；割り算；(大学の)部

□ 116 leave 名 休暇；許可 動 (〜を)去る；(〜を)出発する

□ 117 mentor 名 指導教官；助言者

□ 118 proficiency 名 熟達 □ proficient 形 熟達した

□ 119 representative 名 代表者；代議員；米 下院議員 形 (〜を)代表する
(of)；代理の

□ 120 sophomore 名 大学2年生，高校2年生

□ 121 utterance 名 発話；発言；話す力 □ utter 動 (声)を発する；〜を述べる

□ 122 screening 名 選考；(資格)審査；(テレビの)放映

□ 123 methodology 名 方法論；研究方法

□ 124 commission 名 委員会；委任 動 〜を委託する

□ 125 clause 名 条項；(文法の)節

□ 126 implication 名 言外の意味；影響；関与

□ 127 portfolio 名 作品[写真]集；有価証券一覧表

□ 128 curator 名 (博物館などの)館長，学芸員

形容詞　頻出

□ 129 characteristic 形 (〜に)特有の，独特の(of) 名 〔〜s〕特徴，特性

□ 130 subjective 形 主観的な ⇔ objective 客観的な

□ 131 objective 形 客観的な 名 目標

□ 132 primary 形 最も重要な；第一の；初等教育の

□ 133 sustainable 形 持続可能な □ sustain 動 〜を持続させる；〜を支える

□ 134 numerical 形 数の；数字(上)の

□ 135 terminal 形 末期の；終点の 名 (ネットワークなどの)端末；終点

□ 136 plural 形 複数の 名 複数；〔the 〜〕複数形

□ 137 molecular 形 分子の

□ 138 redundant 形 余分な，不必要な；重複する

副詞　頻出

□ 139 conversely 副 逆に言えば

□ 140 closely 副 綿密に

do「をする」

① 「をする」

□ **do** the shopping「買い物をする」□ **do** the cooking「料理をする」□ **do** the laundry「洗濯をする」□ **do** research「研究[調査]をする」□ **do** *one's* duty「義務を果たす」□ **do** *one's* best「全力を尽くす」

②（副詞を伴って）「（うまく／まずく）いく」

□ **do** well「うまくいく，成績がよい（≒ perform well）」

stay「とどまる」

① 「とどまる」

□ **stay** in *one's* hometown「故郷にとどまる」□ **stay** (at) home「家にいる」

② 「のままである」（≒ remain, keep）

□ She **stays** calm.「彼女は冷静なままである」□ The airport **stays** closed.「空港は閉鎖されたままである」□ They've **stayed** friends ever since.「それ以来彼らは友達のままでいる」

keep「を保つ」

① 「を保つ」

□ **keep** a constant speed「一定の速度を保つ」□ **keep** *one's* valuables in the safe「貴重品を金庫に保管する」□ **keep** the kitchen clean「台所を清潔に保つ」□ **keep** the door locked「ドアにかぎをかけておく」□ **keep** the matter (a) secret「その件を秘密にしておく」□ I'll **keep** you informed.「何かありましたらお知らせします」

② 「のままである」

□ He **keeps** silent.「彼は黙ったままである」□ The child cannot **keep** still during class.「その子供は授業中にじっとしていられない」□ Let's **keep** in touch.「連絡を取り合いましょう」

leave「を残して去る」

① 「（を）立ち去る」

□ **leave** the room「部屋を出る」□ **leave** work「退社する」□ The train **leaves** at 14:15.「列車は 14 時 15 分に出発する」

② 「（を）やめる」

□ **leave** a job「仕事を辞める」□ **leave** office「公職を辞する」

③ 「を〜のままにしておく」

□ **leave** the door open「ドアを開けっ放しにしておく」□ **leave** the light on「電灯をつけたままにしておく」□ **Leave** me alone.「私を放っておいてくれ」

INDEX

・**太字**は見出し単語、**細字**は関連語・派生語、巻末に取り上げた単語・熟語を示す。
・黒の数字は**単語の番号**、青の斜体の数字は**ページ番号**を示す。

T

ターゲット編集部

宇佐美 光昭（うさみ みつあき）
元 河合塾札幌校・國學院大短大部講師

浦田 文夫（うらた ふみお）
元 埼玉県立高校教諭

装丁デザイン	及川真咲デザイン事務所
ペーパーイラスト制作・撮影	AJIN
本文デザイン	牧野 剛士
本文イラスト	Ayumi Nishimura
編集協力	日本アイアール株式会社
執筆協力	秋山 安弘
	（桐朋中学校・桐朋高等学校教諭）
	佐々木 欣也
	（東邦大学付属東邦中学校・高等学校講師）
校正・校閲	株式会社交学社
	小林 等
	大磯 巖
	入江 泉
	大河 恭子
	大塚 恭子
	石川 道子
英文作成・校閲	Jason A. Chau
録音	株式会社巧芸創作
ナレーター	Julia Yermakov
	Josh Keller
	原田 桃子
組版所	幸和印刷株式会社
編集担当	荒川 昌代